अपने चाणक्य स्वयं बनें

अपने चाणक्य स्वयं बनें

रेनू सैनी

विद्या विहार, नई दिल्ली

प्रकाशक : विद्या विहार,
19, संत विहार (पहली मंजिल) गली नं. 2, अंसारी रोड, नई दिल्ली–110002
 / संस्करण : 2024 / मूल्य : पाँच सौ रुपए
मुद्रक : आर–टेक ऑफसेट प्रिंटर्स, दिल्ली ISBN 978-93-89471-00-7

APANE CHANAKYA SWAYAM BANEN

by Smt. Renu Saini ₹ 500.00

Published by **VIDYA VIHAR**

19, Sant Vihar (First Floor), Street No.2, Ansari Road, New Delhi-2

कूटनीतिज्ञ, परम विद्वान्

चाणक्य को समर्पित

जिन्होंने विश्व को 'अर्थशास्त्र' जैसा अद्‌भुत ग्रंथ देकर

समूची मानव जाति को

धन्य कर दिया।

आमुख

न्यूटन ने कहा था कि प्रकृति की किताब गणित की भाषा में लिखी गई है। गणित एक ऐसा विषय है, जो मुख्यतः समीकरणों, फॉर्मूलों और चिह्नों पर आधारित होता है। जो व्यक्ति गणित के इन समीकरणों, फॉर्मूलों और चिह्नों को अपने ज्ञान और बुद्धिमत्ता से समझ लेते हैं, उन्हें गणित सरल लगने लगता है। वहीं जो व्यक्ति समीकरणों और चिह्नों को सही तरह से नहीं समझ पाते हैं, उनके लिए गणित विषय बेहद क्लिष्ट और बोझिल हो जाता है। जीवन के साथ भी ऐसा ही होता है। जीवन चुनौतियों का नाम है। कुछ लोग चुनौतियों को अवसर के रूप में देखते हैं तो कुछ कठिनाइयों के रूप में। एक ही शब्द 'चुनौतियाँ' लोगों की बुद्धि के अनुरूप उनके सामने अलग-अलग अर्थ उत्पन्न कर देता है।

चुनौती को अवसर माननेवाले लोग कर्म की ओर प्रवृत्त हो जाते हैं तो उन्हें समस्याएँ माननेवालों का दृष्टिकोण भाग्य की ओर मुड़ जाता है। बस यहीं से प्रारंभ हो जाती है—कर्म और भाग्य को लेकर खींचतान। जो लोग चुनौती को अवसर मानकर हर बाधा को स्वर्णिम उपहार में परिवर्तित कर देते हैं, वे कभी भाग्य को मानने को तैयार नहीं होते, वहीं चुनौतियों को समस्याओं के रूप में देखने वाले लोग भाग्य से इतर कर्म की ओर आने को तैयार नहीं होते। बस इसी खेल में कर्म और भाग्य को बुना जाता रहता है। असफल होनेवाले लोग भाग्य की बुनाई को जितना भी बुनते जाएँ, लेकिन पूर्ण वह तभी होगी, जब उसे कोई आकार दिया जाएगा। आकार सदैव कर्म करके ही दिया जा सकता है। अगर सलाइयों और ऊन से बुनाई की जाती रहे, तो वह तब तक पूरी नहीं होगी, जब तक उसको मनोवांछित आकार नहीं दिया जाता।

चाणक्य ने अपने महत्त्वपूर्ण ग्रंथ 'अर्थशास्त्र' एवं नीतियों के माध्यम से प्रत्येक व्यक्ति को यही बताने का प्रयास किया है कि युद्ध हो या गृहस्थ जीवन,

विद्यार्थी जीवन हो अथवा राजा का जीवन, सामान्य नागरिक का जीवन हो अथवा सैनिक का जीवन, प्रत्येक के लिए चपलता, चतुरता, शिक्षा, सद्व्यवहार अनिवार्य है। शिक्षित और बुद्धिमान व्यक्ति असंभव को संभव कर देता है, वह प्रतिकूल समय को भी अपने अनुकूल कर लेता है। कहते हैं कि समय चीजों को बदल देता है, लेकिन चाणक्य ने बुद्धिमान, विद्वान्, विनम्र और शिक्षित लोगों के संदर्भ में कहा है कि ऐसा व्यक्ति खुद को बदलकर समय को बदल देता है और पुराने कीर्तिमान ध्वस्त करके नए कीर्तिमान प्रतिस्थापित करता है।

शिक्षित और बुद्धिमान व्यक्ति अपने लक्ष्यों को सकारात्मक, त्वरित, ठोस, दीर्घ और विशिष्ट प्रारूप में बनाकर उन तक पहुँचना जानता है। प्रत्येक व्यक्ति जीवन में अपने तय किए गए लक्ष्य तक ही पहुँचना चाहता है। ऐसे में यह पुस्तक आप सभी के लिए लाभकारी होगी। चाणक्य के द्वारा कही गई बातों का कहाँ, क्या, किस सदंर्भ में कैसे उपयोग किया जा सकता है, यह पुस्तक पाठकों को यह बताने में मदद करेगी। अगर किसी एक भी पाठक को इस पुस्तक के माध्यम से अपने जीवन और लक्ष्य को खूबसूरत पड़ाव तक पहुँचाने में मदद मिलती है तो इस पुस्तक का लेखन सार्थक हो जाएगा।

आभार

चाणक्य के प्रति : चाणक्य का अस्तित्व नहीं होता तो इस पुस्तक का सृजन ही न हो पाता। उनके अस्तित्व ने आज संपूर्ण ब्रह्मांड को राजनीति एवं अर्थशास्त्र के गुर सिखाए हैं।

माता-पिता के प्रति : आपको कोटिश:-कोटिश: धन्यवाद। आपने मुझे पढ़ने-लिखने के संपूर्ण अवसर दिए। आपने मेरा पुस्तकों के प्रति प्रेम जाग्रत् किया। आपके सहयोग और प्रेम के कारण ही मैं पुस्तकों से प्रेम करना सीख पाई। इनसे बात कर इनके जादू को महसूस करना सीख पाई।

बड़ी बहन राखी सैनी के प्रति : मेरी बड़ी बहन ने सदैव मुझे मातृत्व, संरक्षण और मार्गदर्शन प्रदान किया। वे मेरी सबसे बड़ी प्रशंसक और आलोचक हैं। उनके शब्द मेरे अंदर चेतना जगाते हैं और निरंतर मुझे कुछ नया और अच्छा करने के लिए प्रेरित करते हैं।

सुपुत्री ऐशनी के प्रति : ऐशनी के विकास के साथ-साथ निरंतर मेरा भी विकास हो रहा है। अपने लेखन में अनेक बातें उसकी मासूमियत, निष्पक्षता, जीवंतता और उत्साह से मेरे अंदर उत्पन्न होती हैं।

स्व. कर्नल आर.के. दहिया के प्रति : स्व. कर्नल आर.के. दहिया ने मेरे व्यक्तित्व को मजबूत बनाने के साथ ही मेरे लेखन को धारदार बनाने में निर्णायक भूमिका निभाई।

अनुक्रम

सफलता की नींव : अभ्यास

आचार्य वचन

- बूँद-बूँद से घड़ा भर जाता है, बूँद-बूँद के मिलने से नदी बन जाती है, पाई-पाई जोड़ने पर व्यक्ति धनवान बन जाता है। उसी प्रकार यदि निरंतर अभ्यास किया जाए तो मनुष्य के लिए कोई भी विद्या अप्राप्य नहीं रहती।
- आलस्य और अनभ्यास विद्वानों की बुद्धि को भी भ्रष्ट करके उनके ज्ञान का नाश कर देता है।
- जो विद्वान् निरंतर अभ्यास नहीं करता, उसके लिए शास्त्र भी विष के समान हो जाते हैं।

अनिवार्य है अभ्यास

प्रत्येक व्यक्ति जीवन में सफलता प्राप्त करना चाहता है। सफल व्यक्तियों के उदाहरणों से इतिहास भरा पड़ा है, पर क्या सफल व्यक्ति जन्म से सफल थे? कोई भी व्यक्ति जन्म से सफल हो ही नहीं सकता। जन्म लेने की नैसर्गिक प्रक्रियाएँ हैं। परिवेश, अभ्यास, स्थितियाँ एवं प्रतिकूल परिस्थितियाँ ही व्यक्ति को किसी भी क्षेत्र एवं कार्य में निपुण बनाती हैं। विश्व प्रसिद्ध वैज्ञानिक थॉमस अल्वा एडीसन ने अनेक आविष्कार किए। उनका सबसे महत्त्वपूर्ण आविष्कार बल्ब की खोज था, जिसने घर-घर को रात्रि के अंधकार से मुक्त कर प्रकाश से भर दिया। इसके अलावा भी उन्होंने अनेक महत्त्वपूर्ण आविष्कार किए थे। इस दौरान कई बार वे असफल रहे, पर उन्होंने अपनी किसी भी असफलता को असफलता न मानकर उसे अभ्यास माना और यह स्वीकार किया कि निरंतर अभ्यास ने उन्हें परिपक्व बनाते हुए जीवन के क्षेत्र में प्रवीण बनाया है। विद्या में परिपक्व एवं कुशल बनने के लिए अभ्यास और केवल अभ्यास ही अनिवार्य है। जिस व्यक्ति के अंदर अभ्यास करने

की क्षमता है, उसे किसी अन्य वस्तु की आवश्यकता नहीं होती। अपने अभ्यास के माध्यम से वह हर अनिवार्य वस्तु स्वयं किसी-न-किसी तरह प्राप्त कर ही लेता है।

चाणक्य कहते हैं कि अभ्यास के बिना विद्वान् भी शास्त्रों का यथोचित वर्णन नहीं कर पाता और लोगों के बीच उपहास का पात्र बन जाता है। इसी तरह निरंतर अभ्यास के बिना सरल-से-सरल कार्य भी कठिन प्रतीत होता है, जबकि अभ्यास क्लिष्ट-से-क्लिष्ट कार्य को भी सहज, सरल एवं सुंदर बना देता है। चाणक्य बचपन से ही बेहद चतुर, परिश्रमी और व्यावहारिक थे। उन्होंने अपनी आयु की सीढ़ी-दर-सीढ़ी अनेक ऐसे अनुभव प्राप्त किए, जो प्रत्येक व्यक्ति के व्यक्तित्व को गढ़ने के लिए अनिवार्य होते हैं। अभ्यास भी उन्हीं में से एक है।

अभ्यास की अवस्था

किसी भी कार्य को सीखने एवं अभ्यास करने का सबसे उत्तम समय बाल्यावस्था होती है। बचपन में बच्चा कोमल एवं बेहद संवेदनशील होता है। वह हर कार्य को वास्तविकता के धरातल पर समझकर उसमें तन-मन से अपने श्रम का व्यय करता है और उसमें पारंगत हो जाता है। द्वापर युग में पाँच पांडवों में अर्जुन से लेकर कलयुग में सचिन तेंदुलकर तक इसके सशक्त उदाहरण हैं।

किसी भी कार्य को सीखने एवं अभ्यास करने का सबसे उत्तम समय बाल्यावस्था होती है। बचपन में बच्चा कोमल एवं बेहद संवेदनशील होता है। वह हर कार्य को वास्तविकता के धरातल पर समझकर उसमें तन-मन से अपने श्रम का व्यय करता है और उसमें पारंगत हो जाता है। द्वापर युग में पाँच पांडवों में अर्जुन से लेकर कलयुग में सचिन तेंदुलकर तक इसके सशक्त उदाहरण हैं। कई बार परिस्थितियों एवं परिवेश के कारण व्यक्ति बाल्यावस्था में अभ्यास के महत्त्व से वंचित रह जाता है। ऐसे में वह किशोरावस्था, युवावस्था अथवा प्रौढ़ावस्था में भी कार्य को सीख सकता है।

अभ्यास क्या होता है ?

वह कार्य, जिसको बार-बार और लगातार किया जाता है, वह अभ्यास होता है। प्रारंभ में किसी भी कार्य को करते समय कष्ट और पीड़ा होती ही है। लेकिन यह

कष्ट और पीड़ा अप्रत्यक्ष रूप से सफलता एवं उपलब्धि का आरंभ होता है, किसी भी कार्य को सीखने की आरंभिक योग्यता में व्यक्ति को जो दर्द, पीड़ा, बेचैनी और अवसाद का अनुभव होता है, दरअसल वह व्यक्ति के शरीर और मस्तिष्क को एक कुशल आकृति में ढाल रहा होता है, ठीक उसी तरह, जिस तरह शारीरिक व्यायाम को आरंभ करते समय कुछ दिनों तक लगातार पीड़ा और दर्द होता है और यह मन करता है कि बस अब अगले दिन अभ्यास न किया जाए; लेकिन कुछ दिनों तक अभ्यास करने के बाद धीरे-धीरे शरीर उसका अभ्यस्त होता जाता है और फिर एक दिन ऐसा आता है, जब व्यक्ति कठिन-से-कठिन व्यायाम अथवा कार्य कर लोगों को दाँतों तले अंगुली दबाने पर मजबूर कर देता है।

जब किसी कार्य को अनेक बार दोहरा लिया जाता है तो वह स्वचालित बन जाता है और फिर लगातार अभ्यास के कारण व्यक्ति उनको खेल की तरह आनंद लेते हुए करता है। इसको इस तरह से समझा जा सकता है कि पियानो में केवल 88 कुंजियाँ होती हैं और स्केल में सिर्फ आठ तानें होती हैं, लेकिन एक कुशल पियानोवादक उन्हीं 88 कुंजियों का प्रयोग करके हर बार उनसे अलग और मीठी धुन निकाल लेता है। ऐसा कैसे होता है ? ऐसा इसलिए होता है, क्योंकि पियानोवादक पियानो पर लगातार अभ्यास कर उन कुंजियों को अपने अनुरूप ढालना सीख चुका होता है। इतना ही नहीं; अभ्यास के माध्यम से आँखों पर पट्टी बाँधकर भी निशाना लगाया जा सकता है। नेत्रहीन व्यक्ति भी अभ्यास के माध्यम से कुशल होकर विश्व प्रसिद्ध बन सकता है।

प्यूर्टो रिको में जोस फेलिसियानो का जन्म हुआ था। दुर्भाग्यवश वे नेत्रहीन थे। उनकी नेत्रहीनता पर लोगों ने अनेक कटाक्ष और व्यंग्य किए। उन्हें कटोरा लेकर भीख माँगने तक का सुझाव दिया, परंतु जोस फेलिसियानो ने लोगों के व्यंग्य बाणों को दरकिनार करते हुए अभ्यास को अपने जीवन का एक महत्त्वपूर्ण अंग बना लिया। उन्हें कहीं से एक पुराना गिटार मिल गया। वे दिन-रात गिटार पर अभ्यास

प्यूर्टो रिको में जोस फेलिसियानो का जन्म हुआ था। दुर्भाग्यवश वे नेत्रहीन थे। उनकी नेत्रहीनता पर लोगों ने अनेक कटाक्ष और व्यंग्य किए। उन्हें कटोरा लेकर भीख माँगने तक का सुझाव दिया, परंतु जोस फेलिसियानो ने लोगों के व्यंग्य बाणों को दरकिनार करते हुए अभ्यास को अपने जीवन का एक महत्त्वपूर्ण अंग बना लिया।

करते रहते। उनकी अभ्यास करने की क्षमता इतनी अधिक थी कि घंटों-घंटों अभ्यास करते-करते उनकी अंगुलियों से रक्त निकलने लगता था। आज पूरा विश्व जोस फेलिसियानो को एक महान् गिटारवादक के रूप में जानता है।

लगातार अभ्यास के कारण हरियाणा के समालखा की जाह्नवी गूगल गर्ल जिया, पंजाब के अबोहर जिले में रहनेवाली उपासना अपने अद्भुत कार्यों से पूरे विश्व को हैरत में डाल चुकी हैं।

अभ्यास का आदर्श समय कितना?

चाणक्य कहते हैं कि आलस्य और अनभ्यास विद्वानों की बुद्धि को भी भ्रष्ट करके उनके ज्ञान का नाश कर देता है। इसलिए अभ्यास जारी रखें। यह पढ़ने के बाद कुछ लोगों के मन में यह प्रश्न अवश्य आ रहा होगा कि चाणक्य ने यदि अभ्यास पर इतना अधिक बल दिया है तो यह भी तो ज्ञात होना चाहिए कि आखिर अभ्यास का यह समय कितना होना चाहिए, क्या जीवन भर ही व्यक्ति अभ्यास करता रहे, यदि व्यक्ति जीवन भर अभ्यास करेगा तो फिर कार्य में निपुण कैसे और कब बनेगा?

यदि एक व्यक्ति एक दिन में लगभग तीन घंटे किसी कार्य का प्रतिदिन अभ्यास करता है तो वह 365 दिन में यानी कि एक वर्ष में 1095 घंटों का अभ्यास करेगा। दस हजार घंटों तक पहुँचने के लिए उसे लगभग नौ से दस वर्ष तक का समय लगेगा। इस समय को व्यक्ति अपनी आवश्यकतानुसार बढ़ा अथवा घटा सकते हैं।

अभ्यास के संदर्भ में मनोवैज्ञानिकों और विशेषज्ञों का मानना है कि योग्यता के उच्चतम स्तर तक पहुँचने के लिए किसी भी व्यक्ति को लगभग 10,000 घंटों तक के गुणवत्तापूर्ण अभ्यास की आवश्यकता होती है। यह 10,000 घंटों का नियम हर व्यक्ति पर लागू होता है। धावक, अभिनेता, चित्रकार, लेखक, संगीतकार, वैज्ञानिक सभी पर 10,000 घंटों के अभ्यास का नियम लागू होता है। यदि एक व्यक्ति एक दिन में लगभग तीन घंटे किसी कार्य का प्रतिदिन अभ्यास करता है तो वह 365 दिन में यानी कि एक वर्ष में 1095 घंटों का अभ्यास करेगा। दस हजार घंटों तक पहुँचने के लिए उसे लगभग नौ से दस वर्ष तक का समय लगेगा। इस समय को व्यक्ति अपनी आवश्यकतानुसार बढ़ा अथवा घटा सकते हैं।

अगर व्यक्ति लगातार एकाग्रचित्त होकर इन 10,000 घंटों के अभ्यास को पूर्ण कर लें तो ऐसा हो ही नहीं सकता कि उन्हें मनोवांछित परिणाम प्राप्त न हों।

इसलिए चाणक्य लगातार अभ्यास पर बल देते थे। उन्होंने पाटलिपुत्र के अनैतिक, अत्याचारी और क्रूर राजा धनानंद को राजगद्दी से उतारकर उसके स्थान पर साहसी, चतुर, धैर्यवान चंद्रगुप्त मौर्य को बिठाया। चंद्रगुप्त मौर्य को राजसिंहासन तक पहुँचाने के लिए चाणक्य ने चंद्रगुप्त को राज-काज से लेकर प्रत्येक कार्य तक का तब तक अभ्यास कराया, जब तक चंद्रगुप्त मौर्य उसमें निपुण न हो गए। इतिहास जानता है कि चंद्रगुप्त मौर्य ने एक नए और विशाल भारत की नींव रखी। यह नींव बिना अभ्यास के असंभव थी।

परिणाम अभ्यास की गति पर आधारित होता है

दसवीं एवं बारहवीं कक्षा अथवा उच्च प्रतियोगी परीक्षाओं में विजेता रहनेवाले सभी उम्मीदवारों का मुख्य जवाब एक ही होता है—अभ्यास। कठिन-से-कठिन विषय भी अभ्यास के माध्यम से सरल लगने लगता है, वहीं सरल से सरल विषय भी दुरूह हो जाता है, यदि उसका लगातार अभ्यास न किया जाए। अभ्यास की गति परिणाम सुनिश्चित करती है। यदि अभ्यास की गति तीव्र होगी तो परिणाम आश्चर्यजनक प्राप्त होंगे। वहीं धीमी अभ्यास की गति परिणाम भी धीमी गति से ही प्रदान करेगी।

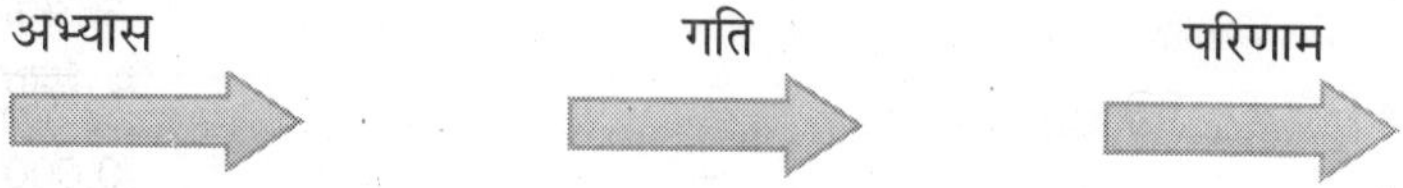

चाणक्य शिक्षा

व्यक्ति चाहे विद्वान् हो अथवा अनपढ़, बालक हो अथवा बूढ़ा, महिला हो अथवा पुरुष, प्रत्येक व्यक्ति के लिए अभ्यास अनिवार्य है। जितना अधिक अभ्यास, उतनी अधिक सफलता। अभ्यास जीवन को परिष्कृत करता है, व्यक्ति को अकल्पनीय सुख-समृद्धि एवं यश प्रदान करता है। चाणक्य की यही शिक्षा है कि निरंतर अभ्यास करो। अगर कोई विद्वान् भी निरंतर अभ्यास नहीं करता तो उसके लिए शास्त्र विष समान हो जाते हैं। वहीं निरंतर अभ्यास से औसत क्षमता के व्यक्ति भी विद्वान् बन जाते हैं।

□

विद्या मनुष्य की पतवार

आचार्य वचन

विद्या कामधेनु गाय के समान है। जिस प्रकार कामधेनु से युक्त व्यक्ति भूखा नहीं मर सकता, उसी प्रकार विद्यार्जन के उपरांत मनुष्य किसी भी संकट को झेलने के योग्य हो जाता है। परदेश में विद्या ही माँ के समान है, जो कदम-कदम पर मनुष्य की रक्षा करती है। विद्या ही वह गुप्त धन है, जिसे कोई चुरा नहीं सकता, अपितु इसे जितना अधिक खर्च किया जाएगा, उतनी ही यह बढ़ती जाएगी।

विद्या प्राप्ति के लिए आयु की कोई सीमा नहीं होती

विद्या एक ऐसा धन है, जो सारे धनों को उत्पन्न करने में निर्णायक भूमिका निभाती है। एक शिक्षित व्यक्ति अधिक परिपक्व, समझदार, संस्कारी होता है। विद्या मस्तिष्क को परिष्कृत करती है, सुलझाती है और उसे नई दिशा की ओर बढ़ने के लिए प्रेरित करती है। आदिकाल से ही शिक्षा एवं विद्यार्जन का महत्त्व रहा है। सतयुग, द्वापर युग, त्रेता युग और कलयुग—हर युग में विद्या ग्रहण करने पर बल दिया जाता रहा है। विद्या के अंतर्गत केवल पुस्तकों का ज्ञान ही नहीं, अपितु व्यावहारिक ज्ञान एवं कौशल भी शामिल है। अस्त्र-शस्त्र विद्या, कला की विधाएँ व्यक्ति को कला विशेष एवं कार्य में निपुण बनाती हैं। व्यक्ति जीवन भर सीखता ही रहता है। सीखने से ही व्यक्ति एक दिन विद्वान् बनता है। वह व्यक्ति, जो सीखता नहीं है अथवा सीखना छोड़ देता है, जीवन के अंतिम पड़ाव पर आ जाता है। फिर यह बात महत्त्व नहीं रखती कि उसकी आयु क्या है ? वह व्यक्ति, जो सीखने से इनकार कर देता है अथवा सीखना बंद कर देता है, वृद्ध हो जाता है, चाहे उसकी उम्र पंद्रह वर्ष हो अथवा पैंसठ वर्ष। विद्यार्जन करने की कोई आयु नहीं होती। जब तक व्यक्ति जीवित है, तब तक वह विद्या ग्रहण कर सकता है और उसका उपयोग कर सकता है।

केरल की निवासी कार्तियानी ने 96 वर्ष की आयु में केरल सरकार द्वारा चलाई जा रही साक्षरता मिशन योजना के अंतर्गत परीक्षा देकर सर्वोच्च स्थान प्राप्त किया है। उन्होंने 100 में से 98 अंक प्राप्त किए। कार्तियानी के जज्बे को देखकर यह ज्ञात हो जाता है कि शिक्षा की कोई उम्र नहीं होती। जब मन में एकाग्रता एवं लगन लग जाती है तो कठिन-से-कठिन विद्या भी सरल बन जाती है।

शैशव काल से विद्या ग्रहण करना है उत्तम

यदि बचपन से ही विद्या ग्रहण की जाए तो व्यक्ति बेहद समझदार होता जाता है। स्वयं चाणक्य ने भी बेहद कम आयु में ही वेदों का अध्ययन करना आरंभ कर दिया था। इतना ही नहीं, अल्पायु में ही वे वेदों के ज्ञाता हो गए थे। चाणक्य ने व्यावहारिक और प्रायोगिक ज्ञान तक्षशिला से प्राप्त किया था। चाणक्य के पिता चणक भी एक शिक्षक थे। वे शिक्षा के महत्त्व को समझते थे, इसलिए उन्होंने चाणक्य को भी शिक्षा की ओर प्रेरित किया। तक्षशिला से अपनी शिक्षा प्राप्त करने के बाद चाणक्य भी वहीं पर शिक्षक के रूप में नियुक्त हो गए थे और विद्यार्थियों को पढ़ाने लगे थे। वे उन्हें अर्थशास्त्र और दर्शन को बहुत ही व्यावहारिक तरीके से समझाते थे। कम आयु में ही शिक्षा की ओर प्रेरित होने के कारण चाणक्य स्वयं शिक्षा के महत्त्व को भलीभाँति समझते थे। इसलिए उन्होंने पाटलिपुत्र के दुष्ट और अनैतिक राजा धनानंद का अंत करने के लिए चंद्रगुप्त मौर्य की तलाश कर उन्हें उचित शिक्षा देना प्रारंभ कर दिया था।

चाणक्य के पिता चणक भी एक शिक्षक थे। वे शिक्षा के महत्त्व को समझते थे, इसलिए उन्होंने चाणक्य को भी शिक्षा की ओर प्रेरित किया। तक्षशिला से अपनी शिक्षा प्राप्त करने के बाद चाणक्य भी वहीं पर शिक्षक के रूप में नियुक्त हो गए थे और विद्यार्थियों को पढ़ाने लगे थे। वे उन्हें अर्थशास्त्र और दर्शन को बहुत ही व्यावहारिक तरीके से समझाते थे। कम आयु में ही शिक्षा की ओर प्रेरित होने के कारण चाणक्य स्वयं शिक्षा के महत्त्व को भलीभाँति समझते थे।

विद्या के लिए लगन और हौसला है जरूरी

जीवन में विद्या मानव के लिए अनिवार्य है। यह तो हम सभी जानते हैं और

समझते हैं। आजकल बचपन से ही बच्चों का स्कूलों में दाखिला करा दिया जाता है, ताकि वे विद्या ग्रहण करके अपने लिए कामयाबी की सीढ़ियाँ तैयार कर सकें। अगर विद्या प्राप्त करके ही जीवन के रणक्षेत्र में सफल हुआ जा सकता तो फिर अनेक ऐसे व्यक्तित्व, जिन्होंने नाममात्र की शिक्षा ग्रहण की अथवा जो थोड़े समय के लिए ही स्कूल गए, वे इतने प्रसिद्ध क्यों हुए? वे इसलिए प्रसिद्ध हुए, क्योंकि उन्होंने केवल पढ़ाई को ही नहीं, अपितु अन्य कार्यों को विद्या की तरह तन्मयता से सीखा। क्रिकेट, अभिनय, संगीत, लेखन, फुटबॉल व ऐसे ही अन्य कई कार्यक्षेत्र हैं, जिनके लिए आज कोचिंग दी जाती है। कोचिंग निश्चित रूप से लाभदायक होती है, लेकिन केवल उनके लिए, जो एकाग्रचित्त होकर इसको सीखते हैं। यदि व्यक्ति के अंदर लगन उत्पन्न हो जाए तो वह जीवन के निम्न स्तर पर रहते हुए भी उच्च स्तर तक आ सकता है और अपने समकक्ष सभी लोगों को चित कर सकता है।

विंस रॉबर्ट 37 वर्ष की आयु तक टैक्सी चलाते थे। वे केवल पाँचवीं कक्षा पास थे। वे घंटों-घंटों सवारी की प्रतीक्षा के लिए होटलों, एयरपोर्ट आदि के सामने खड़े रहते थे। सवारी की प्रतीक्षा करते हुए विंस रॉबर्ट अकसर मधुर स्वप्न में खो जाते थे कि एक दिन उनके पास भी बँगला, गाड़ी और सुविधाओं की सभी वस्तुएँ होंगी। एक दिन वे जब सुखद सपनों में खोए हुए थे, तभी एक सवारी ने उनकी चेतना भंग करते हुए कहा, "कृपया मुझे गंतव्य तक पहुँचा दीजिए।" विंस ने सवारी की बात नहीं सुनी तो सवारी ने उनके आगे चुटकी बजाते हुए कहा, "क्या हुआ, धन, दौलत और प्रसिद्धि के खयालों में खोए हो क्या?" यह सुनकर विंस की चेतना जगी। वे सवारी से बोले, "भला मेरे पास इतना धन कैसे, कब और कहाँ से आ सकता है? मेरे अंदर तो कोई योग्यता ही नहीं है।" इस पर सवारी ने मुसकराकर कहा, "योग्यता सबके अंदर होती है, बस विद्या से उसे तराशना पड़ता है।" सवारी की इस बात ने विंस के तन-मन को हिला दिया। एक दिन वे एक पुस्तकों की दुकान में गए और वहाँ से बीस पाउंड की वेबस्टर डिक्शनरी ले आए। उन्होंने उस डिक्शनरी को अपनी टैक्सी के आगे की सीट पर रख दिया। उत्सुकतावश खाली

वे सवारी से बोले, "भला मेरे पास इतना धन कैसे, कब और कहाँ से आ सकता है? मेरे अंदर तो कोई योग्यता ही नहीं है।" इस पर सवारी ने मुसकराकर कहा, "योग्यता सबके अंदर होती है, बस विद्या से उसे तराशना पड़ता है।" सवारी की इस बात ने विंस के तन-मन को हिला दिया।

समय में उन्होंने उसका एक पृष्ठ खोला और उसका एक-एक शब्द पढ़ना आरंभ कर दिया। धीरे-धीरे उन्हें पढ़ने में आनंद आने लगा और वे डिक्शनरी के एक-एक शब्द को याद करने लगे। डिक्शनरी की मोटाई का लगभग आठवाँ हिस्सा पार करने के बाद उन्हें पढ़ाई से संबंधित सभी लिखी-सुनी बातें समझ आने लगीं। वे टैक्सी स्टैंड पर उन शब्दों को दोहराते रहते। ऐसे ही उन्हें शेयर बाजार में उत्सुकता उत्पन्न हो गई। शेयर बाजार की बारीकियों को समझकर उन्होंने उसमें धन लगाना आरंभ कर दिया। उनकी व्यक्तिगत संपत्ति बढ़ने लगी और उन्होंने 19 टैक्सीवाली एक कंपनी का निर्माण कर दिया। आज दुनिया उन्हें एक अरबपति व्यक्ति के रूप में जानती है।

इस तरह विंस रॉबर्ट ने विद्या प्राप्ति के लिए टैक्सी स्टैंड पर डिक्शनरी को पढ़ना आरंभ किया और अपने सपनों को पूरा कर लिया।

विद्या जीवन की श्वास है

वर्तमान समय में विद्या की महत्ता केवल इसी बात से समझी जा सकती है कि चाणक्य ने सदैव विद्या पर बल दिया। वे तो यहाँ तक कहते थे कि "जहाँ विद्या अध्ययन संभव न हो, ऐसे स्थान पर नहीं रहना चाहिए।" इतना ही नहीं, चाणक्य चंद्रगुप्त मौर्य के मामा से बेहद रुष्ट थे, क्योंकि उनके मामा चंद्रगुप्त मौर्य की शिक्षा के खिलाफ थे और उनका कहना था कि चंद्रगुप्त के चले जाने से उन्हें आर्थिक हानि उठानी पड़ेगी। उनकी हानि को पूरा करने के लिए उन्होंने चाणक्य से रुपयों की माँग की। चाणक्य के पास भला रुपए कहाँ से होते! वे तो एक शिक्षक थे। एक ऐसे शिक्षक, जो हर हाल में अपने विद्यार्थी को पढ़ाने के प्रयत्न करता है। चंद्रगुप्त मौर्य में उन्होंने संभावनाएँ देख ली थीं, इसलिए उन्हें मामा की बात माननी पड़ी। धन जुटाने के लिए चाणक्य ने अपनी सारी पुस्तकें और बहुमूल्य ग्रंथ बेचे और चंद्रगुप्त के मामा को धनराशि दी। शिक्षक होने के कारण और विद्या से अत्यंत लगाव होने के कारण उन्हें चंद्रगुप्त की शिक्षा जारी रखने के लिए ग्रंथरूपी दूसरी शिक्षा को बेचना पड़ा। शिक्षा प्रत्येक

धन जुटाने के लिए चाणक्य ने अपनी सारी पुस्तकें और बहुमूल्य ग्रंथ बेचे और चंद्रगुप्त के मामा को धनराशि दी। शिक्षक होने के कारण और विद्या से अत्यंत लगाव होने के कारण उन्हें चंद्रगुप्त की शिक्षा जारी रखने के लिए ग्रंथरूपी दूसरी शिक्षा को बेचना पड़ा।

व्यक्ति का मौलिक अधिकार है। चाणक्य तो चाहते थे कि प्रत्येक बच्चे को शिक्षा निःशुल्क मिलनी चाहिए, ताकि शिक्षा का प्रतिशत बढ़े और देश की आर्थिक स्थिति सुदृढ़ हो।

विद्या प्राप्ति के तरीके और शब्दशक्ति

चाणक्य कहते थे कि विद्यार्जन करनेवाले मनुष्य की समस्त मनोकामनाएँ पूर्ण होती हैं। विद्या के द्वारा समस्त विकारों का नाश हो जाता है। आखिर विद्या प्राप्ति के कौन से ऐसे सरल तरीके हैं, जो सभी के लिए सहज हो सकते हैं।

विद्या प्राप्ति के अनेक तरीके हैं। इन तरीकों का प्रयोग करके एक साधारण एवं अशिक्षित व्यक्ति चतुर, शिक्षित एवं असाधारण व्यक्तित्व में परिवर्तित हो सकता है—

- चारों ओर पैनी नजर रखें।
- शब्दों को सावधानी से चुनें। चाणक्य कहते हैं कि शरीर के अंदर धँसे लोहे के भयानक बाण को खींचकर बाहर निकाला जा सकता है, लेकिन कड़वे शब्द बाण को कदापि नहीं निकाला जा सकता, क्योंकि वह हृदय के अंदर धँस जाता है। इसलिए शब्दों का प्रयोग बेहद बुद्धिमत्ता और सूझ-बूझ से करना चाहिए। अपशब्दों का प्रयोग तो कदापि नहीं करना चाहिए। डेविड ओल्सन की 'द वर्ड्स यू शुड नो' में 1200 ऐसे शब्द हैं, जो प्रत्येक व्यक्ति को ज्ञात होने चाहिए और उनका प्रयोग भी करना चाहिए।

भाषा के शब्दों की अपनी खूबसूरती होती है। शब्द वाक्यों का रूप लेते हैं और हर घटना को कलमबद्ध करते हैं। शब्दों से ही इतिहास बनता है, वर्तमान गढ़ता है और भविष्य की आधारशिला तैयार होती है। जो व्यक्ति विद्या का गहनता से अध्ययन करता है, वह विद्वान् बन जाता है। उसे शब्दों का जादू की तरह प्रयोग करना आ जाता है। जीवन में ही जादू नहीं होता, बल्कि शब्दों में भी जादू होता है। हर शब्द के पीछे भाव है, अर्थ है, विस्तार है और उसके होने का सार है।

> *भाषा के शब्दों की अपनी खूबसूरती होती है। शब्द वाक्यों का रूप लेते हैं और हर घटना को कलमबद्ध करते हैं। शब्दों से ही इतिहास बनता है, वर्तमान गढ़ता है और भविष्य की आधारशिला तैयार होती है।*

अनपढ़—इस शब्द का अर्थ है वह

व्यक्ति, जो शिक्षित न हो। अब 'अनपढ़' के एक-एक स्वर व व्यंजन पर ध्यान दिया जाए तो यह बना 'अक्षर न पढ़', 'अक्षर न पढ़' का संक्षिप्त रूप हो गया 'अनपढ़'।

इसी तरह हिंदी में 'राम' के अनेक अर्थ देखने को मिलते हैं, जैसे—

अर्थ	**वाक्य**
राम-नाम —	राम स्कूल गया।
राम-राम —	नमस्कार—राम-राम। सब ठीक है न?
राम-राम-राम-उफ्।	राम-राम-राम, क्या जमाना आ गया है? कोई किसी की सुनता ही नहीं है।

यदि व्यक्ति तन-मन और समर्पण से शिक्षा ग्रहण करता है तो वह न केवल नई-नई बातें सीखता है, बल्कि नई-नई बातों और शब्दों को दुनिया के सामने ला भी सकता है। इसलिए चाणक्य ने विद्या को सर्वोपरि माना है। यदि व्यक्ति शिक्षित है तो वह जीवन की सभी चुनौतियों को पार कर सकता है।

चाणक्य शिक्षा

जिस प्रकार सुगंधित होने के बाद भी ढाक का सुंदर पुष्प न तो देवी-देवताओं पर चढ़ाया जाता है और न ही वह किसी को अपनी ओर आकर्षित कर पाता है, उसी प्रकार रूप-सौंदर्य से परिपूर्ण होने तथा उच्च कुल में जन्म लेकर भी विद्याविहीन मनुष्य मान-सम्मान प्राप्त नहीं कर सकता। रूप, सौंदर्य, धन, संपत्ति, बल, उच्च कुल एवं यौवन इनकी शोभा बुद्धि और विद्या द्वारा बढ़ती है। इसके अभाव में मनुष्य ढाक के पुष्प के समान है। विद्या मनुष्य के लिए अनिवार्य है। विद्या के अभाव में व्यक्ति का सर्वांगीण विकास असंभव है। विद्या है तो व्यक्ति अपने लिए स्वयं सीढ़ी का निर्माण कर सकता है और शिखर पर पहुँच सकता है। □

स्त्री-शक्ति

आचार्य वचन

- स्त्री भी धन के समान है, इसलिए उसकी भी रक्षा करें।
- पुरुषों की अपेक्षा स्त्रियों का साहस छह गुना होता है।
- स्त्री यदि हठ पर आ जाए तो वह क्या कर सकती है, इसकी कल्पना भी नहीं की जा सकती।
- स्त्री की शक्ति के विषय में मनुष्य अनभिज्ञ होते हैं।

स्त्री-शक्ति अनुपम

स्त्री के बिना परिवार, समाज, देश किसी का अस्तित्व नहीं है। कोई भी परिवार, समाज और देश स्त्री के बल पर ही अपनी पहचान प्राप्त करता है। सदियों से स्त्रियों को दोयम दर्जे पर रखा जाता रहा। उसका मुख्य कारण शायद पुरुष प्रधान समाज का होना ही रहा है, क्योंकि शास्त्रों से लेकर चाणक्य नीति तक में स्त्री की शक्ति एवं उसके व्यक्तित्व को अनुपम बताया गया है। स्वयं स्त्रियों ने भी अपने कार्यकलापों एवं साहस से प्रारंभ से ही इस बात को साबित भी किया है। यदि हम पौराणिक काल की ओर देखें तो पाएँगे कि वहाँ पर माँ दुर्गा ने अनेक रूपों में असुरों का संहार किया और असुरों के अत्याचारों से त्रस्त लोगों को मुक्ति प्रदान की। रामायण, महाभारत के पीछे हमेशा से ही यह गलत संकल्पना चली आ रही है कि स्त्रियों के कारण ही युद्ध हुए। हालाँकि इसके पीछे यह मनोवैज्ञानिक अवधारणा भी प्रच्छन्न है कि स्त्री का एक छोटा सा अपमान पूरी सृष्टि को तहस-नहस कर सकता है। स्वयं चाणक्य जैसे विद्वान् भी स्त्री के संदर्भ में यह कहते नजर आते हैं कि "स्त्री यदि हठ पर आ जाए तो वह क्या कर सकती है, इसकी कल्पना भी नहीं की जा सकती। स्त्रियों को उचित परिवेश मिले अथवा नहीं, लेकिन तब भी वे

स्त्रियाँ, जिनके अंदर कुछ अद्‌भुत करने की उमंग होती है, हर विपरीत परिस्थिति से लड़ते हुए प्राप्त कर लेती हैं।

प्राचीन काल से ही स्त्री विविध कार्यों में चतुर रही है

चाणक्य ने स्त्रियों की शक्ति को असीम बताया है। इसके अतिरिक्त प्राचीन काल से ही स्त्री विविध कार्यों में पुरुषों से अधिक चतुर रही है। युवाल नोवा हरारी ने 'सेपियंस' पुस्तक में मानव जाति के विकास की विस्तृत व्याख्या की है। उन्होंने भी कहा है कि स्त्रियों में कूटनीति, दूसरों के नजरिए से चीजों को देखने की काबिलीयत बेहद अधिक होती है। मनुष्य जाति के विकास के समय धीरे-धीरे समाज पुरुष प्रधान बनता गया और उसने अपने खाँचे के अनुरूप स्त्रियों को एक सीमित साँचे में ढाल दिया। प्राचीनकाल में स्त्रियाँ पीढ़ी-दर-पीढ़ी यही मानती रहीं कि वे पुरुषों से कमतर हैं, लेकिन शिक्षित स्त्रियों ने अनेक वर्षों से चली आ रही उन कुरीतियों के विरुद्ध आवाज उठाना प्रारंभ कर दिया, जो महिलाओं के अधिकारों का हनन करती थीं। मानव के विकास की कहानी को जानने के बाद भी इस बात को सहजता से समझा जा सकता है कि पुरुष और स्त्री, दोनों ही पूर्ण रूप से एक-दूसरे पर आश्रित हैं। स्त्री कतई कमतर नहीं है, बल्कि शोध की नोक पर यह एहसास हो जाता है कि स्त्रियाँ पुरुषों से अधिक चतुर एवं प्रतिभाशाली होती हैं। विश्व की महिलाओं के साथ ही भारतीय महिलाएँ भी यह साबित कर चुकी हैं।

मानव के विकास की कहानी को जानने के बाद भी इस बात को सहजता से समझा जा सकता है कि पुरुष और स्त्री, दोनों ही पूर्ण रूप से एक-दूसरे पर आश्रित हैं। स्त्री कतई कमतर नहीं है, बल्कि शोध की नोक पर यह एहसास हो जाता है कि स्त्रियाँ पुरुषों से अधिक चतुर एवं प्रतिभाशाली होती हैं।

भारतीय सेना, नौसेना एवं वायुसेना में महिलाओं की शक्ति

भारतीय सेना : भारतीय सेना की मेजर के. रेणुका ने 194 किलो वजन की बाइक, 18605 फीट की ऊँचाई और माइनस 30 डिग्री तापमान व बर्फीले थपेड़ों के बीच 14 दिन में 1100 किलोमीटर का बाइक अभियान कुशलतापूर्वक पूरा कर के यह साबित कर दिया है कि जब हौसला और विश्वास हो तो कैसी भी विपरीत

परिस्थिति आपके मार्ग की बाधा नहीं बन सकती। उन्होंने 'हिमालयन हाइट बाइक अभियान' टीम को लीड किया। कारगिल विजय दिवस की 20वीं सालगिरह मनाने और शहीदों को श्रद्धांजलि देने के लिए भारतीय सेना ने रॉयल इनफील्ड के साथ मिलकर यह अभियान 7 अप्रैल, 2019 को लेह से फ्लैग ऑफ किया। यह बेहद कठिन मार्ग था, जिसे मेजर के. रेणुका ने भारी वजन की बाइक पर सफलतापूर्वक पूरा कर देश का नाम रोशन किया।

इसी तरह ब्लैक बेल्ट हासिल करनेवाली डॉ. सीमा राव आज भारत की एकमात्र महिला कमांडो ट्रेनर हैं। वे अभी तक करीब 20,000 पुरुष जवानों को ट्रेनिंग दे चुकी हैं।

भारतीय नौसेना : भारतीय नौसेना की छह महिलाओं—लेफ्टिनेंट कमांडर वर्तिका जोशी, लेफ्टिनेंट कमांडर प्रतिभा जामवाल, स्वाति पी, लेफ्टिनेंट ऐश्वर्या बोड्डापति, एस. विजया देवी और पायल गुप्ता ने 55 फीट के आई.एन.एस. तारिणी में समुद्र में आठ महीने, यानी कि 254 दिन की यात्रा पूरी करके इतिहास रच दिया। इन्होंने अपनी यात्रा के दौरान 21,600 नॉटिकल माइल की दूरी तय की और दो बार भूमध्य रेखा, चार महाद्वीपों व तीन सागरों को पार किया।

भारतीय वायुसेना : मुंबई की 23 वर्षीय आरोही पंडित ने लाइट स्पोर्ट्स एयरक्राफ्ट से अटलांटिक महासागर को पार किया है। वे ऐसा करनेवाली केवल भारत की नहीं, बल्कि पूरे विश्व की पहली महिला पायलट हैं। आरोही ने 'माही' नामक लाइट स्पोर्ट्स एयरक्राफ्ट से उड़ान भरी। वह एक इंजनवाला साइनस-912 है। जिसका वजन बुलेट मोटरसाइकिल से भी कम केवल चार सौ किलोग्राम है। आरोही लगभग तीन हजार किलोमीटर का सफर तय करके 14 मई, 2019 को कनाडा के इकालुइट हवाई अड्डे पर पहुँचीं। रनवे पर उतरने के बाद उन्होंने विमान से नीचे उतरकर भारत का तिरंगा झंडा अपने हाथों में लेकर जीत का जश्न मनाया और कहा, "भारत और दुनिया की महिलाओं के

रनवे पर उतरने के बाद उन्होंने विमान से नीचे उतरकर भारत का तिरंगा झंडा अपने हाथों में लेकर जीत का जश्न मनाया और कहा, "भारत और दुनिया की महिलाओं के लिए मैं यह सब कर पाई, मेरे लिए यह गौरव का क्षण है। हलके नीले आसमान और गहरे नीले समुद्र के बीच अकेले एक छोटा सा विमान उड़ाना बेहद रोमांचकारी एहसास था।"

लिए मैं यह सब कर पाई, मेरे लिए यह गौरव का क्षण है। हलके नीले आसमान और गहरे नीले समुद्र के बीच अकेले एक छोटा सा विमान उड़ाना बेहद रोमांचकारी एहसास था।"

इस प्रकार भारत की तीनों सेनाओं में महिलाओं ने अपनी शक्ति एवं कर्मठता का परिचय देकर यह साबित कर दिया है कि ऊँचाइयों पर पहुँचने के लिए केवल हौसला एवं उत्साह होना चाहिए। यदि दृढ़ निश्चय एवं आत्मविश्वास है तो मंजिल को पाने में 'लिंग' कतई भेद नहीं करता।

भारतीय माँ की शक्ति

यह मिथक है कि घर-गृहस्थी एवं बच्चों के पालन-पोषण में कार्यरत महिलाएँ अपनी पहचान नहीं बना पातीं। इस मिथक को पूरी तरह से मैंगते चंग्नेइजैंग मैरी कॉम, अर्थात् एम.सी. मैरी कॉम ने गलत साबित कर दिया है। उनका विवाह 2005 में के. ओंलेर कॉम से हुआ। अब इनके तीन बच्चे हैं। बच्चों की परवरिश करते हुए ही एम.सी.मैरी कॉम ने 24 नवंबर, 2018 को 10वीं ए.आई.बी.ए. महिला विश्व मुक्केबाजी चैंपियनशिप में अपना छठा विश्व चैंपियन का खिताब जीतकर पूरे विश्व को दाँतों तले अंगुली दबाने पर मजबूर कर दिया। आज मैरी कॉम के खाते में अनगिनत पुरस्कार, यश और धन; सबकुछ है। उन्होंने केवल भारतीय समाज में ही नहीं, अपितु पूरे विश्व में इस धारणा को पुख्ता कर दिया है कि यदि महिला को पुरुष वर्ग से पूरा सहयोग मिले तो वह पूरे विश्व को जीत सकती है।

चंद्रगुप्त मौर्य को स्त्री सशक्तीकरण का महत्त्व बताया

चाणक्य ने 2400 वर्ष पहले ही महिला सशक्तीकरण पर बल दिया था। इतना ही नहीं, उन्होंने अपने समय में मौर्यवंश की स्थापना करनेवाले चंद्रगुप्त को भी यह पाठ पढ़ाया था। चंद्रगुप्त मौर्य अपने गुरु चाणक्य के कारण ही इतिहास में अमर हुए। एक दिन चाणक्य ने चंद्रगुप्त मौर्य से राज्य के संदर्भ में चर्चा करते हुए कहा—

"हमें महिलाओं की दशा पर विचार करना चाहिए।"

चाणक्य ने 2400 वर्ष पहले ही महिला सशक्तीकरण पर बल दिया था। इतना ही नहीं, उन्होंने अपने समय में मौर्यवंश की स्थापना करनेवाले चंद्रगुप्त को भी यह पाठ पढ़ाया था। चंद्रगुप्त मौर्य अपने गुरु चाणक्य के कारण ही इतिहास में अमर हुए।

"क्यों आचार्य, क्या समस्या है? हमारे यहाँ तो महिलाएँ बेहद सुरक्षित हैं।" चंद्रगुप्त मौर्य बोले।

यह सुनकर आचार्य बोले, "इसमें कोई दो राय नहीं है कि हमारे यहाँ महिलाओं की स्थिति बहुत अच्छी है, परंतु मैं इसे और अच्छा बनाना चाहता हूँ।"

"वह कैसे?" चंद्रगुप्त हैरानी से बोले।

"मैं चाहता हूँ कि हर विवाहित स्त्री को यह एहसास होना चाहिए कि उसका भी अपना पृथक् अस्तित्व है और उसके अंदर निर्णय लेने की शक्ति है, इसलिए उन्हें हर तरह के कार्यों में शामिल करना चाहिए। समय-समय पर उनसे राज-काज की बातें भी करनी चाहिए और उनके सुझाव एवं शिकायतें ध्यानपूर्वक सुननी चाहिए। उनमें कई बार गहन मर्म प्रच्छन्न रहता है।"

चंद्रगुप्त आचार्य चाणक्य की यह बात सुनकर हैरत से बोले, "आचार्य, मेरी समझ में कुछ नहीं आ रहा। भला महिलाओं को राज-काज में लाने की क्या आवश्यकता है?"

यह सुनकर चाणक्य बोले, "महाराज! अभी आपको बहुत कुछ सीखने की आवश्यकता है।"

चाणक्य बोले, "मैं अभी भी स्त्री की स्थिति से पूरी तरह संतुष्ट नहीं हूँ। उनकी शक्ति असीमित है। वे केवल रसोई में योगदान दे सकती हैं, यह पूरी तरह मिथक है। वे अपना सहज दिमाग और बुद्धि रखती हैं। इसलिए तुम राज-काज में अपनी माता और पत्नी की मदद लिया करो। स्त्री की दृष्टि बेहद महीन होती है और उसके अंदर एक छठी इंद्रिय सदैव विद्यमान रहती है, जो खतरे के संकेत पर जाग्रत् हो जाती है। एक स्त्री ही देश को प्रगति की ओर ले जाने का सबसे सरल मार्ग है।"

चाणक्य के कहे अनुसार, चंदगुप्त मौर्य ने उस दिन राजमाता एवं पत्नी से राज-काज की कुछ गंभीर बातों पर मंत्रणा की तो पाया कि वे दोनों बेहद प्रसन्न हुईं, साथ ही उन्होंने बड़ी समझदारी से अपने विचार भी रखे। यह देखकर चंद्रगुप्त चाणक्य से बोले, "आचार्य, आपकी नीति कारगर रही। दोनों महिलाएँ बेहद खुश थीं।"

चाणक्य बोले, "मैं अभी भी स्त्री की स्थिति से पूरी तरह संतुष्ट नहीं हूँ। उनकी शक्ति असीमित है। वे केवल रसोई में योगदान दे सकती हैं, यह पूरी तरह मिथक है। वे अपना सहज दिमाग और बुद्धि रखती हैं। इसलिए तुम राज-काज में

अपनी माता और पत्नी की मदद लिया करो। स्त्री की दृष्टि बेहद महीन होती है और उसके अंदर एक छठी इंद्रिय सदैव विद्यमान रहती है, जो खतरे के संकेत पर जाग्रत् हो जाती है। एक स्त्री ही देश को प्रगति की ओर ले जाने का सबसे सरल मार्ग है।"

चंद्रगुप्त मौर्य ने चाणक्य की इस बात की गंभीरता को समझा और स्त्री-शक्ति को जाग्रत् करने के लिए उन्हें सहयोग देना प्रारंभ कर दिया।

इस प्रकार चाणक्य ने प्रारंभ से ही स्त्री की असीमित शक्ति की गूढ़ता को पहचान लिया था। आज हमारी भारतीय महिलाओं ने अपने कार्यों, योग्यताओं एवं ज्ञान से आसमान को छूकर यह साबित भी कर दिया है कि महिलाओं को यदि पुरुष वर्ग से बराबर सहयोग मिले तो वे पहाड़ को भी अपने मार्ग से हटा सकती हैं।

स्त्री-शक्ति को उभारें—

- स्त्रियों की शिक्षा-दीक्षा पर ध्यान दें। उनके जन्म पर उत्सव मनाएँ। राजस्थान के पिपलांत्री नामक गाँव में तो कन्या के जन्म पर 111 पौधे लगाकर उत्सव मनाया जाता है। हर स्थान पर कन्या के जन्म पर ऐसे ही उत्सव मनाए जाएँ।
- इस पूर्व धारणा को मस्तिष्क से निकाल दें कि स्त्री पराया धन होती है। इसके स्थान पर यह मनोधारणा बनाएँ कि स्त्री केवल एक घर का ही नहीं, अपितु दो-दो घरों का चिराग होती है। यदि बचपन से ही उसके व्यक्तित्व को सशक्त बनाया जाएगा तो दो घरों के चिराग जल उठेंगे अन्यथा उन्हें बुझने में ज्यादा वक्त नहीं लगेगा।
- स्त्री को यथोचित सम्मान दें। चाणक्य ने भी स्त्री के साथ दुर्व्यवहार करने पर कड़े दंड का आदेश दिया। वे कहते थे कि "यदि कोई व्यक्ति बलपूर्वक किसी स्त्री की हत्या कर डाले, बलपूर्वक किसी स्त्री को उड़ा ले जाए, किसी

स्त्री को यथोचित सम्मान दें। चाणक्य ने भी स्त्री के साथ दुर्व्यवहार करने पर कड़े दंड का आदेश दिया। वे कहते थे कि "यदि कोई व्यक्ति बलपूर्वक किसी स्त्री की हत्या कर डाले, बलपूर्वक किसी स्त्री को उड़ा ले जाए, किसी स्त्री के नाक-कान काट ले, धमकी देकर हत्या व चोरी की घोषणा करे तो ऐसे अपराधियों को सूली पर लटका दिया जाए।"

स्त्री के नाक-कान काट ले, धमकी देकर हत्या व चोरी की घोषणा करे तो ऐसे अपराधियों को सूली पर लटका दिया जाए।"

- घर में पुत्री, बहन, पत्नी एवं माँ का सदैव सम्मान करें और उनके गुणों को उभारने का प्रयत्न करें।
- भूलकर भी कन्या भ्रूण की हत्या करने का पाप न करें। हत्या चाहे भ्रूण की हो अथवा प्राणी की, घोर अपराध है।

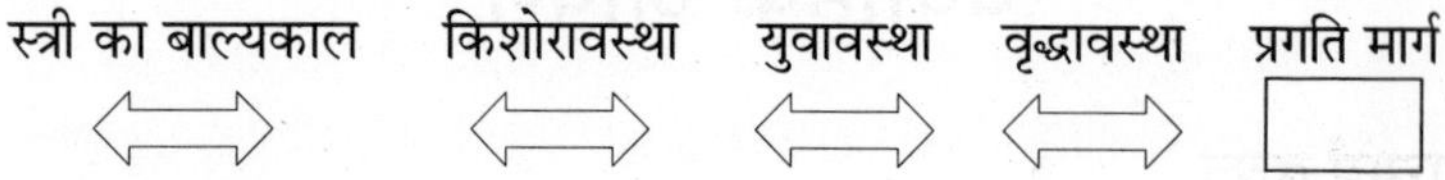

चाणक्य शिक्षा

पुरुषों की अपेक्षा स्त्रियों की क्रियावृत्ति हर स्थान पर आगे रहती है। इस दृष्टि से चाणक्य स्त्रियों को पुरुषों के बराबर नहीं, बल्कि पुरुषों से बहुत आगे मानते हैं। उन्होंने अपनी नीति में इसे स्पष्ट करते हुए कहा कि—

"स्त्रियों में आहार दुगना, लज्जा चौगुनी, साहस छह गुना तथा कामोत्तेजना आठ गुना होती है।"

स्त्रियों की मानसिक क्षमता पुरुषों से कई गुना अधिक होती है। इसलिए वे एक साथ कई कार्यों को भलीभाँति कुशलता से कर लेती हैं। एक स्त्री विभिन्न मोर्चों पर कुशलतापूर्वक कार्य करते हुए सफलता अर्जित करती है। वह एक ही समय में नौकरी करती है, बच्चों का पालन-पोषण करती है, वृद्धजनों की सेवा करती है, गृहकार्य करती है और आर्थिक एवं राजनीतिक कार्यों को भी बखूबी करती है। इसलिए इस पुस्तक को पढ़ते समय प्रत्येक स्त्री को स्वयं को गौरवान्वित अनुभव करना चाहिए कि वह स्त्री रूप में धरती पर उतरी है। वह सृजनकर्ता है और सृष्टि की निर्माता भी। वह लज्जा से स्वयं में सिमटकर रह सकती है तो समय आने पर साहसी बनकर शत्रुओं का विध्वंस भी कर सकती है। □

वैवाहिक जीवन

आचार्य वचन

- पत्नी के वियोग का दु:ख असहनीय होता है।
- राजा, अग्नि, गुरु और स्त्री; इन चारों की न तो अधिक निकटता ठीक होती है और न ही दूरी।
- दिल में प्यार रखनेवाले लोगों को दु:ख ही झेलने पड़ते हैं।

विवाह के प्रकार

कौटिल्य, यानी कि चाणक्य ने आठ तरह के विवाहों का वर्णन किया है। ये हैं—

1. बाह्य विवाह
2. प्रजापत्य विवाह
3. आर्ष विवाह
4. दैव विवाह
5. गांधर्व विवाह
6. आसुर विवाह
7. राक्षस विवाह
8. पैशाच विवाह

पौराणिक काल से ही ये आठों प्रकार के विवाह होते रहे हैं। इनमें से पहले चार तरह के विवाह को 'धर्मानुकूल विवाह' कहा जाता है, क्योंकि ये परिवार की सहमति से होते हैं। प्राचीनकाल में जब तक व्यक्ति का विकास नहीं हुआ था, तब तक न ही समाज बना था और न ही प्रणालियाँ। कुछ विकासवादी मनोवैज्ञानिकों का मानना है कि "प्राचीन युग के भोजन खोजी समूहों से पति-पत्नी युगल केंद्रित

परिवार नहीं होते थे। ऐसे लोग एकल पति-पत्नी और पितृत्व से वंचित समुदायों में रहते थे।"

विवाह का बंधन

विवाह एक ऐसा बंधन है, जिसमें वर और वधू जन्म-जन्मांतर तक एक-दूसरे के साथ बँध जाते हैं। उन दोनों के सुख-दुःख एक हो जाते हैं। यदि विवाह सफल रहता है तो वर और वधू समाज में अपनी व्यक्तिगत प्रगति की ओर बढ़ते हैं, लेकिन यदि दुर्भाग्यवश ऐसा नहीं होता तो समाज में अनेक समस्याएँ उत्पन्न हो जाती हैं। भारतीय समाज में विवाह प्राय: माता-पिता की सहमति से होते रहे हैं, जो जन्म-जन्मांतर तक चलते हैं, लेकिन आज ऐसा नहीं है। आधुनिक समय में विवाह संस्था पर प्रश्नचिह्न-से लग गए हैं। यदि वर और वधू पक्ष में एक-दूसरे के विचार मेल नहीं खाते तो वह रिश्ता जन्म-जन्मांतर तक का न बनकर केवल एक काला धब्बा बनकर रह जाता है। रिश्ते का टूटना पीड़ादायक होता है। अनेक व्यक्ति तो रिश्ते के टूटने से मनोरोगी बन जाते हैं और कई तो इस कदर टूट जाते हैं कि वे आत्महत्या तक कर लेते हैं। इसलिए वर्तमान समय में वैवाहिक संस्था में सुधार की आवश्यकता है। अब केवल वर ही नहीं, अपितु वधू भी सुशिक्षित एवं आर्थिक रूप से निर्भर होती है। ऐसी स्थिति में वधू अनाचार, अत्याचार और हिंसा को सहन नहीं कर पाती और वह मुखर होकर इनका विरोध करना प्रारंभ देती है। जब मूक स्वर मुखर हो उठता है तो रिश्तों के प्रहरियों का चौंकना स्वाभाविक है। मनोवैज्ञानिकों ने पुरुषों और स्त्रियों की हार्मोन संबंधी और संज्ञानात्मक प्रणालियों के अध्ययन से इस बात की पुष्टि की है कि पुरुषों में आक्रामक और हिंसक प्रवृत्ति अधिक होती है। इसलिए वे पुरुषोचित स्वभाव के कारण महिलाओं से हिंसक व्यवहार कर बैठते हैं। वर्तमान समय में

अनेक व्यक्ति तो रिश्ते के टूटने से मनोरोगी बन जाते हैं और कई तो इस कदर टूट जाते हैं कि वे आत्महत्या तक कर लेते हैं। इसलिए वर्तमान समय में वैवाहिक संस्था में सुधार की आवश्यकता है। अब केवल वर ही नहीं, अपितु वधू भी सुशिक्षित एवं आर्थिक रूप से निर्भर होती है। ऐसी स्थिति में वधू अनाचार, अत्याचार और हिंसा को सहन नहीं कर पाती और वह मुखर होकर इनका विरोध करना प्रारंभ देती है।

महिलाएँ हिंसक व्यवहार बरदाश्त नहीं करतीं।

चाणक्य मानते हैं कि विवाह बंधन में बँधने के बाद वर एवं वधू पक्ष के सुख-दुःख एक हो जाते हैं और फिर उन दोनों को सदैव एक-दूसरे के साथ प्रेमपूर्ण तरीके से सामंजस्य बनाकर चलना चाहिए। विवाह के बाद व्यक्ति का परिवार बनता है और परिवार बनने के बाद व्यक्ति लोभ, मोह में फँस जाता है। परिवार जहाँ व्यक्ति को सहारा प्रदान करता है, वहीं वह दुःख का कारण भी होता है। चाणक्य कहते हैं कि "वह, जो अपने परिवार से अत्यधिक जुड़ा हुआ है, उसे भय और चिंता का सामना करना पड़ता है।"

विवाह बंधन में बँधने के बाद कई बार व्यक्ति की उन्नति एवं अवनति उस पर निर्भर करती है। परिवार बनने के बाद तो यह अत्यंत जरूरी हो जाता है कि पति एवं पत्नी एक-दूसरे का एवं परिवार का ध्यान रखें। परिवार की आवश्यकताओं की पूर्ति हेतु व्यक्ति को अपनी इच्छाओं का त्याग करना पड़ता है।

विवाह की बाधा

समाज व्यक्तियों से मिलकर बनता है और व्यक्ति एक सामाजिक प्राणी भी है, लेकिन वे व्यक्ति, जो बेहद प्रतिभाशाली होते हैं, अकसर अपनी उन्नति तभी कर पाते हैं, जब वे एकाग्रचित्त होकर अकेले ही अपने कार्य में लगे होते हैं। कई बार व्यक्तियों का साथ और भीड़ व्यक्ति को लक्ष्य से दूर कर देती है। चाणक्य का यही कहना है कि "ज़ब आप तप करते हैं, तब अकेले करें।" यहाँ पर तप का अर्थ केवल पूजा-पाठ से नहीं है, यहाँ पर तप का अर्थ जीवन संघर्ष से है। यदि जीवन संघर्ष में ऐसे साथी हैं, जो एक-दूसरे की भावनाओं को समझते हैं, एक-दूसरे की मदद करते हैं, तब तो विवाह जीवन का सबसे बड़ा वरदान बन जाता है; लेकिन

चाणक्य मानते हैं कि बेहद बुद्धिमान, प्रखर और प्रतिभाशाली व्यक्ति इसलिए विवाह नहीं करते, क्योंकि वे अपने लक्ष्य और कार्यों को ही अपनी जीवनसंगिनी और जीवनसाथी चुन लेते हैं। ये सब बातें कुछ हद तक सत्य हैं कि व्यक्ति को विवाह अवश्य करना चाहिए, क्योंकि वह उसे सुरक्षा और स्थायित्व प्रदान करता है, लेकिन इसके साथ यह भी सत्य है कि यदि व्यक्ति अपने लक्ष्य और कर्म के साथ पूर्ण समर्पण भाव के साथ रहे तो वही उसके जीवनसाथी बन जाते हैं।

यदि इसके विपरीत होता है तो यही विवाह बंधन अभिशाप बनते देर नहीं लगती। चाणक्य मानते हैं कि बेहद बुद्धिमान, प्रखर और प्रतिभाशाली व्यक्ति इसलिए विवाह नहीं करते, क्योंकि वे अपने लक्ष्य और कार्यों को ही अपनी जीवनसंगिनी और जीवनसाथी चुन लेते हैं। ये सब बातें कुछ हद तक सत्य हैं कि व्यक्ति को विवाह अवश्य करना चाहिए, क्योंकि वह उसे सुरक्षा और स्थायित्व प्रदान करता है, लेकिन इसके साथ यह भी सत्य है कि यदि व्यक्ति अपने लक्ष्य और कर्म के साथ पूर्ण समर्पण भाव के साथ रहे तो वही उसके जीवनसाथी बन जाते हैं। स्वयं चाणक्य इसका प्रत्यक्ष उदाहरण हैं। वे जीवन भर अविवाहित रहे थे। उन्होंने देश के कल्याण एवं भारत को एक समृद्ध राष्ट्र बनाने के लिए अपना संपूर्ण जीवन समर्पित कर दिया।

चाणक्य के अविवाहित रहने का रहस्य

एक बार चाणक्य के बचपन के मित्र उनसे मिलने के लिए आए। वे चाणक्य की प्रतिभा और शक्तियों को बचपन में ही देख चुके थे और मानते थे कि चाणक्य आम व्यक्तियों से अलग हटकर हैं। चाणक्य के मित्र ने विवाह कर लिया था और उनके परिवार में माता-पिता के अलावा सुशील पत्नी एवं संतान भी थी। अपने बारे में सारी बातें बताने के बाद मित्र ने पूछा, "विष्णु, मुझे मालूम है कि तुम जीवन में किसी विशेष मकसद के साथ आए हो और तुम उसे प्राप्त करके रहोगे।" मित्र की बात पर चाणक्य बोले, "हाँ, मैं भारत को एक सशक्त राष्ट्र में परिवर्तित करना चाहता हूँ और यहाँ पर एक ऐसे राजा को लाना चाहता हूँ, जो सर्वप्रथम प्रजा का हितरक्षक हो।"

*मित्र की बात सुनकर चाणक्य मंद-मंद मुसकरा दिए और दूसरी बातें करने लगे, पर मित्र तो जैसे उनके पीछे पड़ गए थे। वे बोले, "मुझे आज तुम्हारे अविवाहित रहने का रहस्य जानना है।" चाणक्य बोले, "**मैं** विवाह के खिलाफ नहीं, पर यह मेरे लिए नहीं बना।"*

मित्र बोला, "वह सब तो ठीक है। तुम्हारे लिए यह लक्ष्य कोई बड़ा नहीं है। तुम धुन के पक्के हो और कुछ भी कर सकते हो। मुझे तो बस यह बताओ कि तुमने विवाह क्यों नहीं किया? कोई भी स्त्री तुमसे विवाह करके अपने भाग्य को सराहती।"

मित्र की बात सुनकर चाणक्य मंद-मंद मुसकरा दिए और दूसरी बातें करने

लगे, पर मित्र तो जैसे उनके पीछे पड़ गए थे। वे बोले, "मुझे आज तुम्हारे अविवाहित रहने का रहस्य जानना है।" चाणक्य बोले, "मैं विवाह के खिलाफ नहीं, पर यह मेरे लिए नहीं बना।"

इस पर मित्र आश्चर्यचकित होकर बोले, "क्यों विष्णु?"

चाणक्य ने कहा, "इसलिए, क्योंकि मैं तो पहले से ही विवाहित हूँ।"

"यह तुम क्या कह रहे हो?" मित्र का मुँह खुला-का-खुला रह गया।

"तुमने कब और किसके साथ विवाह किया?"

"मैं देश निर्माण के लक्ष्य और प्रजा के कल्याण से ही अपना विवाह कर चुका हूँ।" यह सुनकर मित्र भला कहाँ चुप रहनेवाले थे। वे बोले, "यह काम तो तुम विवाह के साथ भी कर सकते थे।" चाणक्य अब मंद-मंद मुसकरा रहे थे। वे मित्र की ओर देखकर बोले, "तुम्हारा कहना सही है। विवाह करके भी मैं ऐसा कर सकता था, लेकिन मैं अपना केंद्रबिंदु नहीं खोना चाहता था। विवाह एक बहुत बड़ा दायित्व है और उस दायित्व के लिए कई बार इनसान को बहुत कुछ त्याग करना पड़ता है। यदि विवाह गलत पुरुष या स्त्री से हो जाए तो और ज्यादा मुश्किलें बढ़ जाती हैं। व्यक्ति अपना केंद्रबिंदु केवल एक जगह पर रख सकता है। कई जगह पर ध्यान रखने से किसी भी लक्ष्य को पूरी तरह नहीं पाया जा सकता। चाहे वह लक्ष्य हो, कला हो या मातृभूमि की सेवा हो।" चाणक्य की इन बातों से मित्र समझ गया कि विष्णु बेहद तीक्ष्ण बुद्धि हैं, इसलिए वे हर कदम सोच-समझकर उठाते हैं। इसके बाद उसने कभी भी चाणक्य से यह प्रश्न नहीं किया।

> *व्यक्ति जीवनसाथी के रूप में पुस्तकों, संगीत, नृत्य, विज्ञान, लेखन, चित्रकला किसी को भी चुन सकता है। यदि आप पुस्तक, कला अथवा विज्ञान को अपना साथी बनाते हैं तो आप कभी अकेले नहीं हो सकते, क्योंकि ये सभी निरंतर प्रगतिशील हैं और नित नूतन-नवीन विचारों के प्रदायक हैं। जिस मस्तिष्क में निरंतर सृजनात्मकता का पहरा रहता है, वहाँ पर परेशानी और समस्या कभी भी अपना स्थान नहीं बना सकते।*

कोई भी हो सकता है जीवनसाथी

वर्तमान संदर्भ में जीवनसाथी से तात्पर्य केवल पति अथवा पत्नी से नहीं है।

आज तो व्यक्ति ने बहुत अधिक प्रगति कर ली है। बाजार में अनेक ऐसे उत्पाद आ गए हैं, जो व्यक्ति को अकेलापन अनुभव ही नहीं कराते। यदि इसके बाद भी व्यक्ति को अकेलापन महसूस होता है तो वह उसे सृजनों के माध्यम से खूबसूरत मोड़ दे सकता है। वैसे भी अकेलापन व्यक्ति का सर्वश्रेष्ठ साथी होता है। अकेलेपन में ही सृजना के सुंदरतम बिंदु उतरते हैं। अकेलेपन में ही व्यक्ति ध्यान की चरमावस्था तक पहुँचता है। अकेलापन ही एकाग्रता स्थापित करता है।

व्यक्ति जीवनसाथी के रूप में पुस्तकों, संगीत, नृत्य, विज्ञान, लेखन, चित्रकला किसी को भी चुन सकता है। यदि आप पुस्तक, कला अथवा विज्ञान को अपना साथी बनाते हैं तो आप कभी अकेले नहीं हो सकते, क्योंकि ये सभी निरंतर प्रगतिशील हैं और नित नूतन-नवीन विचारों के प्रदायक हैं। जिस मस्तिष्क में निरंतर सृजनात्मकता का पहरा रहता है, वहाँ पर परेशानी और समस्या कभी भी अपना स्थान नहीं बना सकते।

परिणय सूत्र में सोच-समझकर बंधें

कई लोग मात्र परिवार की खातिर ही वैवाहिक गठबंधन में बँध जाते हैं, लेकिन फिर अपनी रुचियों एवं जीवन को दिशा देने के लिए वे इस संस्था से मुक्त होने के लिए छटपटाते हैं और आखिरकार स्वयं को मुक्त कर अपनी मंजिल की ओर बढ़ चलते हैं। गौतम बुद्ध ने ऐसा ही किया था। उनका विवाह यशोधरा के साथ हुआ था, लेकिन जीवन से विमुख होने के कारण वे अपनी युवा पत्नी एवं पुत्र राहुल को सोता हुआ छोड़कर ज्ञान की खोज में चले गए थे। गौतम बुद्ध ने तो ज्ञान के माध्यम से निर्वाण की स्थिति को प्राप्त कर लिया था, लेकिन यशोधरा एवं राहुल का जीवन एक त्रासदी बनकर रह गया था। इसलिए विवाह-संबंध में बहुत सोच-समझकर ही बँधना उचित रहता है। विवाह एक बहुत बड़ी जिम्मेदारी होता है।

> ***यदि आप अविवाहित हैं, परित्यक्ता हैं अथवा विधवा-विधुर हैं तो परेशान मत होइए, अपनी रुचियों को अपना जीवनसाथी बनाइए। यकीन मानिए, आपकी रुचियाँ आपका जीवन भर साथ निभाएँगी। केवल जीवन के साथ ही नहीं, जीवन के बाद भी। जीवनसाथी से यदि व्यक्ति परेशान हो जाए और उससे अलग होने का निर्णय न ले पाए तो उसका जीवन एक नासूर बनकर रह जाता है।***

इसमें जीवनसाथी को अपने साथी के अलावा आगामी संतति एवं बुजुर्ग माता-पिता की भी देखभाल करनी होती है। यह जिम्मेदारी केवल वधू पर लागू न होकर वर पक्ष के लिए भी है। कई बार कन्या अपने माता-पिता की इकलौती संतान होती है, ऐसे में उसके विवाह के बाद बुजुर्ग माता-पिता का जीवन बेहद दयनीय हो जाता है। ऐसे में वर को समझदारी दिखाते हुए उनकी भी सेवा का दायित्व निभाना चाहिए। सही अर्थों में जीवनसाथी की यही परिभाषा है कि एक-दूसरे के दुःख-सुख में जन्म-जन्मांतर तक साथ निभाना।

जिंदगी को जी भर जिएँ

यदि आप अविवाहित हैं, परित्यक्ता हैं अथवा विधवा-विधुर हैं तो परेशान मत होइए, अपनी रुचियों को अपना जीवनसाथी बनाइए। यकीन मानिए, आपकी रुचियाँ आपका जीवन भर साथ निभाएँगी। केवल जीवन के साथ ही नहीं, जीवन के बाद भी। जीवनसाथी से यदि व्यक्ति परेशान हो जाए और उससे अलग होने का निर्णय न ले पाए तो उसका जीवन एक नासूर बनकर रह जाता है। ऐसा नासूर, जिसके साथ ही इनसान को जीना होता है और उसी के साथ मरना होता है। जब जीवनसाथी इच्छानुरूप न हो, प्रताड़ित करनेवाला हो, साथ निभाने की जगह क्लेश को बढ़ावा देनेवाला हो तो जीवन को जीना बेहद मुश्किल हो जाता है। हर वस्तु, स्थिति एवं संबंध के गुण एवं दोष होते हैं। इसलिए यदि आपके पास वह वस्तु, संबंध अथवा स्थिति नहीं है तो गमगीन होने की बजाय अपनी रुचियों को अपना जीवनसाथी बनाइए और जीवन को जी भर के जीना सीखिए। जिंदगी बेहद खूबसूरत लगने लगेगी, क्योंकि जीवन खूबसूरती से जीने के लिए ही होता है, तिल-तिल तड़पने के लिए नहीं।

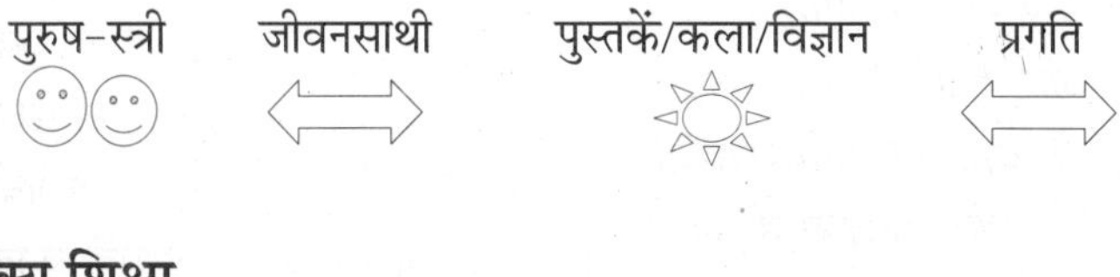

चाणक्य शिक्षा

चाणक्य ने विवाह को जीवन का एक अत्यंत महत्त्वपूर्ण कदम माना है। इस कदम को सावधानीपूर्वक उठाना चाहिए, अन्यथा वर व वधू दोनों पक्षों को ही नुकसान उठाना पड़ता है। वैवाहिक संबंध स्थापित करते समय व्यक्ति को वर

> *यदि व्यक्ति असाधारण रूप से प्रतिभाशाली है और वह उसे देश व समाज हित के लिए प्रयोग करना चाहता है तो उसे अपनी प्रतिभा, रुचि एवं कार्यशैली को ही जीवनसाथी बना लेना चाहिए।*

व वधू पक्ष के चरित्र, शिक्षा एवं कुल के बारे में सही-सही जानकारी एकत्र कर लेनी चाहिए। यह जीवन भर का संबंध होता है। यदि संबंध सही परिवार और व्यक्ति से स्थापित हो जाए तो जीवन सँवर जाता है, अन्यथा जीवन की नैया डूबते देर नहीं लगती। केवल वर व वधू की समझदारी से ही कई बार जीवन पथ सहज लगने लगता है और जीवन श्रेष्ठ लगने लगता है। यदि व्यक्ति असाधारण रूप से प्रतिभाशाली है और वह उसे देश व समाज हित के लिए प्रयोग करना चाहता है तो उसे अपनी प्रतिभा, रुचि एवं कार्यशैली को ही जीवनसाथी बना लेना चाहिए।

□

पशु-पक्षियों के गुण

आचार्य वचन

- मनुष्य को सिंह और बगुले से एक-एक, गधे से तीन, मुरगे से चार, कौए से पाँच तथा कुत्ते से छह गुण ग्रहण करने चाहिए।
- समय पर जागना, युद्ध के लिए सदैव तत्पर रहना, बंधु-बांधवों को उनका उचित हिस्सा देना तथा अपने साथी का ध्यान रखना—मुरगे से ये चार गुण सीखने चाहिए।
- संग्रह की प्रवृत्ति, आलस्य न करना जैसे गुण कौए से ग्रहण करने चाहिए।
- अधिक खाने की शक्ति रखना, अभाव की स्थिति में थोड़े से ही संतोष करना, गहरी नींद में सोना, सोते समय भी सजग रहना, स्वामिभक्ति तथा वीरतापूर्वक शत्रुओं का सामना करना—ये छह गुण कुत्ते से सीखने चाहिए।
- बिना थके परिश्रम करते रहना, सर्दी-गरमी की चिंता न करना तथा धैर्य एवं संतोष—ये गुण गधे से ग्रहण करने चाहिए।

मनुष्य मस्तिष्क

मनुष्य को जीव जगत् में सबसे बुद्धिमान प्राणी कहा गया है। एक मनुष्य ही ऐसा प्राणी है, जो सोच सकता है, बोल सकता है और फिर अपनी सोची एवं बोली गई बातों के अनुरूप कार्य कर सकता है अथवा इसके विपरीत भी कर सकता है, अर्थात् व्यक्ति बिना बोले एवं सोचे भी कार्य करने की क्षमता रखता है। ईश्वर ने मनुष्य के अंदर अनेक ऐसे गुणों को विकसित किया है कि वह ऊँचाइयों को छू सकता है। जन्म के समय हर व्यक्ति समान होता है, बशर्ते कि उनमें जन्मजात

कोई विकृति न हो। हालाँकि हौसले के धनी लोग शारीरिक एवं मानसिक विकृति की परवाह न करते हुए आगे बढ़ते हैं और इतिहास को बदल देते हैं। वे अपने श्रेष्ठ कार्यों और बुलंद हौसलों से अन्य व्यक्तियों के लिए एक स्वर्णिम-सी बारीक रेखा तैयार कर देते हैं, ताकि आनेवाली पीढ़ियाँ उस स्वर्णिम रेखा पर चलकर आगे जाकर एक स्वर्णिम महल का निर्माण कर सकें। व्यक्ति अपनी क्षमताओं को जाग्रत् करके दिन-प्रतिदिन के अभ्यास से अपने मस्तिष्क को बेहद शक्तिशाली बना सकता है।

अन्य प्राणियों की बुद्धिमत्ता

मनुष्य एक बुद्धिजीवी है, लेकिन इसका यह तात्पर्य कतई नहीं है कि उसे किसी ओर से सीखने या जानने की आवश्यकता ही नहीं है। प्रकृति एवं जीव जगत् की छोटी-से-छोटी वस्तु एवं जीव भी मनुष्य को बहुत बड़ी सीख देते हैं। चाणक्य ने जीव-जंतुओं की इन्हीं बारीकियों और गुणों को समझा है। उन्होंने मनुष्यों को उनसे सीख लेने के लिए प्रेरित भी किया है।

> *चींटी अपने शरीर के भार से लगभग 20 गुना भार उठाने की क्षमता रखती है, तूफान में भी बचकर निकलना जानती है। चींटी दयावान होती हैं और अपनी साथी चींटियों का ध्यान रखती हैं, यहाँ तक कि उनके लिए भोजन का इंतजाम भी करती हैं। इतना ही नहीं, चींटी अपने जीवन के साथ-साथ हमारे पारिस्थितिकी तंत्र में महत्त्वपूर्ण भूमिका निभाती हैं। वे मिट्टी के पोषक तत्त्वों का पुनर्चक्रण करती हैं और बीजों के प्रसार एवं विकास में मदद करती हैं।*

चींटी की कर्मण्यता

कीट वर्ग का भी मनुष्य जीवन में बहुत महत्त्व है। चींटी सबसे छोटी प्राणी है। यह आकार में 2 से 7 मिलीमीटर के बीच होती है। चींटी का मस्तिष्क बहुत तेज माना जाता है। इसकी मस्तिष्क कोशिकाएँ बहुत ज्यादा होती हैं। चींटी अपनी जीवनशैली से ये बताती हैं कि जिंदगी को सदैव सकारात्मक विचारों के साथ जीना चाहिए, संघर्ष से कभी घबराना नहीं चाहिए। चींटी अपने शरीर के भार से लगभग 20 गुना भार उठाने की क्षमता रखती है, तूफान में भी बचकर निकलना जानती है। चींटी दयावान होती हैं और अपनी साथी चींटियों का ध्यान

रखती हैं, यहाँ तक कि उनके लिए भोजन का इंतजाम भी करती हैं। इतना ही नहीं, चींटी अपने जीवन के साथ-साथ हमारे पारिस्थितिकी तंत्र में महत्त्वपूर्ण भूमिका निभाती हैं। वे मिट्टी के पोषक तत्त्वों का पुनर्चक्रण करती हैं और बीजों के प्रसार एवं विकास में मदद करती हैं।

तितली का छोटा पर खुशहाल जीवन

तितली बहुत सुंदर एवं आकर्षक होती है। इसका जीवनकाल बहुत छोटा होता है। ये अपने छोटे से जीवनकाल में रंग-बिरंगे पंखों के साथ रंग-बिरंगे पुष्पों पर मँडराती हैं और प्रकृति के साथ ही मनुष्यों के जीवन में खुशियाँ बाँटती हैं। तितली यह संदेश देती है कि जीवन चाहे छोटा हो या बड़ा, लेकिन उसे मुसकराकर जीना चाहिए। तितली का जन्म बहुत संघर्ष के साथ होता है और इसके जीवन की सबसे रोचक बात यह है कि इसके अंडे से कुछ समय बाद एक छोटा सा कीट निकलता है। इस कीट को 'लार्वा' कहा जाता है। यह पौधे की पत्तियों को खाकर बड़ा होता है और फिर इसके चारों ओर एक कड़ा सा खोल बन जाता है। अब यह प्यूपा बन जाता है। प्यूपा का खोल बहुत सख्त होता है। इस सख्त खोल को तोड़कर ही उसमें से एक सुंदर तितली का जन्म होता है। इस खोल को तोड़ते समय तितली को अपनी जान की बाजी लगानी पड़ती है, तब वह मुक्त गगन में विचरण करने के लिए स्वतंत्र होती है। तितली के जीवन की एक खास बात यह है कि यदि प्यूपा बनने पर इसे खोल से निकलने में मदद प्रदान की जाए तो यह अशक्त हो जाती है और कुछ ही समय बाद दम तोड़ देती है। इस तरह इसका सुंदर जीवन यह संदेश देता है कि व्यक्ति जब अकेले ही संघर्ष और पीड़ा के खोल से बाहर निकलकर आता है, तभी वह जिंदगी को जीने के लिए तैयार होता है।

कौए की चतुराई एवं चपलता

चाणक्य बचपन से ही कुशाग्र बुद्धि थे। वे मनुष्यों, शत्रुओं, मित्रों, स्त्रियों एवं

चाणक्य बचपन से ही कुशाग्र बुद्धि थे। वे मनुष्यों, शत्रुओं, मित्रों, स्त्रियों एवं पुरुषों के सबल व निर्बल पक्ष जानने के साथ-साथ पशु-पक्षियों के मजबूत एवं कमजोर तत्त्वों को भी बखूबी समझते थे। कौए के मजबूत पक्ष को भी उन्होंने गहनता से परखा हुआ था। कौआ एक छोटा पक्षी है, लेकिन उसकी बुद्धिमत्ता का कोई सानी नहीं है।

पुरुषों के सबल व निर्बल पक्ष जानने के साथ-साथ पशु-पक्षियों के मजबूत एवं कमजोर तत्त्वों को भी बखूबी समझते थे। कौए के मजबूत पक्ष को भी उन्होंने गहनता से परखा हुआ था। कौआ एक छोटा पक्षी है, लेकिन उसकी बुद्धिमत्ता का कोई सानी नहीं है। एक सामान्य कौआ 15 साल से लेकर 30 साल तक जीवित रहता है। चाणक्य व्यक्ति को कौए के कुछ गुणों को अपने अंदर आत्मसात् करने के लिए प्रेरित करते हैं। कौआ अपनी समस्या सुलझाने के साथ ही अद्भुत संचार कौशल से भी प्रभावित करता है। कौआ एक ऐसा प्राणी है, जो स्वयं को किसी भी समस्या से बखूबी बाहर निकालना जानता है। कौवे पर आलस्य कभी भी हावी नहीं होता। यह वृद्धावस्था के करीब पहुँचकर भी चौकस रहता है। मौसम के अनुरूप कौवा भोजन की तलाश में जुट जाता है और बुरे वक्त के लिए भी संग्रह करके रखता है। कौए को सामान्यतया लोग पसंद भी नहीं करते हैं, लेकिन कौआ एक सामाजिक प्राणी है। इनकी याददाश्त शक्ति बहुत तीव्र होती है और ये जीवन भर मनुष्य के चेहरे को याद रख सकते हैं। कौए का जीवन केवल खाने और मुक्त गगन में विचरण करने तक ही सीमित रहता है। इसके बावजूद वह आलस्य नहीं करता और न ही आलस करनेवाले व्यक्तियों को पसंद करता है।

'गधा' एक ऐसा शब्द है, जिसे मनुष्य जाति के लोग मूर्ख, भोले एवं अपने शत्रु पक्ष के लोगों के लिए अकसर प्रयोग करते हैं। मनुष्य जाति भी विचित्र है। यदि उन्हें 'गधा' कहकर संबोधित किया जाए तो वे क्रोध से भर उठते हैं, जबकि वास्तविकता यह है कि गधा एक ऐसा भोला घोड़े की प्रजाति का पशु है, जो बिना थके परिश्रम करता है। अपने वजन से कई गुना वजन उठाता है और हर स्थिति में संतोष एवं धैर्य बनाए रखता है। गधा जितनी मेहनत करता है, वास्तविक जीवन में कई व्यक्ति उसकी 10 प्रतिशत मेहनत भी नहीं करते हैं।

आलस मनुष्य की एक बहुत बुरी आदत है। इस आदत को अपने जीवन में अपनाने से बचना चाहिए। आलस्य की प्रवृत्ति चतुर एवं गुणवान लोगों के जीवन का भी ह्रास कर देती है। वहीं एक सामान्य बुद्धि का व्यक्ति यदि आलसी प्रवृत्ति का नहीं है और निरंतर कार्य में लगा रहता है तो वह सफलता को प्राप्त कर लेता है।

गधे का भोलापन एवं कड़ा परिश्रम

'गधा' एक ऐसा शब्द है, जिसे

मनुष्य जाति के लोग मूर्ख, भोले एवं अपने शत्रु पक्ष के लोगों के लिए अकसर प्रयोग करते हैं। मनुष्य जाति भी विचित्र है। यदि उन्हें 'गधा' कहकर संबोधित किया जाए तो वे क्रोध से भर उठते हैं, जबकि वास्तविकता यह है कि गधा एक ऐसा भोला घोड़े की प्रजाति का पशु है, जो बिना थके परिश्रम करता है। अपने वजन से कई गुना वजन उठाता है और हर स्थिति में संतोष एवं धैर्य बनाए रखता है। गधा जितनी मेहनत करता है, वास्तविक जीवन में कई व्यक्ति उसकी 10 प्रतिशत मेहनत भी नहीं करते हैं। फिर भी वे गधे के संबोधन से चिढ़ते हैं। यह एक सदियों पुरानी मान्यता चली आ रही है। वरना सोच-विचार करने पर आप यही पाएँगे कि गधे जितना सहज, संतुलित एवं परिश्रमी यदि मनुष्य हो जाए तो न केवल मनुष्य की व्यक्तिगत प्रगति बढ़ जाए, अपितु देश की आर्थिक, सामाजिक एवं राजनीतिक प्रगति का ग्राफ भी बहुत ऊपर उठ जाए। सर्वाधिक प्रखर कूटनीतिज्ञ चाणक्य ने गधे से लेकर हर वस्तु तक की बारीकी और गुण को परखा और उन्हें हर व्यक्ति को अपनाने के लिए कहा। उन्होंने अपने शिष्य चंद्रगुप्त को साधारण से एक असाधारण राजा में परिवर्तित कर दिया था। चंद्रगुप्त मौर्य को उन्होंने शिक्षा के साथ-साथ हर शिक्षा का व्यावहारिक ज्ञान प्रदान किया। उन्होंने चंद्रगुप्त को पशु-पक्षियों से सीखने के लिए प्रेरित किया।

आधुनिक समय में मनुष्य जगत् में संतोष एवं धैर्य, दोनों ही विलुप्त होते जा रहे हैं। यही कारण है कि आज पहले से अधिक अपराध, भ्रष्टाचार, हिंसा का विस्तारण होता जा रहा है। लोगों में असंतोष व्याप्त होने के कारण छोटी-छोटी बातें बड़े एवं विकराल झगड़ों का रूप ले लेती हैं। ये झगड़े हिंसा एवं अनावश्यक मृत्यु तक का कारण बन जाते हैं।

श्वान-सी विश्वसनीयता लाएँ

श्वान, यानी कि कुत्ता भेड़िया कुल की प्रजाति का प्राणी है। यह मनुष्य का मुख्य पालतू पशु है। आज तो यह मानव जीवन और परिवारों का एक मुख्य हिस्सा बन चुका है। श्वान की ग्रहणशीलता एवं सुनने की क्षमता बेहद शक्तिशाली होती है। श्वान 35 हजार कंपन प्रति सेकंडवाली आवाजें भी सुन सकता है, जबकि सामान्य व्यक्ति केवल 20 हजार कंपन प्रति सेकंडवाली ध्वनियों को ही सुन सकता है। आज श्वान केवल व्यक्तियों के घरों में रहकर ही उनकी सुरक्षा नहीं करता है अपितु वह सैन्य तरीके से सुरक्षा करने में भी महत्त्वपूर्ण भूमिका निभाता है। श्वानों

मनुष्य एक ऐसा प्राणी है, जो समयानुरूप अपने स्वभाव को परिवर्तित कर सकता है। वहीं श्वान एक बेहद ईमानदार एवं स्वामिभक्त पशु है। यह मरते दम तक अपनी विश्वसनीयता बनाए रखता है। श्वान आँखें देखकर ही व्यक्ति के हाव-भावों से परिचित हो जाता है। यह बात समझ से परे है कि क्यों मनुष्य ने 'कुत्ते' शब्द को भी अमर्यादित कर उसे अभद्रतासूचक श्रेणी में डाल दिया है।

को बाकायदा प्रशिक्षण प्रदान कर सुरक्षा घेरे की जानकारी लेने के लिए प्रशिक्षित किया जाता है। मनुष्य एक ऐसा प्राणी है, जो समयानुरूप अपने स्वभाव को परिवर्तित कर सकता है। वहीं श्वान एक बेहद ईमानदार एवं स्वामिभक्त पशु है। यह मरते दम तक अपनी विश्वसनीयता बनाए रखता है। श्वान आँखें देखकर ही व्यक्ति के हाव-भावों से परिचित हो जाता है। यह बात समझ से परे है कि क्यों मनुष्य ने 'कुत्ते' शब्द को भी अमर्यादित कर उसे अभद्रतासूचक श्रेणी में डाल दिया है। चाणक्य तो इस बात पर बल देते हैं कि यदि व्यक्तियों के अंदर श्वान के गुण आ जाएँ और वे श्वान से शिक्षा लें तो अपने जीवन को सफल एवं कामयाबी के शिखर पर स्थापित कर सकते हैं। श्वान की स्वामिभक्ति की अनेक सत्य कहानियाँ एवं किस्से जगह-जगह पर बिखरे पड़े हैं। हैरत की बात यह है कि ये किस्से जितने पुराने हैं, उतने ही नए भी हैं, अर्थात् आज भी श्वान उतने ही विश्वसनीय, स्वामिभक्त एवं ईमानदार हैं, जितने सदियों पहले होते थे, जबकि व्यक्ति परिस्थितियों के अनुसार गिरगिट की तरह रंग बदलने में कुछ सेकंड भी नहीं लगाता। चाणक्य की कुशलता, गहनता और कार्यशैली ने केवल भारत का ही इतिहास नहीं बदल दिया था, अपितु अपने वचनों, लेखन एवं शैली से विश्व को भी समृद्ध एवं संपन्न कर दिया था। आज चाणक्य के अर्थशास्त्र की नीतियों को ही तोड़-मरोड़कर देश अपनी कार्यशैली में प्रयोग करते हैं और सफलता पाते हैं। यदि व्यक्ति चाणक्य की नीतियों एवं ज्ञान को समझकर अपने जीवन में प्रयुक्त करे और जीव-जंतुओं के कुछ गुणों का सम्मिश्रण अपने व्यक्तित्व में कर ले तो उसके व्यक्तित्व की सुगंध चंदन की भाँति चहुँ ओर फैल जाती है और उसकी कीर्ति के गीत गुनगुनाती है।

जीव-जंतु मनुष्य प्रगति चारों दिशाओं में

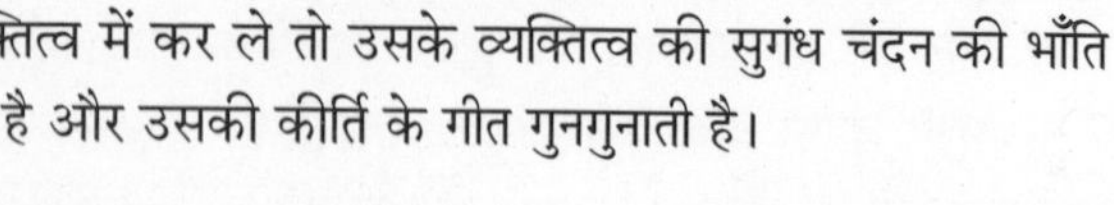

चाणक्य शिक्षा

चाणक्य ने अपने संपूर्ण जीवन को मनुष्य एवं जीव जगत् की कार्यविधियों, शैलियों एवं ज्ञानार्जन पर ही लगाया था। मनुष्यों के अलावा उन्होंने जीव-जंतुओं से भी मानव को शिक्षा ग्रहण करने के लिए प्रेरित किया है। चींटी, तितली, कौआ, गधा एवं श्वान जीव-जंतु जगत् के ऐसे प्राणी हैं, जो अपने जीवन से तो विश्व के सामने मिसाल प्रस्तुत करते ही हैं, इसके साथ ही वे जीवन में मनुष्य के लिए बेहद उपयोगी भी होते हैं।

□

चाणक्य के नजरिए से बच्चों का विकास

आचार्य वचन

- एक कुम्हार चाक पर घूमते मिट्टी के लोंदे को कभी प्यार से थपथपाकर, कभी सहलाकर तो कभी पीटकर उसे एक सुंदर बरतन का आकार दे देता है। बाद में वही बरतन अपनी सुंदरता से लोगों को आकर्षित करता है। माता-पिता को कुम्हार की भाँति मिट्टीरूपी संतान का पालन-पोषण करना चाहिए।
- पिता अपनी संतान का पाँच वर्ष तक लाड़-प्यार के साथ पालन-पोषण करें। इसके बाद अगले दस साल तक उस पर सख्ती रखें। संतान जब सोलह वर्ष की हो जाए तो उसके साथ मित्रवत् व्यवहार करें।

बाल मन की गुत्थी

चाणक्य जैसे व्यक्तित्व ने आज से हजारों वर्ष पहले बच्चों, महिलाओं, पुरुषों, राजाओं, सैनिकों, गुरुओं और जीव-जंतुओं तक के जीवन का बारीकी से अध्ययन किया था। यही कारण था कि उन्होंने चंद्रगुप्त जैसे साधारण बालक को भारत के एक असाधारण सम्राट् में परिवर्तित कर दिया था। बचपन मनुष्य के जीवन की स्वर्णिम अवस्था है। यह वह अवस्था है, जब व्यक्ति जादू को रोमांच से देखता है। वह हर वस्तु में जादू तलाश करता है। रंग-बिरंगी तितलियाँ, रंग-बिरंगे पुष्प, नदी की कल-कल धारा, पहाड़ियों के नीचे से उगता दिनकर सब बच्चों को रोमांचित करता है। जादूगर अपने हाथ की सफाई से जादू दिखाकर बच्चों को मोहित कर देते हैं। जब 25 दिसंबर आनेवाला होता है तो तीन साल से लेकर छह साल तक की आयु के बच्चे बेसब्री से सांता क्लॉज का इंतजार करते हैं और अपने मनपसंद तोहफों की फरमाइश भी। अगले दिन घर के किसी कोने में या बिस्तर पर अपने मनपसंद तोहफे को प्राप्त कर उनके चेहरे की खुशी और चमक सूर्य की

किरणों के साथ चमककर और निखर उठती है। कहानियों में परियों का जीवन, इच्छाओं का पूर्ण होना और कामयाबी का शिखर सब सच लगता है और हर बच्चा उस शिखर को पाने के लिए लालायित रहता है, लेकिन जैसे-जैसे बच्चे का विकास होता है तो उसके बाल मन की गुत्थियाँ उलझती जाती हैं। कहानियों में, पुस्तकों में उसने खूबसूरत एवं रोमांचक जीवन की झलक पाई होती है और वास्तविकता में माता-पिता की डाँट, शिक्षकों की फटकार और साथियों के व्यंग्य बाण उन्हें आहत कर देते हैं। ये सब देखकर बाल मन की गुत्थियाँ इतनी उलझती जाती हैं कि बच्चों का मस्तिष्क विचलित हो जाता है और कई बार तो पटरी पर से ही उतर जाता है।

चाणक्य बचपन से ही बच्चों के बाल मन की गुत्थी को सुलझाने के लिए इस बात पर बल देते हैं कि बच्चों के सामने तसवीरों का प्रस्तुतीकरण सशक्त होना चाहिए। एक तसवीर सौ शब्दों से अधिक प्रभावशाली होती है।

बचपन की कुछ गलत तसवीरें

कुछ माता-पिता आज भी अपने बच्चों को बचपन में पीटना इसलिए जरूरी समझते हैं, क्योंकि उन्होंने अपने बचपन में माता-पिता से पिटाई खाई थी। अपनी पिटाई के द्वारा यह तसवीर बचपन से ही उनके मानस पटल पर अंकित हो गई थी कि पिटने से ही बच्चे अनुशासन में रहते हैं।

- कुछ माता-पिता आज भी अपने बच्चों को बचपन में पीटना इसलिए जरूरी समझते हैं, क्योंकि उन्होंने अपने बचपन में माता-पिता से पिटाई खाई थी। अपनी पिटाई के द्वारा यह तसवीर बचपन से ही उनके मानस पटल पर अंकित हो गई थी कि पिटने से ही बच्चे अनुशासन में रहते हैं।
- वे पुरुष, जो महिलाओं के साथ अभद्र व्यवहार करते हैं, इसके पीछे भी उनके बचपन की गलत तसवीर का ही हाथ होता है। उन्होंने अपने बचपन में अपने पिता को माता पर हाथ उठाते, उनके साथ अभद्रतापूर्ण तरीके से पेश आते हुए देखा होता है। इसलिए यह तसवीर उनके अवचेतन मन में बैठ जाती है। अधिकांश महिलाओं के साथ होनेवाली हिंसक घटनाओं के पीछे यही बात होती है।
- भारत एक पुरुष प्रधान देश है। इसलिए आज भी अधिकतर पुरुष स्वयं

को सर्वेसर्वा समझते हैं। विवाह होने पर वे अपनी पत्नी को जीवनसाथी के बजाय दोयम दर्जे पर रखते हैं और उसकी राय, इच्छा एवं कार्यों को कतई महत्त्व नहीं देते। परिणामस्वरूप आज आए दिन तलाक, आत्महत्या आदि की घटनाएँ आम होती जा रही हैं। पत्नियों को प्रताड़ित करना, स्त्रियों की बात एवं स्थिति को मुख्य न समझना, ये सब बातें बच्चे बचपन से ही सीखते हैं।

- माता-पिता अकसर किसी अतिथि को टालने के लिए अपने बच्चे के माध्यम से कहलवा देते हैं कि वे घर पर नहीं हैं, अथवा किसी कार्य में व्यस्त हैं। बच्चा अपने माता-पिता के एवज में यह बात अतिथि से कह तो देता है, लेकिन साथ ही इस बात को अपने अवचेतन मन में भी बैठा लेता है कि ऐसे झूठ झूठ नहीं होते। बड़ा होने पर वह भी यही सब दोहराता है।
- कक्षा में नंबर कम आने पर माता-पिता अपने बच्चे को प्रताड़ित करते हैं और उसे अधिक नंबर लाने के लिए महँगे-महँगे उपहार का प्रलोभन देते हैं। बड़ा होने पर बच्चा अपने बच्चों के साथ भी ऐसे ही हथकंडे अपनाता है। इतना ही नहीं, बच्चों को लगने लगता है कि महँगे उपहार उन्हें केवल तभी मिल सकते हैं, जब वे दूसरों की इच्छाओं को पूरा करें। यह बहुत ही गलत अवधारणा है।

चाणक्य बेहद विद्वान् थे। उन्होंने केवल ग्रंथों को ही नहीं पढ़ा था, बल्कि लोगों को भी पढ़ा था। वे कहते थे—उत्तम स्वभाव व उत्तम आचरण ही मनुष्य का प्रमुख गुण है। जिस व्यक्ति का शील नष्ट हो जाता है, धन, जीवन और रिश्तेदार उसके किसी काम के नहीं रहते। इसलिए बच्चों के अंदर बचपन से ही उत्तम स्वभाव एवं उत्तम आचरण का विकास होना अनिवार्य है। यदि माता-पिता का स्वयं का जीवन पीड़ादायक रहा है तो भी उन्हें अपने बच्चों के सामने आदर्श बनने का प्रयत्न करना चाहिए।

चाणक्य बेहद विद्वान् थे। उन्होंने केवल ग्रंथों को ही नहीं पढ़ा था, बल्कि लोगों को भी पढ़ा था। वे कहते थे–उत्तम स्वभाव व उत्तम आचरण ही मनुष्य का प्रमुख गुण है। जिस व्यक्ति का शील नष्ट हो जाता है, धन, जीवन और रिश्तेदार उसके किसी काम के नहीं रहते। इसलिए बच्चों के अंदर बचपन से ही उत्तम स्वभाव एवं उत्तम आचरण का विकास होना अनिवार्य है।

बच्चे का पहला आदर्श माता-पिता

माता-पिता का स्वरूप एवं व्यवहार जैसा भी हो, लेकिन वह बच्चे के लिए आदर्श होता है। माता-पिता बच्चे के जीवन की पहली पाठशाला होते हैं। आँखें खोलते ही बच्चा अपने माता-पिता को अपने पालक के रूप के पाता है और बड़ा होते उनका अनुकरण करने लगता है। बच्चे को नकल के लिए वानर की संज्ञा दी जाती है। वानर नकल करने में माहिर होता है। इसी तरह बच्चा हर कार्य एवं शैली को परिवेश एवं वातावरण के अनुरूप ग्रहण करता है। वह अपने माता-पिता के कार्य व्यवहार, शिक्षा आदि को ग्रहण करता है। बचपन में बच्चा अपने माता-पिता को हर लिहाज से सर्वश्रेष्ठ समझता है। यदि वे अनुचित कार्य व्यवहार करते हैं तो बालक उन्हें सही समझता है और उसके मस्तिष्क में ये बातें गहराई तक चली जाती हैं कि माता-पिता के द्वारा किए जानेवाले सभी कार्य सही हैं। इसलिए सदैव बच्चों के सामने एक आदर्श बनकर ही कार्य करने चाहिए। अच्छे माता-पिता बनने के लिए व्यक्तियों को अपनी बहुत सारी इच्छाओं का त्याग करना पड़ता है। चाणक्य तो गृहस्थ जीवन को एक बहुत महत्त्वपूर्ण और बड़ी जिम्मेदारी मानते हैं और यही कहते हैं कि हर जीवन को पूर्ण ईमानदारी एवं सत्यनिष्ठा के साथ निभाना चाहिए। माता-पिता का स्थान ईश्वर एवं गुरु से भी बड़ा इसलिए कहा गया है, क्योंकि उन्हें अपना सर्वस्व समर्पण करके भी बच्चे के अंदर अच्छे संस्कार डालने चाहिए।

व्यावहारिक शिक्षा अनिवार्य

बच्चों के लिए स्कूली शिक्षा एवं पुस्तकों के अतिरिक्त व्यावहारिक शिक्षा बेहद अनिवार्य है। इसके लिए बच्चों को समय-समय पर व्यावहारिक शिक्षा प्रदान करनी चाहिए। चाणक्य अकसर अपने शिष्यों को दैनिक कार्यकलाप करते हुए व्यावहारिक शिक्षा देना नहीं भूलते थे। उन्होंने चंद्रगुप्त को बारंबार व्यावहारिक ज्ञान प्रदान किया था। चंद्रगुप्त मौर्य बेहद होनहार थे। चाणक्य उन्हें बेहद पसंद करते थे, यह बात भी उन्हें ज्ञात थी।

बच्चों के लिए स्कूली शिक्षा एवं पुस्तकों के अतिरिक्त व्यावहारिक शिक्षा बेहद अनिवार्य है। इसके लिए बच्चों को समय-समय पर व्यावहारिक शिक्षा प्रदाज करनी चाहिए। चाणक्य अकसर अपने शिष्यों को दैनिक कार्यकलाप करते हुए व्यावहारिक शिक्षा देना नहीं भूलते थे। उन्होंने चंद्रगुप्त को बारंबार व्यावहारिक ज्ञान प्रदान किया था। चंद्रगुप्त मौर्य बेहद होनहार थे।

इसलिए अकसर वे कई बार स्वयं को सर्वगुण संपन्न समझने की भूल कर बैठते थे और जल्दबाजी में ही अपने निर्णयों को सही समझ लेते थे। एक दिन चंद्रगुप्त मौर्य ने अपने शत्रुओं पर हमला करने की रणनीति बनाई। इस रणनीति के तहत उन्होंने सीधे शत्रु दल पर आक्रमण की योजना बनाई। चाणक्य को जब यह पता लगा तो उन्होंने उन्हें व्यावहारिक शिक्षा देने का निश्चय किया। उन्होंने चंद्रगुप्त को रात के भोजन पर बुलवाया और उनके लिए भात तैयार करवाया। भात तैयार होने के बाद चंद्रगुप्त की थाली में गरम-गरम भात परोसा गया। चंद्रगुप्त जब भोजन करने लगे तो चाणक्य बोले, "ठहरो।" फिर वे थाली की ओर संकेत करके बोले, "कल्पना करो कि यह लड़ाई का मैदान है, ये चावल शत्रुओं की सेना है।" यह सुनते ही चंद्रगुप्त समझ गए कि अब उन्हें व्यावहारिक ज्ञान प्रदान किया जानेवाला है। उन्होंने जवाब दिया, "जी गुरुजी, कल्पना कर ली कि ये चावल शत्रुओं की सेना है और थाली शत्रुओं का किला।"

यह सुनकर चाणक्य बोले, "शाबाश! अब यह बताओ कि तुम्हारे हिसाब से शत्रु राजा को कहाँ होना चाहिए?" चाणक्य कुछ देर विचार करके बोले, "गुरुजी, मेरे हिसाब से शत्रु राजा को थाली के बीच में होना चाहिए।"

"क्यों?" चाणक्य ने कहा।

"इसलिए कि उसे चारों ओर से सुरक्षा मिल सके।"

जवाब सुनकर चाणक्य प्रसन्न होकर बोले, "बहुत खूब, तो तुम राजा को मार कर लड़ाई सहजता से जीत सकते हो।"

"जी गुरुजी! इसलिए मैं सीधा राजा पर हमला करके उसे परास्त कर दूँगा।" यह बात सुनकर चाणक्य शंकित होकर बोले, "अपनी इस रणनीति को इस थाली में कर के दिखाओ।" यह सुनकर चंद्रगुप्त ने तुरंत अपना हाथ भात के बीच में डाल दिया। अचानक गरम भात से उनकी अंगुलियाँ जल गईं और उन्होंने चीखकर अपना हाथ बाहर खींच लिया।

यह देखकर चाणक्य बोले, "तुम्हें क्या लगता है कि अपने राज्य में चारों

"जी गुरुजी! इसलिए मैं सीधा राजा पर हमला करके उसे परास्त कर दूँगा।" यह बात सुनकर चाणक्य शंकित होकर बोले, "अपनी इस रणनीति को इस थाली में कर के दिखाओ।" यह सुनकर चंद्रगुप्त ने तुरंत अपना हाथ भात के बीच में डाल दिया। अचानक गरम भात से उनकी अंगुलियाँ जल गईं और उन्होंने चीखकर अपना हाथ बाहर खींच लिया।

ओर से सुरक्षित राजा पर सीधा हमला करना क्या सहज होगा?"

चंद्रगुप्त को अपनी भूल समझ में आ गई। वे बोले, "आचार्य, ऐसी स्थिति में मुझे क्या करना चाहिए?"

"ऐसी स्थिति में तुम्हें सेना को किनारों से समाप्त करना होगा। वह सीमाओं पर कमजोर होती है और आसानी से काबू में आ जाती है। इस तरह पूरी तरह से सुरक्षित राज्य पर हमला करने के बजाय उसकी सीमाओं पर धावा बोलना चाहिए।"

चंद्रगुप्त ने थाली के किनारे के चावलों में हाथ डाला तो वे पहले की अपेक्षा कम गरम थे। उसने सहजता से वहाँ के भात को खा लिया। इस तरह जब वे बीच के भातवाले हिस्से पर पहुँचे, तब तक वह भी ठंडा हो चुका था।

इस व्यावहारिक सरल ज्ञान से चंद्रगुप्त ने युद्ध कला का एक महत्त्वपूर्ण पाठ सीख लिया था। चंद्रगुप्त ने अपने गुरु चाणक्य का अभिनंदन किया और उन्हें धन्यवाद दिया कि बड़ी सरलता से गुरु ने उन्हें शत्रु से निबटने का तरीका समझा दिया था।

चाणक्य दैनिक कार्यकलापों, यहाँ तक कि भोजन के माध्यम से भी चंद्रगुप्त को व्यावहारिक शिक्षा का ज्ञान प्रदान करते थे। बच्चे का सर्वांगीण विकास तभी होता है, जब उसे व्यावहारिक ज्ञान प्राप्त होता है।

बच्चों पर गंभीरता से ध्यान देना अनिवार्य

माता-पिता दोनों के सेवारत होने से वे बच्चे पर कम ध्यान दे पाते हैं। ऐसे में बच्चा स्वयं को विमुख समझने लगता है। कई बार केवल माता-पिता का ध्यानाकर्षण पाने के लिए वह शरारतें करता है, गलत कार्य करता है और स्कूल में मारपीट करता है, ताकि माता-पिता तक उसकी बातें पहुँचें और वे उस पर ध्यान दें। माता-पिता का पहला कर्तव्य यही है कि अत्यंत व्यस्त होने पर भी बच्चे पर से ध्यान न हटाएँ। थोड़ी सी समझदारी और चतुराई से समय प्रबंधन करके इस समस्या को हल किया जा सकता है।

माता-पिता दोनों के सेवारत होने से वे बच्चे पर कम ध्यान दे पाते हैं। ऐसे में बच्चा स्वयं को विमुख समझने लगता है। कई बार केवल माता-पिता का ध्यानाकर्षण पाने के लिए वह शरारतें करता है, गलत कार्य करता है और स्कूल में मारपीट करता है, ताकि माता-पिता तक उसकी बातें पहुँचें और वे उस पर ध्यान दें।

- बच्चे के साथ एक समय का भोजन अवश्य करें।
- पाँच या दस मिनट के लिए ही सही, लेकिन उससे यह प्रतिदिन पूछें कि आज का दिन कैसा रहा? स्कूल में क्या विशेष हुआ, आदि।
- अगर बच्चा ट्यूशन भी जाता है तो भी एक बार उसकी कॉपी-किताबों की जाँच अवश्य करें। ऐसा करने से बच्चे को एहसास होता है कि माता-पिता को उसकी परवाह है।
- बचपन से बच्चे को रात में पुस्तक पढ़ने की आदत डालें।

बालक माता-पिता व्यवहार/कार्यकलाप बालक की प्रगति

चाणक्य शिक्षा

चाणक्य ने शिक्षा को प्रत्येक व्यक्ति के लिए अनिवार्य बताया। उनका कहना था कि बचपन बेहद भोला होता है। बचपन सदैव माता-पिता का अनुकरण करता है। इसलिए प्रत्येक माता-पिता को अपने बच्चे के सामने सदैव सत्यनिष्ठा, अहिंसा, प्रेम और करुणा के मार्ग पर चलना सिखाना चाहिए। ऐसा तभी संभव है, जब माता-पिता स्वयं ऐसे मार्ग पर चलते हों। यदि माता-पिता सकारात्मक एवं बच्चों के प्रति आशावान होते हैं, तभी वे अपने बच्चों को अच्छा नागरिक बना सकते हैं। बच्चों के सामने भूलकर भी हिंसा, झूठ एवं अकर्मण्यता का प्रदर्शन नहीं करना चाहिए। बच्चे कल के नेता होते हैं। देश के सुनहरे भविष्य को तैयार करने के लिए यह अनिवार्य है कि बच्चों को आज सुनहरा वर्तमान और सकारात्मक परिवेश मिले।

□

समृद्धि को जान, खूब करें दान

आचार्य वचन

- जो व्यक्ति निर्धन होने पर भी दानशील हो, उसे स्वर्ग से भी ऊपर स्थान प्राप्त होता है।
- योग्य व्यक्ति को दिया गया दान सहस्र गुना होकर वापस मिलता है।
- दान कभी व्यर्थ नहीं जाता है। दस गुना अधिक होकर पुनः प्राप्त हो जाता है।
- अपनी विद्वत्ता को सार्थक बनाए रखने के लिए मनुष्य को यथासंभव दान करते रहना चाहिए। इससे लोक और परलोक में उसका भला होता है।

दान देने से धन कभी नहीं घटता

चाणक्य ने अपने जीवन में अच्छे, बुरे और बहुत बुरे समय को देखा था। जीवन के हर पड़ाव एवं संघर्ष ने उन्हें व्यावहारिक बना दिया था। वे अकसर अपनी माता को साधु-संतों को दान करते देखते थे। एक दिन जब उनकी माता किसी जरूरतमंद को दान दे रही थी तो चाणक्य ने बालसुलभ प्रश्न किया, "माता, यह तो हमारी वस्तु है। आप इसे दूसरे व्यक्ति को क्यों प्रदान कर रही हैं? ऐसा करने से तो हमारे पास इस वस्तु की कमी हो जाएगी।" यह सुनकर माता ने मुसकराते हुए चाणक्य को गोद में उठाया और कहा, "पुत्र, यह बात सदैव याद रखना कि दान देने से कभी वस्तु कम नहीं होती, बल्कि यह संपन्नता की निशानी होती है। यदि व्यक्ति दान देने की स्थिति में न हो, तब भी उसे मन, वचन एवं कर्म से दान देने का प्रयत्न करना चाहिए। दान देने से व्यक्ति अपने कर्म एवं वचन के प्रति प्रयत्नशील होता है और मेहनत से काम करता है।" यह बात नन्हे से चाणक्य के मन में घर कर गई। अपने विद्यार्थी जीवन में वे प्रारंभ से ही बेहद प्रतिभाशाली थे। सभी सहपाठी

उनसे विद्या दान लेते थे। चाणक्य भी मुक्त हस्त से विद्या दान करते थे। विद्या के अतिरिक्त वे जरूतमंद व्यक्तियों की हरसंभव मदद करते थे। बड़े होते-होते चाणक्य समझ गए थे कि उनकी माता के द्वारा कहे गए वचन सत्य थे। वे दान की महिमा को समझ गए थे। जो व्यक्ति निस्स्वार्थ भाव से अपनी योग्यता के अनुरूप दान करता है, वही हमेशा पुण्य पाता है।

दान की वैज्ञानिक अवधारणा

चाणक्य ने हजारों वर्ष पहले दान की धारणा को वैज्ञानिक अवधारणा से जोड़कर यह प्रमाणित कर दिया था कि हर क्रिया की हमेशा विपरीत और समान प्रतिक्रिया होती है। यदि एक व्यक्ति सहज भाव से किसी की मदद करता है, सरलता से दान देता है तो कभी-न-कभी उसे कई गुना ब्याज समेत वापस प्राप्त हो जाता है। स्वयं ही संग्रहण की प्रवृत्ति व्यक्ति को अकेला छोड़ देती है, जबकि जो व्यक्ति कम सुविधाएँ होते हुए भी दान की भावना से अभिभूत रहता है, वह जीवन में सदैव सफल होता है। चाणक्य कहते थे कि प्रकृति जीव एवं प्राणियों से मिलकर ही बनी है। सभी एक-दूसरे पर निर्भर हैं। इसलिए उन्हें अपनी दान की प्रवृत्ति सदैव बनाकर रखनी चाहिए। यदि व्यक्ति व प्रकृति दान नहीं करते हैं तो उनके पास संचित वस्तु नष्ट ही हो जाती है। यदि पेड़ प्राणियों को आश्रय न दें, छाँव न दें, फल और फूल न दें तो भी उन्हें नष्ट ही हो जाना है। पेड़ व्यक्तियों को छाँव, फल और फूल प्रदान कर अपनी उपस्थिति और महत्त्व को बढ़ाते हैं।

चाणक्य कहते थे कि प्रकृति जीव एवं प्राणियों से मिलकर ही बनी है। सभी एक-दूसरे पर निर्भर हैं। इसलिए उन्हें अपनी दान की प्रवृत्ति सदैव बनाकर रखनी चाहिए। यदि व्यक्ति व प्रकृति दान नहीं करते हैं तो उनके पास संचित वस्तु नष्ट ही हो जाती है। यदि पेड़ प्राणियों को आश्रय न दें, छाँव न दें, फल और फूल न दें तो भी उन्हें नष्ट ही हो जाना है।

वास्तव में दान देने से व्यक्ति न ही घटता है और न ही उसका धन कम होता है, बल्कि वास्तविकता में दानी प्रवृत्ति का व्यक्ति अपने इसी गुण के कारण प्रसिद्धि पाता है, मगर दान सात्त्विक होना चाहिए। उसमें छल, कपट और लालच जैसे दुर्गुण नहीं आने चाहिए। इनका समावेश होने से दान का स्वयं का महत्त्व खत्म हो जाता है, चाणक्य ने दान की प्रवृत्ति को समझने के लिए स्वयं अनेक शोध किए। उन्होंने देखा कि मधुमक्खी किस

तरह और कितने संघर्ष के साथ मधु का निर्माण करती है। मधु, यानी कि शहद बेहद कीमती और गुणकारी होता है। मधुमक्खियाँ मिलकर मधु का निर्माण करती हैं। जब मधु बन जाता है तो व्यक्ति अनेक तरह से मधुमक्खियों से उस मधु को प्राप्त कर लेता है। यदि मधुमक्खियाँ अपने मधु को दान न करें तो भी मधु नष्ट हो जाता है। मधुमक्खियों के द्वारा बनाए गए मधु को प्राप्त कर लोग उसका प्रयोग औषधियों व भोजन में करते हैं। शहद बेहद गुणकारी होता है। मधुमक्खियाँ शहद के कारण ही अपने अस्तित्व को महत्त्वपूर्ण बना पाती हैं। इसलिए अभाव के समय भी दान की प्रवृत्ति को सहेजकर रखना चाहिए।

चाणक्य ने तो अपना संपूर्ण जीवन ही देश सेवा के साथ दूसरों को सँवारने में लगा दिया था। वे मानते थे कि आत्मकेंद्रित जीवन खोखला होता है। व्यक्ति को अपने जीवन में ऐसे उद्देश्य बनाने चाहिए, जिससे कि वह देश का कल्याण कर सके। चाणक्य बेहद प्रतिभाशाली थे। वे चाहते तो स्वयं ही राजा बन सकते थे, लेकिन उनका कहना था कि वे राजनिर्माता बनकर देश का अधिक कल्याण कर पाएँगे और उन्होंने वही किया। चाणक्य ने अपने मस्तिष्क और बुद्धि के मिश्रण से अनेक लोगों को पराजित किया। कइयों को दान मार्ग पर चलना सिखाया और कइयों को जीवन की दिशा दिखाई। वे समय-समय पर साधारण लोगों को भी पाठ पढ़ाने से नहीं चूकते थे।

व्यक्ति की शोभा

दान देने से व्यक्ति कुछ खोता नहीं है, बल्कि बहुत कुछ प्राप्त करता है। सबसे पहले उसे आत्मसंतुष्टि का बोध होता है। दान की भावना व्यक्ति को शारीरिक एवं मानसिक रूप से तुष्ट करती है। जो व्यक्ति दान देने में संकोच करते थे, चाणक्य उन्हें दान की महिमा बताना नहीं भूलते थे। एक बार चाणक्य मार्ग में जा रहे थे। रास्ते में उन्होंने देखा कि एक स्वामिनी अपने पति को दान देने से मना कर रही थी। स्वामिनी के पति ने एक अनाथ बालक को शिक्षित करने के

दान देने से व्यक्ति कुछ खोता नहीं है, बल्कि बहुत कुछ प्राप्त करता है। सबसे पहले उसे आत्मसंतुष्टि का बोध होता है। दान की भावना व्यक्ति को शारीरिक एवं मानसिक रूप से तुष्ट करती है। जो व्यक्ति दान देने में संकोच करते थे, चाणक्य उन्हें दान की महिमा बताना नहीं भूलते थे।

लिए दान का संकल्प किया था। जब स्वामिनी को यह ज्ञात हुआ तो वह बोली, "मैं आपको बहुत दिनों से हाथों के कंगन बनवाने के लिए कह रही हूँ, लेकिन आप हर बार यह कहकर मना कर देते हैं कि अभी धनराशि नहीं है। जब आपके पास धनराशि नहीं है तो फिर एक अनाथ बालक की शिक्षा के दान का संकल्प क्यों कर बैठे?" यह सुनकर पति ने कहा, "शिक्षा बालक का अधिकार है। ऐसे में एक अनाथ बालक की शिक्षा के लिए दान से श्रेष्ठ मुझे आभूषण नहीं लगते।" पति की इस बात पर स्वामिनी नाराज होकर बैठ गई। चाणक्य उनके समीप आकर बोले, "बेटा, तुम बहुत समझदार हो। तुम बिल्कुल सही कहते हो कि अनाथ बालक को दान देना सबसे अच्छा कार्य है। इससे तुम्हें किसी वस्तु की कमी नहीं होगी, बल्कि एक अनाथ की मदद करने से तुम्हें मानसिक संतुष्टि का बोध होगा।" पति यह सुनकर मुसकरा दिया और चाणक्य के आगे नम्रतापूर्वक बोला, "मैं ऐसा ही करूँगा।" फिर चाणक्य स्वामिनी से बोले, "पुत्री, तुम बेहद भाग्यशाली हो, जो तुम्हें दानी पति मिला है। एक बात सदैव स्मरण रखना कि हाथ की शोभा आभूषण या कंगन आदि धारण करने से नहीं, अपितु दान देने से बढ़ती है। जब मनुष्य जरूरतमंद को दान करता है तो उसके हाथों की शोभा दान के आभूषण से निखर उठती है। मैं यह नहीं कहता कि कुपात्र को दान दो या हर किसी को दान दो, लेकिन जरूरतमंद को अवश्य दान देना चाहिए।" चाणक्य की बात सुनकर स्वामिनी भी दान का महत्त्व समझ गई।

दान बूमरैंग की तरह ही होता है, जो कई गुना होकर वापस दानी के पात्र में आ जाता है। एक बार एक महिला ने अनजान बच्चे को भूख-प्यास से व्याकुल देख अपने हिस्से का गिलास भरा दूध उसे दे दिया। कई वर्ष बीत जाने पर महिला बीमारी से ग्रस्त होकर सड़क पर गिर गई। उसे अस्पताल पहुँचाया गया। वहाँ पर उसकी बीमारी को दूर करने में पाँच लाख का खर्च आया। होश में आने पर जब यह बात महिला को पता चली तो उसके होश उड़ गए।

दान की महिमा

दान कई बार सुपात्र तक पहुँचने के बाद दान प्राप्त करनेवाले व्यक्ति के जीवन को परिवर्तित कर देता है। ऐसे में दान की महिमा विश्वव्यापी हो जाती है।

दान बूमरैंग की तरह ही होता है, जो कई गुना होकर वापस दानी के पात्र में आ जाता है। एक बार एक महिला ने अनजान बच्चे को भूख-प्यास से व्याकुल देख अपने हिस्से का गिलास भरा दूध उसे दे दिया। कई वर्ष बीत जाने पर महिला बीमारी से ग्रस्त होकर सड़क पर गिर गई। उसे अस्पताल पहुँचाया गया। वहाँ पर उसकी बीमारी को दूर करने में पाँच लाख का खर्च आया। होश में आने पर जब यह बात महिला को पता चली तो उसके होश उड़ गए। उसके पास तो फूटी कौड़ी नहीं थी। कैश काउंटर पर उसे पता चला कि उसका बिल दे दिया गया है। महिला ने इच्छा जताई कि उसका बिल किसने दिया तो एक युवक डॉक्टर की पोशाक में आकर बोला, "मैंने, लेकिन यकीन मानिए, यह रुपया आज भी उस दूध के गिलास की कीमत नहीं चुका सकता, जो आपने मुझे उस समय दिया था, जब मैं भूख-प्यास से बिलख रहा था।" यह सुनकर महिला की आँखें भी नम हो गईं।

प्रत्येक व्यक्ति अपनी हैसियत एवं काबिलीयत के अनुरूप दान कर सकता है। अशिक्षित को शिक्षित कराना, भूखे को भोजन कराना, निर्धन को वस्त्र देना एवं निर्धन बच्चों को कॉपी-पेंसिल देना दान का ही स्वरूप है।

सुपात्र को दान करें, कुपात्र को नहीं

चाणक्य का मानना था कि अपनी-अपनी हैसियत के अनुरूप प्रत्येक व्यक्ति और प्राणी को दान करना चाहिए। यही सच्चा धर्म है। ईश्वर एक है और ईश्वर व्यक्ति को नेक, सदाचारी रूप में देखना चाहता है। जब व्यक्ति हिंसा और अनैतिकता के मार्ग पर चलता है तो समाज में अराजकता फैल जाती है। यही अराजकता संपूर्ण परिवेश को बिगाड़ती है। जब व्यक्ति दान देने में संकुचन लाते हैं तो वस्तुओं के अभाव में लोगों में छीना-झपटी की स्थिति उत्पन्न होती है। छीना-झपटी में व्यक्तियों के साथ ही वस्तुओं का भी ह्रास होता है। कई बार तो व्यक्तियों को जान-माल का भी नुकसान होता है, वहीं अपने-अपने हिसाब से दान करने से अशक्त व्यक्तियों को मदद मिलती है। दान सभी व्यक्ति करें, मगर हाँ, दान सदैव सही व्यक्ति को ही करें। कई बार कुपात्र को भी दान देने से अनेक मुश्किलें एवं संकट उत्पन्न हो जाते हैं। कुपात्र को दिया

> ***कुपात्र को दिया जानेवाला दान अर्थहीन होता है। इसलिए चाणक्य ने अपनी कूटनीति के अनुसार यह भी घोषित किया हुआ था कि सब दान करें, लेकिन कुपात्र को दान देने से बचें।***

जानेवाला दान अर्थहीन होता है। इसलिए चाणक्य ने अपनी कूटनीति के अनुसार यह भी घोषित किया हुआ था कि सब दान करें, लेकिन कुपात्र को दान देने से बचें।

कुपात्र को देने से बचें   दान पात्र   सुपात्र को दें

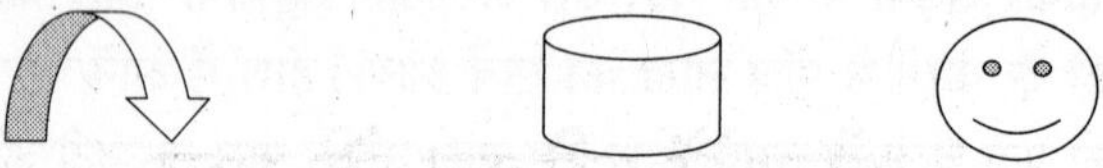

चाणक्य शिक्षा

चाणक्य ने दान को प्रत्येक व्यक्ति को अपनी अपनी हैसियत से देने पर जोर दिया है। दान व्यक्ति की समृद्धि का द्योतक होता है। यदि व्यक्ति कमजोर स्थिति में भी निस्स्वार्थ भाव से दान देने की हैसियत रखता है तो वह एक सच्चा मनुष्य होता है और स्वर्ग का अधिकारी होता है। संपन्न व्यक्तियों को तो अवश्य ही दान देना चाहिए, क्योंकि मनुष्य की सार्थकता मनुष्यों की मदद करने में ही है। यह सच्ची मनुष्यता है। दान देने से व्यक्ति को ऊँच-नीच का ज्ञान रहता है और वह स्वयं भी नेक मार्ग पर चलता है। ऐसा दान, दान कतई नहीं कहलाता, जिसे व्यक्ति अनैतिक रूप से संचित करता है और फिर उसका कुछ हिस्सा गर्व से दान करता है। मेहनत और संघर्ष से प्राप्त राशि एवं वस्तुओं का दान ही श्रेयस्कर होता है।

□

खेल हैं जीवन के पाठ

आचार्य वचन

- खेल और जीवन आपस में जुड़े हुए हैं।
- जो व्यक्ति कुशलतापूर्वक खेलते हैं, वे जीवन के रण में विजयी होते हैं।
- जीवन एवं खेल की योजना में अधिक भिन्नता नहीं होती।

खेल और जीवन

पृथ्वी पर मानव का आगमन हुए लाखों वर्ष हो चुके हैं। चार्ल्स डार्विन ने 'ओरिजन ऑफ स्पीशीज' नामक पुस्तक में मानव के विकास की प्रक्रिया पर विचार लिखे। ऐसा माना जाता है कि केवल वानर ही मनुष्य के पूर्वजों के समीप आ सकते हैं। जैसे-जैसे मनुष्य और समय का कालचक्र आगे बढ़ता रहा, वैसे-वैसे मनुष्य के मन-मस्तिष्क और व्यक्तित्व का विकास भी होता रहा।

नियोलिथिक काल या नव पाषाण युग मानव प्रौद्योगिकी के विकास की एक अवधि थी। इस युग में जंगली और घरेलू फसलों का उपयोग और पालतू जानवरों का इस्तेमाल किया जाने लगा था। फिर ऐसे ही विकास की प्रक्रिया आगे बढ़ती रही। भोजन की जरूरत पूरी होने के बाद व्यक्ति ने अपने मनोरंजन के स्रोत खोजने आरंभ कर दिए। मनोरंजन में गाना, बजाना, नृत्य एवं खेलों का समावेश होता गया। खेल परिवेश एवं समाज के अनुरूप बनते गए और लोग इन खेलों को खेलने लगे। आज तो क्रिकेट, फुटबॉल, वॉलीबॉल, टेनिस, बैडमिंटन, कुश्ती, बॉक्सिंग आदि के अलावा इनडोर भी इतने अधिक खेल हैं कि व्यक्ति फुरसत के समय में उनके माध्यम से अपना मनोरंजन कर सकता है। इतना ही नहीं, आधुनिक गेजेट्स ने मोबाइल के माध्यम से इतने आकर्षक खेलों का निर्माण कर दिया है कि व्यक्ति समय मिलने पर उनके माध्यम से अपना मनोरंजन कर सकता है। खेल और जीवन आपस में जुड़े हुए हैं। जिस तरह व्यक्ति का जीवन एक खेल का मैदान है, उसी

तरह खेल जीवन की चुनौतियाँ हैं। खेलरूपी चुनौतियों को, जो व्यक्ति कुशलतापूर्वक खेलते हैं, वे जीवन के रण में विजयी होते हैं और जो चुनौतियों के आगे भय अथवा अन्य कारणों से घुटने टेक देते हैं, वे असफल हो जाते हैं। चाणक्य बेहद कुशल व्यक्तित्व थे। उन्होंने जीवन को खेलों के माध्यम से बहुत पहले ही व्यक्ति से जोड़ दिया था। इतना ही नहीं, उन्होंने अपनी बुद्धि से एक ऐसे खेल का निर्माण किया, जिसे खेलकर युद्ध की बारीकियों को सहजता से समझा जा सकता है।

खेलों के प्रकार

चाणक्य गुरुकुल में सदैव विद्यार्थियों को खेलने के लिए प्रोत्साहित करते रहते थे। जब चंद्रगुप्त अपनी शिक्षा पूरी कर चुके तो एक दिन चाणक्य बोले, "चंद्रगुप्त, तुम्हें राजा बनने के बाद भी खेलने के लिए समय निकालना होगा।" यह सुनकर चंद्रगुप्त हैरानी से बोले, "गुरुजी, भला यह कैसे संभव है? एक राजा खेलते हुए बहुत हास्यास्पद लगेगा।"

"क्यों हास्यास्पद लगेगा? तुम्हें ज्ञात होना चाहिए कि प्रत्येक व्यक्ति के लिए खेल अनिवार्य है। खेल कई तरह से खेले जाते हैं। बाहर खेलनेवाले, अंदर खेलने वाले और मानसिक रूप से खेले जानेवाले। ये खेल जीवन के हर क्षेत्र में भी खेले जाते हैं। राजनीतिक, सामाजिक एवं आर्थिक, प्रत्येक स्तर पर सूझ-बूझ एवं चातुर्य से मस्तिष्क में योजनाओं को खेला जाता है, लेकिन लोग इस बात को समझ नहीं पाते हैं कि जीवन के क्षेत्र में कहाँ, कैसे कदम बढ़ाना है, ये सब बातें मस्तिष्क के अंदर खेल की रणनीतियों से ही आती हैं। इसलिए प्रत्येक व्यक्ति को समय मिलने पर मानसिक खेलों को खेलते रहना चाहिए।"

राजनीतिक, सामाजिक एवं आर्थिक, प्रत्येक स्तर पर सूझ-बूझ एवं चातुर्य से मस्तिष्क में योजनाओं को खेला जाता है, लेकिन लोग इस बात को समझ नहीं पाते हैं कि जीवन के क्षेत्र में कहाँ, कैसे कदम बढ़ाना है, ये सब बातें मस्तिष्क के अंदर खेल की रणनीतियों से ही आती हैं। इसलिए प्रत्येक व्यक्ति को समय मिलने पर मानसिक खेलों को खेलते रहना चाहिए।

इन मानसिक खेलों में आज तो अनेक नए-नए खेलों का समावेश हो गया है। शब्द ज्ञान, क्रॉसवर्ड, पहेलियाँ आदि ऐसे ही खेलों के प्रकार हैं। प्रत्येक व्यक्ति को अपनी बुद्धि को विकसित करने के लिए ऐसे खेल खेलते रहना चाहिए।

मानसिक खेलों की बात सुनकर चंद्रगुप्त बोले, "गुरुजी, युद्ध की रणनीति को महल में रहकर ही सुधारा जा सके, क्या कोई ऐसा खेल भी है? यदि है तो बहुत अच्छी बात है और यदि नहीं है तो होना चाहिए।"

चंद्रगुप्त की यह बात सुनकर चाणक्य बोले, "बहुत अच्छा सुझाव है। जल्दी ही ऐसा खेल तुम्हारे सामने होगा, जिसे तुम अपने महल में ही खेल सकोगे और युद्धक्षेत्र की बारीकियों को भी समझ सकोगे।

चतुरंग

चाणक्य का मस्तिष्क चारों दिशाओं में तेजी से दौड़ता था। उन्होंने महल में ही खेले जानेवाले खेल को बनाने की योजना बनाई। इसके लिए उन्होंने युद्धक्षेत्र की बारीकियों को ध्यान से देखा। अपने मस्तिष्क से उन्होंने एक खेल का सृजन किया। वे उसे लेकर चंद्रगुप्त के पास पहुँचे और बोले, "मैंने तुम्हारे लिए एक खेल तैयार किया है। यह एक युद्ध खेल है। इसकी बारीकियाँ समझकर तुम इस खेल को खेलना सीख जाओगे। जैसे-जैसे तुम इस खेल में पारंगत होते जाओगे, वैसे-वैसे तुम्हारा मस्तिष्क भी तीव्र एवं योजनाबद्ध होता जाएगा। इस खेल में दो खिलाड़ी होंगे और दोनों को एक जैसे अधिकार खेलने के लिए दिए जाएँगे।

चाणक्य की बात सुनकर चंद्रगुप्त बेहद प्रसन्नता से बोले, "गुरुजी, मुझे इस खेल के नियम बताइए।" चाणक्य ने खेल में मोहरे सजाए और बोले, "सेना में चार प्रमुख हिस्से होते हैं—रथ पर सवार लोग, घुड़सवार, हाथी पर सवार लोग और पैदल सेना। सेना के चार अंगों के कारण ही इस खेल को 'चतुरंग' नाम दिया गया है। इसमें दोनों पक्षों के पास रथ, अश्व, हाथियों एवं पैदल सवारों की संख्या बराबर-बराबर रहेगी। यह सुनकर चंद्रगुप्त बोले, "गुरुजी, यदि दोनों ओर सेना बराबर-बराबर रहेगी तो फिर जीत किसकी और कैसे होगी?" यह सुनकर चाणक्य मुसकराए और बोले,

चाणक्य की बात सुनकर चंद्रगुप्त बेहद प्रसन्नता से बोले, "गुरुजी, मुझे इस खेल के नियम बताइए।" चाणक्य ने खेल में मोहरे सजाए और बोले, "सेना में चार प्रमुख हिस्से होते हैं—रथ पर सवार लोग, घुड़सवार, हाथी पर सवार लोग और पैदल सेना। सेना के चार अंगों के कारण ही इस खेल को 'चतुरंग' नाम दिया गया है। इसमें दोनों पक्षों के पास रथ, अश्व, हाथियों एवं पैदल सवारों की संख्या बराबर-बराबर रहेगी।

"यह तो खेलने के बाद ही पता चलेगा। जो खिलाड़ी बेहतर तौर पर अपनी रणनीतियाँ लागू करेगा, वह जीत जाएगा।" इसके बाद उन्होंने चंद्रगुप्त को खेल के नियम बताने आरंभ किए। खेल के बारे में बताने के बाद चाणक्य बोले, "इस खेल के माध्यम से तुम खाली वक्त में अपने किसी साथी के साथ इस खेल को खेल सकते हो और अपनी युद्ध की रणनीतियों को बेहतर बना सकते हो। यह चतुरंग खेल ही वर्तमान में 'शतरंज' अथवा 'चेस' के नाम से जाना जाता है। भारत के अनेक खिलाड़ियों, जैसे—विश्वनाथन आनंद, कोनेरू हम्पी, तानिया सचदेव, परिमार्जन नेगी एवं गुकेश डी ने इस खेल में भारत का नाम विश्व स्तर पर रोशन किया है।

जीवन में चतुरता

जीवन में ऐसा क्यों होता है कि एक ही जैसे दिखनेवाले लोगों में कुछ दुःखी होते हैं तो कुछ सुखी। एक व्यक्ति बातचीत करने में कुशल होता है तो दूसरे व्यक्ति को स्पष्टीकरण का बोध तक नहीं होता। एक सक्रिय एवं कुशल होता है तो दूसरा आलसी एवं निष्क्रिय। ऐसा इसलिए होता है, क्योंकि लोग चतुराई एवं कुशलता से चलने के लिए योजनाएँ नहीं बनाते हैं, अपने मस्तिष्क का प्रयोग नहीं करते हैं। जो जैसा चल रहा है, उसे वैसे ही रूप में स्वीकार कर लेते हैं। जिस तरह खेल में व्यक्ति को योजनाएँ बनानी होती हैं, उसी तरह जीवन को कुशलतापूर्वक चलाने के लिए भी योजनाएँ बनानी बहुत जरूरी हैं। कुछ लोगों को ऐसा लगता है कि योजनाएँ बनाकर चलना बोझिल एवं उबाऊ लगता है तो उन लोगों को तुरंत ही अपने मनपसंद खेल को अपने मस्तिष्क में स्थापित कर लेना चाहिए और फिर यह सोचना चाहिए कि वे किस तरह से उस खेल को जीतने के लिए प्रयत्न करेंगे। अब इसी बात को जीवन के रणक्षेत्र में उतार लें, अर्थात् अपने लक्ष्य के लिए स्पष्ट कर लें।

यदि आपका लक्ष्य देश के सर्वोच्च अधिकारी का पद प्राप्त करना है तो

> *सप्ताह के पहले दिन से प्रारंभ कर आखिरी दिन तक का चार्ट कागज-कलम से तैयार कर लें। हालाँकि प्रारंभ में इस चार्ट के अनुसार चलने में थोड़ी दिक्कत आ सकती है, लेकिन कुछ दिनों तक इसका पालन करें। जब आप इक्कीस दिनों तक ऐसा कर लेते हैं तो फिर योजना के अनुरूप चलना आपकी आदत में शामिल हो जाता है और आप जीत की ओर अपने कदम बढ़ा चुके होते हैं।*

उसके लिए योजना का खाका बनाएँ।

सप्ताह के पहले दिन से प्रारंभ कर आखिरी दिन तक का चार्ट कागज-कलम से तैयार कर लें। हालाँकि प्रारंभ में इस चार्ट के अनुसार चलने में थोड़ी दिक्कत आ सकती है, लेकिन कुछ दिनों तक इसका पालन करें। जब आप इक्कीस दिनों तक ऐसा कर लेते हैं तो फिर योजना के अनुरूप चलना आपकी आदत में शामिल हो जाता है और आप जीत की ओर अपने कदम बढ़ा चुके होते हैं।

खेल एवं जीवन की योजना में भिन्नता

जीवन एवं खेल की योजना में अधिक भिन्नता नहीं होती है। खेल में जहाँ नियमों का पालन करना होता है, अनुशासनपूर्वक नियमित अभ्यास करना होता है, वहीं जीवन के क्षेत्र में भी गतिविधियों की सूची बनाकर उनका पालन करना होता है। खेल, खेल ही रहता है, बस खेलने का पाला बदल जाता है। खेल में जहाँ पर खेल का पाला निर्धारित क्षेत्र होता है, वहीं जीवन में खेल का पाला पूरा जीवन होता है। इसमें कुशलता एवं योजनाओं के अनुरूप अनुशासनबद्ध तरीके से चला जाए तो व्यक्ति के लिए सफलता प्राप्त करना कतई मुश्किल नहीं होता। ऐसा लगता है कि चाणक्य जैसा कोई और नहीं हो सकता, लेकिन ऐसा नहीं है। स्वयं चाणक्य का यह कहना था कि सद्गुणों से युक्त होने पर व्यक्ति किसी भी क्षेत्र की पराकाष्ठा तक पहुँच सकता है। ध्यान, वचन, कर्म व्यक्ति की सफलता की सीढ़ियाँ हैं। ये सीढ़ियाँ जितनी अधिक मजबूत होंगी, व्यक्ति उतनी ही मजबूती से इन सीढ़ियों पर अपने पैर जमा पाएगा। वहीं यदि सीढ़ियाँ डगमगाएँगी तो व्यक्तियों का भी डगमगाना तय है। इसलिए ध्यान, वचन एवं कर्म से सच्चाई के साथ योजनाएँ बनाएँ और फिर जीवन की डोर पकड़कर आगे बढ़ते जाएँ। यकीन मानिए कि चाणक्य की तरह आपका मस्तिष्क, कौशल एवं बुद्धि भी महान्-से-महान् बल को परास्त कर सकती है।

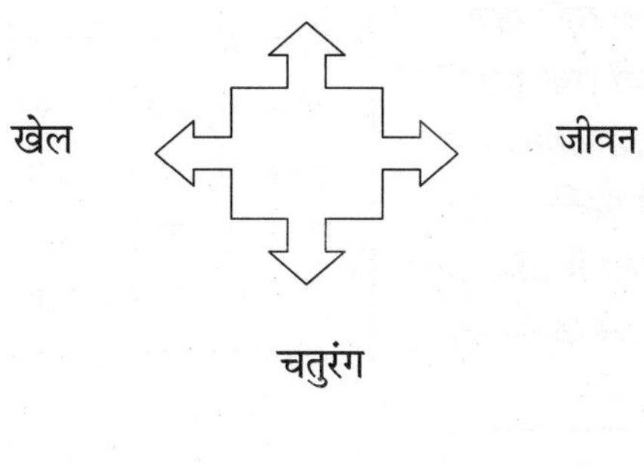

चाणक्य शिक्षा

> ***प्रत्येक व्यक्ति को अपने व्यस्त समय में से कुछ समय निकाल कर खेलों को अवश्य देना चाहिए। ऐसा नहीं है कि केवल बाल्यकाल में ही खेलों में आनंद आता है। जीवन भी एक खेल का मैदान है और इसमें वही व्यक्ति बाजी मारता है, जो खेल को सही ढंग से खेलता है।***

प्रत्येक व्यक्ति को अपने व्यस्त समय में से कुछ समय निकाल कर खेलों को अवश्य देना चाहिए। ऐसा नहीं है कि केवल बाल्यकाल में ही खेलों में आनंद आता है। जीवन भी एक खेल का मैदान है और इसमें वही व्यक्ति बाजी मारता है, जो खेल को सही ढंग से खेलता है। विभिन्न खेल एवं उनके नियम व्यक्ति को जिंदगी में आगे बढ़ने के लिए परिपक्व बनाते हैं और उन्हें कठिनाइयों से पार पाने के लिए मार्ग बताते हैं। शारीरिक खेलों के अलावा मानसिक एवं बौद्धिक खेलों का भी बहुत महत्त्व है और इन सब खेलों को भी खेलते रहना चाहिए। ये खेल व्यक्ति की मस्तिष्क क्षमता को बढ़ाते हैं और उनके अंदर बुद्धि का विकास करते हैं। व्यक्ति खेल में खेली जानेवाली उलझनों को सुलझाते–सुलझाते जीवन की उलझनों को भी सुलझाना सीख जाते हैं।

□

समस्याओं से निपटने के उपाय

आचार्य वचन

- धन और स्वास्थ्य मनुष्य के दो सबसे बड़े गुण हैं।
- जो व्यक्ति सावधान, सजग और जागरूक होगा, कोई उसका अहित नहीं कर सकता।
- विशालता पर बुद्धि, चतुराई, ओज और बल द्वारा विजय पाई जा सकती है।
- संकट आने पर मनुष्य किसी भी सीमा को लाँघ सकता है।
- सुसंस्कृत एवं विवेकयुक्त मनुष्य विपरीत परिस्थितियों से लड़ने में सक्षम होने के कारण साहसपूर्वक विषम परिस्थितियों का सामना करते हैं।

समस्याएँ क्या हैं ?

लोगों ने अपनी सुविधा के अनुरूप सकारात्मक शब्दों में भी नकारात्मकता खोजकर उन्हें उसी रूप में प्रचलित कर दिया है। इसलिए आज भी जब लोग अपने सामने किसी समस्या को पाते हैं तो अकसर भयभीत होकर जड़ हो जाते हैं। ऐसा इसलिए होता है, क्योंकि बचपन से उनके सामने समस्या की व्याख्या कुछ इस तरह की जाती है, 'ऐसा कार्य, जो असंभव हो।'

'वे स्थितियाँ, जो व्यक्ति को पंगु कर दें।'

'जिनका सामना करने पर व्यक्ति सुध-बुध खो बैठे।'

उपरोक्त बातें समस्याओं के संदर्भ में कही जाती हैं। इसलिए व्यक्तियों के हृदय में बचपन से ही ये बातें बैठ जाती हैं कि समस्याएँ अवरोधक होती हैं, जबकि वास्तविकता यह है कि समस्याएँ व्यक्ति के जीवन का एक अच्छा लक्षण है। समस्याएँ व्यक्ति को इस बात का एहसास कराती हैं कि व्यक्ति जीवित है। जीवन है, तभी तो समस्याएँ हैं, यदि जीवन ही समाप्त हो जाए तो भला समस्याओं का

क्या अस्तित्व है? समस्याएँ दरअसल चुनौतियों का ही स्वरूप हैं। केवल नाम भर बदल देने से लोगों के मस्तिष्क में इनके अर्थ बदल जाते हैं। समस्याएँ जहाँ उन्हें पीड़ादायी प्रतीत होने लगती हैं, वहीं चुनौतियाँ जीवन की प्रगति को प्रगाढ़ करती हैं। समस्याएँ और चुनौतियाँ एक ही अवगुंठन में लिपटी परछाईं हैं, जो अवगुंठन खुलते ही अलग-अलग नजर आने लगती हैं। इसलिए इस बात को अपने अवचेतन में अच्छी तरह बैठा लें कि समस्याएँ कुछ और नहीं, केवल चुनौतियाँ हैं। ऐसी चुनौतियाँ, जो निरंतर लक्ष्य की ओर बढ़ने के लिए अनिवार्य हैं। समस्याएँ आना चिंता का विषय नहीं, बल्कि समस्याएँ न होना चिंतन का विषय अवश्य है। महान् अवसर अकसर समस्याओं के आवरण में ही लिपटे होते हैं। जो लोग समस्याओं का सामना करने से भयभीत होते हैं, वे कभी भी उनके आवरण में प्रच्छन्न महान् अवसरों को जान ही नहीं पाते। चाणक्य ने हजारों वर्षों पहले समस्या का सामना करने के साथ ही उनका हल करने के लिए भी ऐसे उपाय बताए थे, जो आज सदियाँ बीत जाने के बाद भी कारगर हैं और सदियों बाद भी कारगर रहेंगे। ये हल और रणनीतियाँ जिंदगी को बेहतर बनाने में निर्णायक साबित होते हैं।

जो लोग समस्याओं का सामना करने से भयभीत होते हैं, वे कभी भी उनके आवरण में प्रच्छन्न महान् अवसरों को जान ही नहीं पाते। चाणक्य ने हजारों वर्षों पहले समस्या का सामना करने के साथ ही उनका हल करने के लिए भी ऐसे उपाय बताए थे, जो आज सदियाँ बीत जाने के बाद भी कारगर हैं और सदियों बाद भी कारगर रहेंगे। ये हल और रणनीतियाँ जिंदगी को बेहतर बनाने में निर्णायक साबित होते हैं।

साम, दाम, दंड, भेद

एक बार एक व्यक्ति ने आचार्य चाणक्य से पूछा, "आचार्य, सफल होने की इच्छा सबमें होती है, लेकिन ऐसा क्यों है कि केवल कुछ ही लोग सफल होते हैं और अन्य असफल।"

चाणक्य बोले, "ऐसा इसलिए होता है, क्योंकि लोगों के अंदर रणनीतियाँ बनाकर चलने की आदत नहीं होती। इसलिए वे अपने सामने आई समस्याओं को पहाड़-सा मानकर हथियार डाल देते हैं और इस तरह स्वयं पराजय को आमंत्रित कर लेते हैं।"

वह व्यक्ति बोला, "मैं कुछ समझा नहीं। कैसी रणनीतियाँ, कौन सी रणनीतियाँ हैं, जो समस्याओं के आने पर आजमानी चाहिए। कृपया विस्तार से बताएँ।"

चाणक्य बोले, "मेरा मानना है कि समस्याओं से निपटने के लिए साम, दाम, दंड और भेद की रणनीतियों को प्रयोग में लाना चाहिए। जो व्यक्ति बुद्धि के साथ ऐसा करते हैं, उनके लिए समस्याएँ सदैव अवसर का ही रूप लेकर आती हैं।"

यह सुनकर व्यक्ति बोला, "आचार्य, कृपया स्पष्ट रूप से समझाइए न कि कैसी रणनीतियाँ और किस प्रकार से आजमानी चाहिए?"

आचार्य चाणक्य बोले, "मैं यह कह रहा हूँ कि समस्याओं से निपटने के चार उपाय होते हैं। इन चारों उपायों को स्थिति एवं अवसर के अनुसार प्रयुक्त करना चाहिए। कई बार सबकुछ इतना सरल होता है कि आपसी चर्चा से सब सुलझ जाता है। किसी पर आक्रमण करने की कोई आवश्यकता नहीं होती। समझदार इनसान तर्क के द्वारा ही सब समझ जाता है। यही साम है।"

व्यक्ति बोला, "अच्छा, इसका मतलब यह हुआ कि समस्या आने पर तर्क-वितर्क के माध्यम से उसे आपसी समझ के अनुसार सुलझा लेना चाहिए।"

"हाँ।" चाणक्य बोले। फिर वे कुछ विचारते हुए बोले, "कई बार कुछ मनुष्य स्वार्थ लोलुप से भरे हुए होते हैं। ऐसे में वे सदैव अपना लाभ ढूँढ़ते हैं। समस्या का हल यदि ऐसे व्यक्ति से होते हुए जाता है तो उसे दाम देकर अपना मार्ग साफ कर लेना चाहिए।"

व्यक्ति बोला, "अच्छा, इसका मतलब यह हुआ कि समस्या आने पर तर्क-वितर्क के माध्यम से उसे आपसी समझ के अनुसार सुलझा लेना चाहिए।" "हाँ।" चाणक्य बोले। फिर वे कुछ विचारते हुए बोले, "कई बार कुछ मनुष्य स्वार्थ लोलुप से भरे हुए होते हैं। ऐसे में वे सदैव अपना लाभ ढूँढ़ते हैं। समस्या का हल यदि ऐसे व्यक्ति से होते हुए जाता है तो उसे दाम देकर अपना मार्ग साफ कर लेना चाहिए।"

यह सुनकर व्यक्ति बोला, "यदि व्यक्ति साम और दाम की भाषा न समझे तो फिर समस्या को किस तरह दूर किया जाए?"

"फिर 'फूट डालो और राज करो' की नीति अपनानी चाहिए, शत्रुओं के बीच आंतरिक संघर्ष उत्पन्न कर देना चाहिए। यही भेद है।"

"यदि साम, दाम और भेद की रणनीतियाँ असफल हो जाएँ तो फिर क्या करना चाहिए?"

जब गलत निर्णयों के कारण समस्याएँ आ जाएँ तो व्यक्ति को यह स्वीकार कर लेना चाहिए कि वे समस्या का हिस्सा हैं और इनका समाधान भी उसी से होकर गुजरता है। जिम्मेदारी के साथ बुद्धिमत्ता से समस्या का सामना करके उसे हल करना ही साम है। कुशलता और समझदारी से सहयोग के साथ हर समस्या अवसर का रूप ले सकती है। इसलिए समस्या आने पर घबराएँ नहीं, बल्कि धैर्यपूर्वक उसका साहस के साथ सामना करें।

"ऐसी दृष्टि में केवल एक ही रणनीति बचती है—दंड की। ऐसी स्थिति में शत्रु को कठोर दंड देना चाहिए। दंड समय व परिस्थितियों के अनुरूप हो सकता है।"

"आचार्य, अगर दंड की भी रणनीति अनुकूल न हो तो फिर क्या करना चाहिए?"

अब चाणक्य थोड़ा उग्र होकर बोले, "साम, दाम, दंड और भेद की रणनीतियाँ हर समस्या पर विजय दिला सकती हैं। इन रणनीतियों का प्रयोग भी आवश्यकता पड़ने पर और लोकहित में ही करना चाहिए। व्यक्तिगत समस्याओं के लिए मस्तिष्क को शांत रखना चाहिए। शांत मस्तिष्क और धैर्य कुछ ही समय में इस बात को सत्य साबित कर देता है कि व्यक्तिगत समस्याएँ बहुधा महान् अवसर की प्रेरक होती हैं। यदि मैंने बचपन में समस्याओं को अवसर नहीं समझा होता तो कदापि आज इस स्थान पर नहीं होता, जहाँ पर हूँ।"

व्यक्ति अब आचार्य से पूर्णतः सहमत हो गया था कि हर समस्या पर कुशल बुद्धि विजय प्राप्त कर सकती है।

साम, दाम, दंड, भेद ही कैसे समस्याओं को दूर करते हैं?

साम—जीवन में कोई भी व्यक्ति कभी भी ठोकर खाकर गिर सकता है। मान लेते हैं कि ठोकर खाना नियति के हाथ में है, लेकिन ठोकर खाकर उठना पूर्णतः मनुष्य के हाथ में है। मनुष्य कभी भी सर्वगुण संपन्न नहीं होता। उसमें छोटी-मोटी कमियाँ होती ही हैं और ये इसलिए होती हैं, क्योंकि इनका होना ही मनुष्य को पूर्ण बनाता है। यदि कमियाँ न हों तो मनुष्य देव श्रेणी में आ जाता है और जहाँ देव आ जाते हैं, वहाँ मनुष्य का अस्तित्व मिटना प्रारंभ हो जाता है। मनुष्य जीवन चलता रहे, इसलिए यह अनिवार्य है कि गलतियाँ, कमियाँ और

समस्याएँ हों, उन्हें होना ही है। कई बार जीवन में कुछ समस्याएँ ऐसी आ जाती हैं कि उन्हें मनुष्य नियंत्रित नहीं कर पाता, लेकिन अधिकतर समस्याएँ मनुष्यों के गलत चुनाव और निर्णय के कारण भी उत्पन्न होती हैं। जब गलत निर्णयों के कारण समस्याएँ आ जाएँ तो व्यक्ति को यह स्वीकार कर लेना चाहिए कि वे समस्या का हिस्सा हैं और इनका समाधान भी उसी से होकर गुजरता है। जिम्मेदारी के साथ बुद्धिमत्ता से समस्या का सामना करके उसे हल करना ही साम है। कुशलता और समझदारी से सहयोग के साथ हर समस्या अवसर का रूप ले सकती है। इसलिए समस्या आने पर घबराएँ नहीं, बल्कि धैर्यपूर्वक उसका साहस के साथ सामना करें।

दाम—चाणक्य कहते हैं कि विपदा में धन ही मनुष्य का सच्चा हितैषी होता है। इसलिए धन को जोड़कर रखना चाहिए, ताकि विपदा आने पर उसका प्रयोग करके समस्या को दूर किया जा सके। कई बार धन का अभाव ही व्यक्ति को विपत्ति में अकेला रहने के लिए विवश करता है। इसलिए व्यक्ति को धनार्जन अच्छे और सही स्रोत से ही करना चाहिए। व्यक्ति को अपने और परिवार का व्यय सोच-समझकर और बजट बनाकर करना चाहिए, ताकि समस्या के समय दाम के द्वारा समस्या को सुलझाया जा सके। कई बार स्वास्थ्य, घर और परिवार की ओर से भी अनेक समस्याएँ उत्पन्न हो जाती हैं। बीमारी और आपदा से उत्पन्न समस्याओं को दूर करने में दाम की आवश्यकता ही अधिक होती है। चाणक्य इसको दूसरे संदर्भ में भी रखते हैं और कहते हैं कि कई बार लालची प्रवृत्ति के व्यक्ति शत्रु पक्ष के गुप्त रहस्य दाम के लालच में बता देते हैं। यदि देशहित में गुप्त रहस्यों को जानने के लिए व्यक्ति को दाम देना पड़े तो दे देना चाहिए, क्योंकि मात्र दाम देकर बड़ी समस्या को हल किया जा सकता है और विशेष रूप से देश को सुरक्षित रखा जा सकता है।

> ***चाणक्य ने 'फूट डालो और राज करो' को भेद में गिना है, लेकिन इसको वे तभी उपयोग करने के लिए कहते हैं, जब लोकहित और देशहित के लिए ऐसा करना पड़े। व्यक्ति केवल अपने हित के लिए दूसरों का अहित करे, ऐसा चाणक्य कदापि नहीं कहते। चाणक्य ने सदैव देशहित देखा।***

भेद—वर्तमान समय में अकसर लोग स्वांतः सुखाय में अधिक विश्वास करते हैं, इसलिए वे समस्या उत्पन्न होने पर लोगों में फूट डालने से भी नहीं चूकते।

चाणक्य ने 'फूट डालो और राज करो' को भेद में गिना है, लेकिन इसको वे तभी उपयोग करने के लिए कहते हैं, जब लोकहित और देशहित के लिए ऐसा करना पड़े। व्यक्ति केवल अपने हित के लिए दूसरों का अहित करे, ऐसा चाणक्य कदापि नहीं कहते। चाणक्य ने सदैव देशहित देखा। एक अच्छे देश का निर्माण करने के लिए ही उन्होंने अपना सर्वस्व देशहित पर समर्पित कर दिया।

दंड—दंड इसलिए अनिवार्य होता है, क्योंकि इसके अभाव में 'मत्स्य कानून' पनपने लगता है, अर्थात् बड़ी मछली, छोटी मछली को निगलने लगती है। किसी भी देश में ऐसा होना अनैतिक और अनुचित है, इसलिए चाणक्य ने दंड पर बल दिया है। कई बार अपराधी चेतावनी देने पर भी भयंकर अपराध करने नहीं छोड़ता, ऐसे में दंड और वह भी कड़ा दंड देना उचित है। दंड से विपत्तियाँ और समस्याएँ टलती हैं और सुरक्षा एवं कल्याण की स्थापना होती है।

समस्याओं का अंत

समस्याओं का निपटारा

चाणक्य कहते हैं कि जब समस्याएँ सामने आ खड़ी हों तो उनसे बचने के बजाय उनका डटकर सामना करें। यदि समस्याओं से बचने के लिए स्वयं को इधर-उधर कर लिया जाता है तो वे अत्यधिक विकराल रूप में सामने आ जाती हैं। जब समस्याएँ सामने आएँ तो तुरंत उन्हें सुलझाने का प्रयास करें। ऐसे में समस्याएँ अवसरों का रूप ले लेती हैं और व्यक्ति को लाभ ही पहुँचाती हैं। प्रत्येक कार्य की जिम्मेदारी स्वयं लेनी चाहिए। जो अपनी गलती की जिम्मेदारी स्वयं लेने की बजाय उसे दूसरों पर डालते हैं, उन्हें ही वास्तविकता में समस्याओं से जूझना पड़ता है। हिम्मत से अपनी गलती और जिम्मेदारी को स्वीकार करके अनेक समस्याओं का निपटारा सहजता से किया जा सकता है।

चाणक्य शिक्षा

> ***चाणक्य कहते हैं कि समस्याओं को चतुराई से सुलझाना चाहिए। इसके लिए साम, दाम, दंड और भेद रणनीति का प्रयोग करना चाहिए। जो व्यक्ति सही रणनीति के साथ समस्याओं को सुलझाते हैं, वे सफलता प्राप्त करते हैं। समस्याओं से कभी भी घबराना नहीं चाहिए।***

चाणक्य कहते हैं कि समस्याओं को चतुराई से सुलझाना चाहिए। इसके लिए साम, दाम, दंड और भेद रणनीति का प्रयोग करना चाहिए। जो व्यक्ति सही रणनीति के साथ समस्याओं को सुलझाते हैं, वे सफलता प्राप्त करते हैं। समस्याओं से कभी भी घबराना नहीं चाहिए। उनका धैर्यपूर्वक और डटकर मुकाबला करना चाहिए। मुश्किल समस्याओं से बचने का प्रयास न करें। जो लोग समस्याओं से बचते हैं, उनके पास समस्याएँ अधिक विकराल रूप में उस समय आ खड़ी होती हैं, जब वे थकान से चूर होते हैं और विश्राम की तलाश में किसी उचित स्थान को ढूँढ़ रहे होते हैं।

□

संगीत की शक्ति

आचार्य वचन

- मंत्रों में गायत्री मंत्र सर्वश्रेष्ठ और समस्त कामनाओं को पूर्ण करनेवाला है।
- संगीत व्यक्ति को विश्राम के साथ ही एकाग्रता, जोश और आत्मविश्वास से भर देता है।
- संगीत की स्वर लहरियों से दुर्गम मार्ग भी सुगम हो जाते हैं।
- संगीत व्यक्ति को जीवन के अपरिमित आयाम प्रदान करता है।

संगीत

संगीत क्या है? वह गीत, जो वाद्य, नृत्य और लय के मिश्रण से मिला होता है। संगीत एक ऐसी कला है, जिसमें स्वर और लय के द्वारा हम अपने भावों को प्रकट करते हैं। भारतीय वेदों में भी संगीत की महत्ता है। 'सामवेद' उन वैदिक ऋचाओं का संग्रह मात्र है, जो गेय हैं। प्राचीन काल से ही आराधना अथवा स्तुति गाकर की जाती है। ललित कलाओं में पाँच कलाएँ आती हैं—संगीत, कविता, चित्रकला, मूर्तिकला और वास्तुकला। इन पाँचों में संगीत को ही सर्वश्रेष्ठ माना गया है, क्योंकि संगीत के स्वर निराशा से आशा की ओर ले जाते हैं, संगीत लहरियाँ, इसकी प्रस्फुट ध्वनियाँ व्यक्ति के अंतर्मन के तारों को झिंझोड़ देती हैं। संगीत के स्फटिक स्वर व्यक्ति के सबकुछ बिखरने के बाद उसे नए सिरे से न सिर्फ सँवरने के लिए तैयार करते हैं, अपितु नई सफलता प्राप्ति के लिए भी तैयार करते हैं। देश के महान् वैज्ञानिक डॉ. ए.पी.जे. अब्दुल कलाम संगीत को विश्राम का सर्वोत्तम साधन मानते थे। उनका कहना था कि "मुझे तो संगीत साधना से विश्राम मिलता है। जब मैं थक जाता हूँ तो अपनी वीणा उठाता हूँ और उसके तारों की मधुर ध्वनि में खो जाता हूँ। वीणा का मधुर स्वर मेरी सारी शारीरिक एवं मानसिक थकान उतार

देता है। वीणा वादन मेरे लिए एक मानसिक विश्राम है, एक संगीत साधना है, एक भाव-समाधि है।"

संगीत की किंवदंती

भारतीय पौराणिक काल से ही संगीत को महत्ता दी जाती रही है। हम पौराणिक ग्रंथों में यह पढ़ चुके हैं कि ईश्वर भी मधुर स्वर लहरियों में असीम शांति का अनुभव करते थे। विद्या की देवी माँ सरस्वती ने नारद को संगीत की शिक्षा दी। नारद मुनि जब अपनी वीणा बजाते हुए 'नारायण-नारायण' की ध्वनि का गुंजन करते हुए किसी स्थल पर पहुँचते थे तो वे वहाँ से समस्या का समाधान लेकर ही लौटते थे। ऐसा माना जाता है कि नारद ने भरत को और भरत ने नाट्यशास्त्र के द्वारा जन-जन में संगीत का प्रचार-प्रसार किया।

संगीत के सात स्वर ओऽम् के ही भाग हैं। स्वर तथा शब्द की उत्पत्ति भी ॐ के गर्भ से ही हुई है। ॐ को संगीत का जगत् माना जाता है। चाणक्य को न केवल संगीत की शक्ति ज्ञात थी, अपितु उन्हें स्वयं संगीत बेहद पसंद था।

संगीत की उत्पत्ति

भारतीय संगीत की उत्पत्ति वेदों से मानी जाती है। ॐ (ओऽम्) शब्द में तीन अक्षरों की प्रधानता है। अ, उ तथा म्। ये तीनों अक्षर ओऽम् में सम्मिलित हैं। ऐसा माना जाता है कि ये तीनों अक्षर क्रमशः ब्रह्मा, विष्णु और महेश की शक्तियों के द्योतक हैं। ब्रह्मा अर्थात् सृष्टिकारक, विष्णु यानी कि जगतपालक और महेश यानी कि संहारक। इन तीनों अक्षरों को भारतीय वेदों—ऋग्वेद, सामवेद तथा यजुर्वेद से लिया गया है। संगीत के सात स्वर ओऽम् के ही भाग हैं। स्वर तथा शब्द की उत्पत्ति भी ॐ के गर्भ से ही हुई है। ॐ को संगीत का जगत् माना जाता है। चाणक्य को न केवल संगीत की शक्ति ज्ञात थी, अपितु उन्हें स्वयं संगीत बेहद पसंद था। इसलिए जब चंद्रगुप्त कार्यों में बेहद व्यस्त हो जाया करते थे और कई बार व्यस्तता एवं राज-काज संबंधी कार्यों को करते-करते उन्हें बोझिलता घेर लेती थी तो चाणक्य तुरंत उनके लिए मधुर संगीत का प्रबंध कराया करते थे। संगीत के माध्यम से चंद्रगुप्त राज-काज के व्यवधानों से बाहर आकर एक बार फिर से नव प्रफुल्लित और जोश से भर जाते थे।

संगीत की शक्ति से परिचित थे चाणक्य

एक बार चंद्रगुप्त ने चाणक्य से कहा, "आचार्य, आप अकसर मुझे संगीत का रसास्वादन कराते हैं। आज कृपया मुझे इस बारे में बताइए कि आखिर संगीत में ऐसी क्या शक्ति है, जिसे आप सैनिकों के साथ ही राजा के लिए भी अनिवार्य मानते हैं।"

चाणक्य मुसकराकर बोले, "हमारे वेदों में संगीत के बारे में वृहत् जानकारी है। वेदों के अनुसार विश्व ओऽम् की ध्वनि से निकला है। यह एक प्रणव मंत्र है। संगीत को दैवीय तत्त्वों की देन माना जाता है। जब इसको सात सुरों में बाँट दिया जाता है तो ये 'सप्त सुर' कहलाते हैं। सात सुर ही संगीत को उत्पन्न करते हैं।"

चंद्रगुप्त बोले, "वे सात सुर 'सा रे गा मा पा धा नि' हैं।"

चाणक्य बोले, "बिल्कुल! इन सात सुरों को धुन और बोल के माध्यम से आकर्षक बना दिया जाता है। जिस तरह अलंकार पहनकर किसी बाला की छवि निखर उठती है, उसी तरह धुन और बोल से संगीत की मुखर ध्वनियाँ भी निखर जाती हैं। ये मुखर ध्वनियाँ प्रत्येक व्यक्ति की शिराओं को कंपित करने की ताकत रखती हैं।"

चंद्रगुप्त बड़े मनोयोग से चाणक्य की बातें सुन रहे थे। वे बोले, "आचार्य, राजनीति के साथ संगीत क्यों अनिवार्य होना चाहिए?"

चाणक्य यह सुनकर चंद्रगुप्त से बोले, "इसलिए, क्योंकि राजनीति मस्तिष्क का खेल है। मस्तिष्क को चलाने के लिए मन का शक्तिशाली होना बहुत जरूरी है। यह मन बहुत चंचल होता है। व्यक्ति के हृदय में उथल-पुथल मचाए रखता है, इसको बाँधने के लिए संगीत उत्तम है। संगीत न केवल मनुष्य की सोच को विकसित करता है, बल्कि व्यक्ति को संयमित भी करता है। संगीत व्यक्ति को विश्राम के साथ ही एकाग्रता, आत्मविश्वास और जोश से भर देता है।"

> *मस्तिष्क को चलाने के लिए मन का शक्तिशाली होना बहुत जरूरी है। यह मन बहुत चंचल होता है। व्यक्ति के हृदय में उथल-पुथल मचाए रखता है, इसको बाँधने के लिए संगीत उत्तम है। संगीत न केवल मनुष्य की सोच को विकसित करता है, बल्कि व्यक्ति को संयमित भी करता है। संगीत व्यक्ति को विश्राम के साथ ही एकाग्रता, आत्मविश्वास और जोश से भर देता है।*

चंद्रगुप्त बोले, "अब मुझे समझ में आया कि मेरी निद्रा अकसर संगीत लहरियों की मधुर ध्वनि सुनकर ही क्यों

खुलती थी? यह भी आपकी रणनीति का ही एक अंग है।"

चाणक्य बोले, "बिल्कुल, सुबह की ऊर्जान्वित धुन पूरा दिन व्यक्ति को तरोताजा बनाए रखने में मदद करती है। प्रार्थना भी संगीत का ही स्वरूप है। इतना ही नहीं, पक्षियों की कलरव ध्वनि, घंटियों का स्वर, झरनों और नदियों की कल-कल धारा; इन सभी में संगीत है। ये सभी हृदय और आँखों को शीतलता प्रदान करते हैं। कई बार तो शांत संगीत सुनते-सुनते व्यक्ति नवाचार की नई-नई खोज तक निकाल लेता है। संगीत व्यक्ति के व्यक्तित्व तक का बखान कर देता है।"

"वह कैसे?" चंद्रगुप्त आश्चर्य से बोले।

चाणक्य चंद्रगुप्त की आश्चर्य भरी आँखें देखकर मुसकराए और बोले, "ऐसे कि यदि कोई व्यक्ति तेज संगीत सुनता है तो वह बहिर्मुखी, यानी कि वाचाल होता है और यदि कोई धीमा व शांत संगीत सुनता है तो वह बुद्धिमान और संवेदनशील होता है। संगीत व्यक्ति को दिव्यत्व की ओर ले जाता है।"

चाणक्य की इन बातों से चंद्रगुप्त भी संगीत की शक्ति से भलीभाँति परिचित हो चुके थे।

संगीत के यंत्र व प्रकार

संगीत के अनेक प्रकार हैं, लेकिन मुख्यत: दो रूपों में संगीत बेहद प्रसिद्ध है। शास्त्रीय संगीत एवं लोक संगीत। आधुनिक युग में संगीत की नई-नई विधाएँ प्रचलित हैं, लेकिन जो छाप एवं माधुर्य शास्त्रीय व लोक संगीत में है, वह और किसी में नहीं। शास्त्रीय संगीत शास्त्रों पर आधारित होता है और लोक संगीत काल व स्थान के अनुरूप विकसित होता रहता है। संगीत की धुनें—सितार, तबला, ढोलक, बाँसुरी, सरोद, वायलिन, वीणा, शहनाई, संतूर, मृदंग आदि पर बजाई जाती हैं। इन वाद्य यंत्रों की स्वर लहरियाँ व्यक्ति की विकलता को उत्साह में परिवर्तित कर देती हैं। फिर व्यक्ति के लिए दुर्गम मार्ग भी सुगम हो जाते हैं। संगीत व्यक्ति के ज्ञान को उजागर करता है। चाणक्य कहते हैं कि "ज्ञान के प्रकाश से सांसारिक भय से छुटकारा मिल जाता

चाणक्य कहते हैं कि "ज्ञान के प्रकाश से सांसारिक भय से छुटकारा मिल जाता है।" इस तरह इसमें कोई दो राय नहीं है कि संगीत की शक्ति असीम है, अद्‌भुत है। मनोरम संगीत व्यक्ति के जीवन को सुधार देता है और उसे सफलता के शिखर पर भी पहुँचा देता है।

है।" इस तरह इसमें कोई दो राय नहीं है कि संगीत की शक्ति असीम है, अद्‌भुत है। मनोरम संगीत व्यक्ति के जीवन को सुधार देता है और उसे सफलता के शिखर पर भी पहुँचा देता है। सम्राट् अकबर के नवरत्न तानसेन से पूरी दुनिया परिचित है। उनकी नगरी ग्वालियर में आज भी यह कहावत प्रसिद्ध है कि यहाँ बच्चे रोते हैं तो सुर में और पत्थर लुढ़कते हैं तो ताल में। तानसेन के संगीत में इतनी शक्ति थी कि उनके द्वारा गाए दीपक राग से अग्नि की लपटें निकलने लगती थीं, जो फिर मेघ राग से समाप्त होती थीं।

हर जगह है संगीत

चाणक्य ने संगीत को यों ही शक्तिशाली नहीं कहा है। संगीत हर जगह है। जीवन में संगीत है, मृत्यु में संगीत है। रोने में संगीत है। हास्य में संगीत है। प्रकृति और समूचे प्राणी जगत् में संगीत है। युद्धघोष में भी संगीत की रिद्‌म और खनक होती है। युद्ध के समय संगीत बजाया जाता है, सेना में वाद्य यंत्र बजानेवाले नागरिक भी होते हैं। भारत की सैन्य शक्तियों जैसे—सिख रेजीमेंट, गोरखा ब्रिगेड, सेना सेवा कोर, राजपूताना राइफल्स, मद्रास रेजीमेंट आदि में तो बाकायदा युद्धघोष भी होते हैं। सिख रेजीमेंट का युद्धघोष 'जो बोले सो निहाल, सत श्री अकाल' है तो गोरखा ब्रिगेड का 'जय माँ काली, आयो गोरखाली' है। इसी तरह मद्रास रेजीमेंट का युद्धघोष 'वीर मद्रासी अड़िकुलु, अड़िकुलु, अड़िकुल' है। सेना में बैंड का दस्ता, जब मधुर देशभक्ति धुन बजाते हुए लोगों के सामने से गुजरता है तो प्रत्येक व्यक्ति के अंदर देशभक्ति की भावना उत्पन्न हो जाती है।

चाणक्य ने इसलिए युद्ध के साथ ही प्रत्येक व्यक्ति के जीवन में संगीत की शक्ति को बताया है। संगीत व्यक्ति को जीवन के अपरिमित आयाम प्रदान करता है।

चाणक्य ने इसलिए युद्ध के साथ ही प्रत्येक व्यक्ति के जीवन में संगीत की शक्ति को बताया है। संगीत व्यक्ति को जीवन के अपरिमित आयाम प्रदान करता है।

संगीत

⇨	⇨	⇨	⇨	⇨	⇨
वेद	वाद्य	यंत्र	प्रकृति	ॐ	युद्ध

चाणक्य शिक्षा

एक राजनीतिज्ञ के लिए यह अनिवार्य है कि वह समय-समय पर शांत संगीत को सुने। राजनीति के काम-काज करते समय मस्तिष्क सक्रिय रहकर अनेक कार्यों में लिप्त रहता है। इससे शारीरिक एवं मानसिक थकान हो जाती है। संगीत तन-मन में स्फूर्ति का संचार करता है और व्यक्ति में नव ऊर्जा भरता है। यही कारण है कि युद्ध से लेकर प्रकृति के कोने-कोने में संगीत की लहरियाँ हैं। कहीं पर ये लहरियाँ पक्षियों, झरनों, नदी, नालों, पल्लव, वृक्षों के रूप में उपस्थित हैं तो कहीं पर वाद्य यंत्रों—बाँसुरी और वीणा के माध्यम से ये सबको प्रभावित करती हैं। चाणक्य की सदियों पहले कही गई यह बात आज भी सार्थक है। जब व्यक्ति परेशान अथवा चिंतित हो तो ऐसे समय में मधुर संगीत न केवल तनाव को कम करता है, अपितु समस्या के समाधान के अनेक विकल्प भी प्रदान करता है।

□

राजा वर्सेस नेता

आचार्य वचन

- 'अब तो राज्य प्राप्त हो गया है'—यह सोचकर अन्यायपूर्ण व्यवहार नहीं करना चाहिए। ऐसे अन्यायी राजा का राज-पाट वैसे ही नष्ट हो जाता है, जैसे बुढ़ापा रूप-यौवन को नष्ट कर डालता है।
- जो राजा गुणी और प्रजापालक होता है, वह चाहे छोटे से राज्य का भी स्वामी क्यों न हो, पूरी पृथ्वी द्वारा पूजा जाता है और हमेशा अपने कार्यों में विजय प्राप्त करता है।
- जो राजा सच्चाई, साक्ष्य, गवाह और कानून के चार सिद्धांतों के अनुसार न्याय करता है, वह पूरी पृथ्वी पर जीत हासिल करता है।

राजा कौन होता है

एक ऐसा व्यक्ति, जो मानवीय गुणों से विभूषित हो, जिसके अंदर ईमानदारी, आत्मविश्वास, साहस और नेतृत्व के गुण हों, वही व्यक्ति योग्य राजा बन सकता है। राजा और नेता एक सिक्के के दो पहलू हैं। चाणक्य ने उसी व्यक्ति को राजा के योग्य माना है, जो सदाचार और विनम्र व्यवहार के साथ अपनी प्रजा की उचित देखभाल करता है। चाणक्य बेहद सुशिक्षित व्यक्ति थे। उनकी कुशाग्र बुद्धि इस बात को जानती थी कि एक राजा को शिक्षित, सभ्य और साहसी होना चाहिए। वे शिक्षा को राजा के लिए अनिवार्य मानते थे। उनका मानना था कि "जैसे पागल हाथी सबकुछ बरबाद कर देता है, वैसे ही अशिक्षित राजा अपने राज्य को नष्ट कर देता है।" राजा और नेता दोनों एक ही होते हैं। जो राजा सर्वदा, सबसे पहले अपनी प्रजा के हित को देखता है, वही राजा वास्तव में राजा कहलाने का अधिकारी होता है। चाणक्य ने चंद्रगुप्त मौर्य को एक कुशल राजा

बनाने में बहुत मेहनत की थी और उन्होंने उनके उन गुणों को पूरी तरह से उभार दिया था, जो एक कुशल शासक के लिए अनिवार्य हैं। चाणक्य ने कौटिल्य नाम से 'अर्थशास्त्र' ग्रंथ की रचना की। यह एक वृहत् ग्रंथ है, जो 15 अधिकरणों तथा 160 प्रकरणों में विभक्त है। इसमें राजा के कर्तव्यों, मंत्रियों की नियुक्ति, गुप्तचरों की नियुक्ति, समय-समय पर परीक्षा, सैन्य संगठन, दुर्ग व महल की देखभाल आदि के अतिरिक्त शत्रुओं से बचने के उपायों की भी विस्तृत विवेचना की गई है। अर्थशास्त्र की पहली पुस्तक के उन्नीसवें अध्याय के पहले पाँच श्लोकों में चाणक्य ने लिखा है कि 'यदि राजा ऊर्जावान है तो प्रजा भी उतनी ही ऊर्जावान होगी। यदि वह असावधान, सुस्त है और अपने कार्य-संपादन में ढीला है तो उसकी प्रजा भी सुस्त होगी और उसके खजाने को खाली कर देगी। इसके अतिरिक्त एक असावधान राजा सरलता से शत्रुओं के हाथ पड़ सकता है। अत: स्वयं राजा को सदा ऊर्जावान होना चाहिए।' इतिहास इस बात का प्रत्यक्ष गवाह है कि जब भी सुदृढ़ और वैचारिक पृष्ठभूमि के व्यक्तियों ने राजगद्दी सँभाली है, तब-तब देश की उन्नति के साथ ही प्रजा के जीवन में भी प्रगति हुई है। राष्ट्रपति रोनाल्ड रीगन को आज भी न सिर्फ संयुक्त राज्य अमेरिका के लोग अपितु पूरा विश्व नमन करता है। वे सही मायनों में नायक और नेता थे। उनकी नेतृत्व शक्ति ने उन्हें शिखर पर पहुँचा दिया था।

इतिहास इस बात का प्रत्यक्ष गवाह है कि जब भी सुदृढ़ और वैचारिक पृष्ठभूमि के व्यक्तियों ने राजगद्दी सँभाली है, तब-तब देश की उन्नति के साथ ही प्रजा के जीवन में भी प्रगति हुई है। राष्ट्रपति रोनाल्ड रीगन को आज भी न सिर्फ संयुक्त राज्य अमेरिका के लोग अपितु पूरा विश्व नमन करता है। वे सही मायनों में नायक और नेता थे। उनकी नेतृत्व शक्ति ने उन्हें शिखर पर पहुँचा दिया था।

सच्चे नायक रोनाल्ड रीगन

एक दिन राष्ट्रपति रोनाल्ड रीगन और उनकी कैबिनेट के सदस्यों की महत्त्वपूर्ण बैठक चल रही थी। बैठक में जनरल कॉलिन पॉवेल और कैबिनेट के सदस्यों द्वारा बनाई गई नीति पर विचार-विमर्श चल रहा था। राष्ट्रपति रीगन को पॉवेल और सदस्यों की रणनीति पसंद नहीं आई, लेकिन उन्होंने सभी लोगों की सम्मति देखते हुए प्रस्ताव को आगे बढ़ाने की

सहमति प्रदान कर दी। रीगन प्रत्येक व्यक्ति पर विश्वास रखते थे। नीति को लागू कर दिया गया, लेकिन केवल कुछ ही समय में नीति असफल घोषित करार दे दी गई। हर ओर हलचल मच गई कि राष्ट्रपति रीगन ने ऐसी असफल नीति को घोषित क्यों किया? मीडिया ने उन्हें चारों ओर से घेर लिया। सभी मीडियाकर्मी उनसे उस असफल नीति के बारे में विस्तार से जानने के इच्छुक थे। एक पत्रकार उनसे बोले, "सर, क्या यह नीति आपने बनाई थी या फिर कोई दूसरा इस झमेले के लिए जिम्मेदार है?" राष्ट्रपति रीगन पत्रकार का जवाब सुनकर सहजता से बोले, "निस्संदेह यह पूरी तरह मेरा ही विचार था, लेकिन मैं आप लोगों को अपने बारे में एक बात बता दूँ। मैं एक बार गलती कर सकता हूँ, लेकिन वही गलती दोबारा नहीं करूँगा।" यह बोलकर उन्होंने अपनी कैबिनेट के सभी सदस्यों और जनरल पॉवेल की प्रतिष्ठा को बचा लिया, वरना उन सभी को जनता के क्रोध का सामना करना पड़ता। जनरल पॉवेल भी उस समय वहाँ मौजूद थे। राष्ट्रपति रीगन के द्वारा सारी जिम्मेदारी स्वयं पर लेने की बात सुनते ही जनरल पॉवेल की आँखों में आँसू आ गए। वे समझ गए कि राष्ट्रपति रीगन के अंदर समानुभूति के भाव हैं। उन्हें ज्ञात था कि इस समय पॉवेल के साथ संपूर्ण कैबिनेट के सदस्यों की क्या हालत होती? उनकी जगह खुद को रखकर ही उन्होंने न सिर्फ उन सबके सम्मान की रक्षा की, अपितु उनकी गलती को भी जनता के सामने आने से बचा लिया। उसी क्षण पॉवेल ने निश्चय कर लिया कि वे जीवन भर राष्ट्रपति रीगन की सेवा करेंगे। राष्ट्रपति रीगन दूसरों के प्रति विश्वास एवं समान भाव रखने के कारण अमर हो गए।

> *एक अच्छे राजा का यह सर्वप्रमुख गुण है कि वह हर हाल में अपनी प्रजा और मंत्रिमंडल को सुरक्षित रखे। जो राजा ऐसा करता है, वह न केवल जीवित रहते हुए, अपितु मृत्यु के बाद भी अमर हो जाता है।*
>
> *वर्तमान समय में राजा नेता को ही कहते हैं। जो नेता प्रजा का हित देखकर चलता है, वह ही देश को प्रगति की ओर लेकर जाता है।*

इस तरह राष्ट्रपति रीगन ने कैबिनेट के मंत्रियों की गलती को अपने ऊपर लेकर उन्हें पूरी तरह बचा लिया। वे सभी जीवन भर राष्ट्रपति रोनाल्ड रीगन के ऋणी बने रहे। उपरोक्त घटना में चाणक्य के अर्थशास्त्र में कही गई सभी बातें सत्य

साबित हुईं। एक अच्छे राजा का यह सर्वप्रमुख गुण है कि वह हर हाल में अपनी प्रजा और मंत्रिमंडल को सुरक्षित रखे। जो राजा ऐसा करता है, वह न केवल जीवित रहते हुए, अपितु मृत्यु के बाद भी अमर हो जाता है।

वर्तमान समय में राजा नेता को ही कहते हैं। जो नेता प्रजा का हित देखकर चलता है, वह ही देश को प्रगति की ओर लेकर जाता है।

चाणक्य के अनुसार राजा के गुण

चाणक्य कहते हैं कि 'राजा को आंतरिक और बाह्य क्षेत्रों से विद्रोह का खतरा होता है।' इसलिए उसके अंदर कई गुणों का समावेश होना जरूरी है।

इनमें सबसे अनिवार्य है कि एक राजा जुझारू, ज्ञानी और शिक्षित होना चाहिए।

शिक्षा व्यक्ति को परिष्कृत करती है और उसके मन-मस्तिष्क को परिपक्व बनाती है। चाणक्य ने चाणक्य नीति में राजा के गुणों और कर्तव्यों को स्पष्ट बताया है। चाणक्य एक बेहद कुशल और बुद्धिमान शिक्षक थे। उन्होंने बचपन से ही काँटों भरे मार्ग पर चलकर हर तरह की पीड़ा और संघर्ष का रसास्वादन किया था। उनके हृदय में एक ऐसे भारत निर्माण का स्वप्न था, जहाँ का राजा अपनी प्रजा के हित और कुशलता के लिए एक पिता बनकर रहे। उनका मानना था कि एक राजा को अधिकतम गुणों से विभूषित इसलिए होना चाहिए, क्योंकि प्रजा राजा के चरण चिह्नों का ही अनुसरण करती है। एक राजा को अपने राज्य की स्थिति, लाभ, हानि, खजाना, प्रजा, सेना इत्यादि के बारे में संपूर्ण जानकारी होनी चाहिए। उसे समय-समय पर प्रजा के सुख-दु:ख की जानकारी स्वयं लेनी चाहिए। प्रजा के जो लोग गुणी एवं विद्वान् हैं, उनका स्वयं जाकर आदर करना चाहिए और उन्हें यथोचित सम्मान देना चाहिए। मनुष्य नश्वर होता है। उसका एक-न-एक दिन अंत होना ही है। इसलिए एक राजा को ऐसे

मनुष्य नश्वर होता है। उसका एक-न-एक दिन अंत होना ही है। इसलिए एक राजा को ऐसे व्यक्तियों पर नजर रखनी चाहिए, जो नेतृत्व क्षमता के साथ ही परोपकारी, साहसी और ईमानदार होते हैं। व्यक्ति केवल अपने कर्मों से ही राजा बनता है। इसलिए वे समय-समय पर चंद्रगुप्त के कर्मों पर यथोचित दृष्टि रखते थे और उनमें यथासंभव सुधार भी करते थे।

व्यक्तियों पर नजर रखनी चाहिए, जो नेतृत्व क्षमता के साथ ही परोपकारी, साहसी और ईमानदार होते हैं। व्यक्ति केवल अपने कर्मों से ही राजा बनता है। इसलिए वे समय-समय पर चंद्रगुप्त के कर्मों पर यथोचित दृष्टि रखते थे और उनमें यथासंभव सुधार भी करते थे।

राजा का पहला व अंतिम उद्देश्य

चाणक्य चंद्रगुप्त को सदैव दिशा दिखाते रहते थे। चाणक्य द्वारा बताई गई नीतियों के कारण ही चंद्रगुप्त एक महान् राजा बने। एक दिन चाणक्य ने चंद्रगुप्त से पूछा, "अब तुम राजा बनकर अपनी प्रजा का निर्वहन कर रहे हो। क्या तुम्हें ज्ञात है कि एक राजा का पहला व अंतिम उद्देश्य क्या होना चाहिए?"

प्रश्न सुनकर चंद्रगुप्त सोच में पड़ गए। उन्हें सोच में डूबा देखकर चाणक्य बोले, "एक राजा का पहला व अंतिम उद्देश्य अपनी प्रजा की प्रसन्नता होनी चाहिए। क्या तुम जानते हो कि प्रजा कब प्रसन्न होती है?"

चंद्रगुप्त तुरंत बोले, "आचार्य, जब प्रजा के हितों की पूर्ति होती है तो वह प्रसन्न होती है।"

चाणक्य बोले, "केवल इतना ही नहीं, हितों के अतिरिक्त राजा को राज्य में होनेवाली घटनाओं पर भी कड़ी दृष्टि रखनी चाहिए। आवश्यकता पड़ने पर अपराधी को सुनिश्चित दंड देना भी नेतृत्व का अहम अंग है। हाँ, दंड देते समय यह अवश्य स्मरण रहना चाहिए कि राजा के लिए प्रत्येक व्यक्ति समान होता है। यदि कोई अपराधी है तो वह केवल अपराधी है, फिर चाहे वह अपराधी राजा का संबंधी ही क्यों न हो?"

चंद्रगुप्त ये सारी बातें ध्यान से सुन रहे थे। वे बोले, "आचार्य, मैं हमेशा इस बात का स्मरण रखूँगा कि सभी अपराधियों के साथ एक समान व्यवहार करूँ और उचित निर्णय लेकर उन्हें दंड दूँ।"

"चंद्रगुप्त, एक बात और स्मरण

> *"चंद्रगुप्त, एक बात और स्मरण रखना कि बेशक तुम सारे निर्णय लेने में सक्षम हो, लेकिन फिर भी अनुभवी और चतुर मंत्रियों व गुरुओं की सलाह अवश्य लेना। कई बार राजा के पास एकाएक इतनी समस्याएँ और कार्य आ जाते हैं कि उसे सही-सही कुछ सूझ नहीं पाता है। इसलिए अपने गुरु व विश्वासपात्र मंत्रियों को कदापि नहीं भूलना।"*

रखना कि बेशक तुम सारे निर्णय लेने में सक्षम हो, लेकिन फिर भी अनुभवी और चतुर मंत्रियों व गुरुओं की सलाह अवश्य लेना। कई बार राजा के पास एकाएक इतनी समस्याएँ और कार्य आ जाते हैं कि उसे सही-सही कुछ सूझ नहीं पाता है। इसलिए अपने गुरु व विश्वासपात्र मंत्रियों को कदापि नहीं भूलना।"

"जी आचार्य! मैं सदैव इस बात का ध्यान रखूँगा और अपने पहले व अंतिम उद्देश्य को ध्यान में रखकर ही राज करूँगा।"

यह सुनकर चाणक्य प्रसन्न मुद्रा में बोले, "अब भारत सुरक्षित हाथों में है।"

राजा को निम्नलिखित सावधानी बरतनी चाहिए

- **अपनी योजनाओं को गुप्त रखना चाहिए :** राजा को पहले अपनी सभी योजनाओं पर कार्य करना चाहिए। योजनाओं को कार्यान्वित करने से पहले सार्वजनिक नहीं करना चाहिए।
- **कार्य की समय-सीमा निर्धारित करनी चाहिए :** कई बार कार्य प्रारंभ कर दिया जाता है, पर उसकी कोई निश्चित अवधि निर्धारित नहीं की जाती। ऐसी स्थिति में कई बार कार्य लटक जाता है और अपूर्ण ही रह जाता है। इसलिए राजा को योजनाबद्ध तरीके से सभी कार्यों को निश्चित अवधि में निपटा लेना चाहिए।
- **समय-समय पर निरीक्षण :** चाणक्य कहते हैं कि मानव मस्तिष्क अस्थिर होता है, अतः राजा अथवा नेता को अपने अधीनस्थों के कार्यों का निरंतर निरीक्षण करते रहना चाहिए।
- **कार्मिकों एवं अधीनस्थों के लिए कार्य का निर्धारण :** राजा को अपने अधीनस्थ कार्मिकों का कार्य निर्धारण कर देना चाहिए, ताकि वे सहजता से अपने कार्यों को ईमानदारीपूर्वक पूर्ण कर सकें। इतना ही नहीं, राजा को होशियारी से अपने अधीनस्थों का मस्तिष्क भी पढ़ते रहना चाहिए। ऐसा करके ही राजा इस बात को जान सकते हैं कि उनके अधीनस्थ ईमानदार हैं और भ्रष्टाचार में लिप्त नहीं हैं।
- **सतर्कता बरतना :** राजा को अंदर और बाहर हर ओर से पूरी तरह सावधान रहना चाहिए। चाणक्य कहते हैं कि राजा की दृष्टि चारों ओर रहनी चाहिए। नजर हटते ही दुर्घटना घटने की आशंका रहती है।

राजा वर्सेस नेता

उद्देश्य सावधानी

गुण

चाणक्य शिक्षा

एक राजा के लिए प्रजा का सुख ही उसका सुख है। प्रजा का कल्याण ही राजा के लिए सबसे बड़ा कल्याण है। राजा का कर्तव्य है कि उसके लिए अपने सुख से बढ़कर प्रजा का सुख होना चाहिए। राजा का अर्थ वैभव व विलास में डूबना नहीं है, अपितु राजा का कर्म अपने पथ पर ईमानदारी एवं सादगी के साथ चलना है। जो राजा भोग-विलास में डूबा रहता है, क्रोध एवं लालची प्रवृत्ति का होता है, ऐसे राजा का शीघ्र ही सर्वनाश हो जाता है।

एक राजा के लिए प्रजा का सुख ही उसका सुख है। प्रजा का कल्याण ही राजा के लिए सबसे बड़ा कल्याण है। राजा का कर्तव्य है कि उसके लिए अपने सुख से बढ़कर प्रजा का सुख होना चाहिए। राजा का अर्थ वैभव व विलास में डूबना नहीं है, अपितु राजा का कर्म अपने पथ पर ईमानदारी एवं सादगी के साथ चलना है। जो राजा भोग–विलास में डूबा रहता है, क्रोध एवं लालची प्रवृत्ति का होता है, ऐसे राजा का शीघ्र ही सर्वनाश हो जाता है। एक राजा को अपनी इंद्रियों पर नियंत्रण रखते हुए कर्मपथ पर चलना चाहिए और देश व प्रजा को प्रगति की ओर लेकर जाना चाहिए। यही एक राजा का सच्चा कर्म है।

□

अकेलेपन की शक्ति

आचार्य वचन

- केवल एक व्यक्ति ही आगे बढ़ने का संकल्प लेता है, बाकी सब तो पीछे चलते हैं।
- अनेक सगे-संबंधी, मित्र, पत्नी आदि होने के बाद भी मनुष्य इस संसार में पूर्णत: अकेला है।

अकेलापन

सदियों से एक कहावत चली आ रही है कि 'अकेला चना भाड़ नहीं फोड़ सकता।' इस कहावत में आंशिक सच्चाई हो सकती है, लेकिन यह बिल्कुल गलत है कि अकेला व्यक्ति कुछ नहीं कर सकता। वास्तविकता में देखा जाए तो अकेला व्यक्ति ही इतिहास रचता है, स्वर्णिम सफलता प्राप्त करता है और अपने पीछे प्रेरणा के ऐसे चिह्न छोड़ जाता है, जो आनेवाली पीढ़ियों को सदैव यह बोध कराते हैं कि एक अकेला व्यक्ति सबसे साहसी होता है। चाणक्य भी इस बात से पूर्णत: सहमत थे। एक बार उनके कुछ विद्यार्थियों ने उनसे यह प्रश्न किया था कि "भला एक व्यक्ति कैसे बदलाव ला सकता है अथवा परिस्थितियों को बदल सकता है ?" तब चाणक्य ने कहा था कि "एक अकेला व्यक्ति ही नई शुरुआत अथवा कार्य के लिए पहले आगे बढ़ता है। अन्य लोग तो उसका अनुसरण मात्र करते हैं।"

तब विद्यार्थी ने कहा कि "अकेले केवल अपने कंधों पर बड़े कार्य की जिम्मेदारी लेना एक मुश्किल कार्य है।" इस पर आचार्य बोले थे कि "मुश्किल अवश्य है, लेकिन नामुमकिन कतई नहीं।"

आचार्य अकसर अपने शिष्यों से कहते थे कि "मुश्किलें एक ऐसे शैतान की तरह हैं, जो अपने पास कीमती उपहार एवं अपरिमित सफलता रखती हैं, लेकिन

उपहार एवं सफलता को प्राप्त करने के लिए बुद्धि एवं चातुर्य से उस शैतान को काबू में करना जरूरी है।"

जिन व्यक्तियों में पहल करने की ताकत होती है और आत्मविश्वास कूट-कूटकर भरा होता है, वे अपने सतत प्रयत्नों और संघर्ष से इतिहास बदल देते हैं और एक नई सुबह का निर्माण कर सकते हैं।

अकेले चाणक्य की शक्ति

चाणक्य अल्पकाल में ही वेदों में पारंगत होकर राजनीति की बारीकियाँ समझने लगे थे। तक्षशिला में चाणक्य ने व्यावहारिक और प्रायोगिक ज्ञान प्राप्त किया था। वे वहाँ पर शिक्षक के रूप में रहे और विद्यार्थियों को शिक्षित करते रहे। पाटलिपुत्र के अत्याचारी, अनैतिक और क्रूर राजा धनानंद ने चाणक्य का अपमान किया। चाणक्य बेहद ईमानदार, बुद्धिमान और शिक्षित व्यक्ति थे, इसलिए वे धनानंद की चाटुकारिता करना पसंद नहीं करते थे। वे स्पष्टवादी थे। मुख पर सत्य बोलने का साहस रखते थे। अत्याचारी धनानंद को इन्हीं कारणों से चाणक्य फूटी आँख नहीं सुहाते थे। एक दिन उन्होंने चाणक्य का अपमान कर उन्हें राजमहल से बाहर कर दिया। ऐसी दुष्कर परिस्थिति में चाणक्य अकेले थे। कुछ लोगों को उनसे सहानुभूति अवश्य थी, लेकिन उनके साथ खड़े होने का साहस नहीं था। अत्याचारी शासक के निकाल देने पर, जीविका का कोई स्रोत न होने पर, किसी के द्वारा साथ न देने पर चाणक्य के कदम लड़खड़ाए नहीं, वे दृढ़ता से अपने कदमों को जमाए रहे और अपनी स्थितियों को मजबूत करने की ओर धीरे-धीरे ही प्रयास करते रहे।

> *चाणक्य बेहद ईमानदार, बुद्धिमान और शिक्षित व्यक्ति थे, इसलिए वे धनानंद की चाटुकारिता करना पसंद नहीं करते थे। वे स्पष्टवादी थे। मुख पर सत्य बोलने का साहस रखते थे। अत्याचारी धनानंद को इन्हीं कारणों से चाणक्य फूटी आँख नहीं सुहाते थे। एक दिन उन्होंने चाणक्य का अपमान कर उन्हें राजमहल से बाहर कर दिया। ऐसी दुष्कर परिस्थिति में चाणक्य अकेले थे। कुछ लोगों को उनसे सहानुभूति अवश्य थी, लेकिन उनके साथ खड़े होने का साहस नहीं था।*

एक साधारण मनुष्य विचलित होकर कोई भी घातक कदम उठा सकता है।

लेकिन चाणक्य ने अपनी विपरीत परिस्थितियों का डटकर सामना किया। उन्होंने स्वयं मुसीबत उठाते हुए ही चाणक्य नीति में यह बात कही कि "यदि व्यक्ति मुसीबतों, परेशानियों और संकटों से घिर जाए तो उनका पूरी निडरता, साहस और धैर्य के साथ सामना करना चाहिए। केवल ऐसा करके ही उन्हें परास्त किया जा सकता है।" धनानंद के अपमान करने के बाद ही चाणक्य ने यह दृढ़ संकल्प किया था कि जब तक वे धनानंद को सिंहासन से जड़ समेत उखाड़कर नहीं फेंकेंगे, चैन से नहीं बैठेंगे। चाणक्य का यह संकल्प उनकी हर समस्या पर भारी पड़ गया, वरना सुख, सुविधाओं एवं संसाधनों के अभाव में इतना बड़ा संकल्प करना सहज, सरल कतई न था।

चाणक्य ने अपनी बुद्धि, चतुराई और शिक्षा के बल पर न केवल सिकंदर को पराजित किया, बल्कि धनानंद को भी जड़-मूल समेत उखाड़कर फेंक दिया। उन्होंने चंद्रगुप्त जैसे योग्य व्यक्ति को भारत का सम्राट् घोषित किया। चंद्रगुप्त के राजा बनने की गतिविधियाँ चाणक्य के सान्निध्य में ही संपन्न हुईं। इसलिए उन्होंने चंद्रगुप्त को एक योग्य शासक बनाकर पूरे विश्व के समक्ष खड़ा कर दिया। जब चंद्रगुप्त का डंका चहुँ ओर बजने लगा तो चाणक्य की भी जय-जयकार होने लगी।

अकेले चाणक्य ने ही ये सब कार्य संपन्न किए। उनके समूह में धीरे-धीरे अनेक लोग आते गए, लेकिन पहल सदैव चाणक्य की ओर से होती थी, अर्थात् चाणक्य अकेले ही पथ के पथिक होते थे और अन्य लोग उनका अनुकरण करते हुए उस पथ की पथरेखा को स्पष्ट करते थे।

अकेले चाणक्य ने ही ये सब कार्य संपन्न किए। उनके समूह में धीरे-धीरे अनेक लोग आते गए, लेकिन पहल सदैव चाणक्य की ओर से होती थी, अर्थात् चाणक्य अकेले ही पथ के पथिक होते थे और अन्य लोग उनका अनुकरण करते हुए उस पथ की पथरेखा को स्पष्ट करते थे।

वर्तमान में भी अकेला व्यक्ति ही ताकतवर है

चाणक्य ने सदियों पहले यह बात कही थी कि एक अकेले व्यक्ति को ही सारे कार्य पूर्ण करने होते हैं। एक व्यक्ति परिवार के होते हुए भी अकेला होता है, क्योंकि वह अकेले ही मृत्यु को प्राप्त होता है। उसका जन्म भी अकेले ही होता है। अपने किए गए कर्मों का फल भी मनुष्य को अकेले ही भोगना होता है। इस विश्वरूपी

पथ पर अकेले चलकर ही वह एक स्वर्णिम इतिहास का हिस्सा बनता है।

वैसे भी दूसरे का सहारा लेकर व्यक्ति अधिक आगे तक नहीं चल सकता। यदि बैसाखियाँ साथ हों तो व्यक्ति चोटी फतह नहीं कर सकता। दूसरों का सहारा लेकर जहाँ व्यक्ति धीरे-धीरे चलता है, वहीं अपने पैरों पर खड़े होकर वह आसमान की बुलंदियों को छू सकता है। यदि आप दूसरों का सहारा लेकर चलेंगे तो आपको वहाँ रुकना होगा, जहाँ पर दूसरा व्यक्ति रुकता है, जबकि अकेले आप अपनी मर्जी के मालिक होंगे। अगर आपमें उत्साह, आत्मविश्वास और जिम्मेदारी का एहसास है तो शायद आपको रुकने की आवश्यकता ही न होगी। आप जल्दी ही अपनी मंजिल को प्राप्त कर लेंगे।

जिस व्यक्ति के पास उम्मीदों, ईमानदारी, उत्साह, साहस और विश्वास के पंख होते हैं, वह अकेले ही महासागर को पार करने की क्षमता रखता है। जब व्यक्ति अकेला चलता है तो वह असंभव चुनौतियों को भी संभव में परिवर्तित कर देता है। वह ऐसे अद्‍भुत कार्य करके विश्व को आश्चर्यचकित कर देता है, जो मानव इतिहास ने अब तक असंभव कोष में डाले हुए थे और यह कहा हुआ था कि मानव कभी उन लक्ष्यों तक नहीं पहुँच सकता।

कोलिन की इस अद्‍भुत कामयाबी ने यह साबित कर दिया है कि अकेला व्यक्ति अपनी उम्मीदों और विश्वास को दोगुनी गति से जोड़कर असंभव को संभव कर डालता है और वहाँ पर भी कृषि की फसल बो देता है, जहाँ बंजर भूमि होती है।

अमेरिका के कोलिन ओब्रेडी अकेले बिना किसी की मदद के अंटार्कटिका पार करनेवाले पहले व्यक्ति बन चुके हैं। लगभग 33 वर्षीय कोलिन को बर्फ से ढके महाद्वीप की सोलह सौ किलोमीटर की यात्रा करने में पूरे 54 दिन लगे। उनसे पहले 1996-97 में नॉर्वे के बोर्ग ऑसलैंड पहली बार अकेले अंटार्कटिका पार करनेवाले व्यक्ति बने थे, लेकिन उन्होंने हवाओं की दिशाओं की जानकारी प्राप्त करने के लिए पतंगों की सहायता ली थी। कोलिन की इस अद्‍भुत कामयाबी ने यह साबित कर दिया है कि अकेला व्यक्ति अपनी उम्मीदों और विश्वास को दोगुनी गति से जोड़कर असंभव को संभव कर डालता है और वहाँ पर भी कृषि की फसल बो देता है, जहाँ बंजर भूमि होती है।

पद्मश्री से सम्मानित जमुना टूडु एक सामाजिक कार्यकर्ता हैं। विवाह के

बाद वे ओडिशा के एक छोटे गाँव से झारखंड आईं। यहाँ पर हरी-भरी धरती और वृक्षों को देखकर उनका मन मयूर की भाँति नृत्य करने लगा, लेकिन उनकी यह खुशी अधिक दिनों तक नहीं टिक पाई। कुछ दिनों में ही उन्हें यह ज्ञात हो गया कि वन माफिया बिना किसी की अनुमति के जंगल के कीमती वृक्षों की लकड़ियों को काटकर चलते बनते थे और उन्हें बेचकर मोटा पैसा कमाते थे। वृक्षों को धीरे-धीरे कम होते देख जमुना टूडु का हृदय विचलित होने लगा। आखिर एक दिन उन्होंने कमर कस ली और चार महिलाओं के साथ हाथों में मोटे डंडे लेकर जंगल की ओर निकल पड़ीं। महिलाओं ने डंडों के बल पर माफिया के गुर्गों को वहाँ से भगा दिया। माफिया ने महिलाओं पर वार भी किए। महिलाओं और खासतौर पर जमुना टूडु का साहस देखकर गाँव के पुरुष भी इनके साथ कंधे-से-कंधा मिलाकर खड़े हो गए। इस तरह वन कटने कम हो गए और धीरे-धीरे जमुना टूडु की दिलेरी और साहस की कहानियाँ हर ओर फैलने लगीं। उनके कार्य की चमक इतनी दूर-दूर तक फैली कि जनवरी 2019 में सरकार ने उन्हें पद्‌मश्री से सम्मानित किया।

> ***अकेले आविष्कारकों के बल पर ही विश्व में चिकित्सा सुविधाओं का निर्माण हुआ, अकेले साहसी व्यक्तियों ने अपनी हिम्मत और मेहनत से एकाग्रता के साथ सफलता को प्राप्त किया। चाणक्य कहते थे कि जब एक अकेला व्यक्ति अपना ध्यान सही दिशा की ओर लगाता है तो उसे दुनिया की कोई बाधा परास्त नहीं कर सकती।***

सदियों से यह धारणा चली आ रही है कि महिलाएँ पुरुषों के मुकाबले कमजोर होती हैं, लेकिन जमुना टुडू जैसी महिलाओं ने इस पुरातन सोच को समाप्त कर दिया और चाणक्य की इस बात को चरितार्थ कर दिया कि एक अकेला व्यक्ति ही इतिहास बदलने में निर्णायक भूमिका निभाता है।

अकेलेपन की ताकत पहचानें

व्यक्ति एक सामाजिक प्राणी है। इसलिए वह अकेले अपना जीवन-यापन नहीं कर सकता। यह सत्य है, लेकिन इसके साथ यह भी सत्य है कि यदि व्यक्ति को अपने जीवन में नई उपलब्धियों एवं नवीन आविष्कारों का सृजन करना है तो उसे अकेले ही बढ़ना पड़ता है। भीड़ अकसर उन कार्यों और बातों का अनुसरण करती है, जो सदियों से चली आ रही हैं, जबकि नवीन, मौलिक एवं कल्याणकारी

स्थिति प्राप्त करने के लिए व्यक्ति को कई बार केवल समाज या देश से ही नहीं, पूरे विश्व से भी लड़ना पड़ता है। इतिहास ऐसे उदाहरणों से भरा पड़ा है, जिसमें नई राह बनानेवाले व्यक्तियों की राह में अनेक बाधाएँ आईं, लेकिन ऐसे लोगों ने किसी की परवाह नहीं की। अकेले आविष्कारकों के बल पर ही विश्व में चिकित्सा सुविधाओं का निर्माण हुआ, अकेले साहसी व्यक्तियों ने अपनी हिम्मत और मेहनत से एकाग्रता के साथ सफलता को प्राप्त किया। चाणक्य कहते थे कि जब एक अकेला व्यक्ति अपना ध्यान सही दिशा की ओर लगाता है तो उसे दुनिया की कोई बाधा परास्त नहीं कर सकती।

अकेला चना भाड़ नहीं फोड़ सकता

सदियों से यह कहावत चली आ रही है कि 'अकेला चना भाड़ नहीं फोड़ सकता।' कहावतों को भी समय के अनुसार बदलना चाहिए। ये कहावतें उस समय बनाई गई थीं, जब व्यक्ति ने अपनी शक्ति एवं सीमाओं को नहीं पहचाना था। प्राचीन काल में व्यक्ति केवल भोजन की खोज के लिए भटकता था। जब इन चीजों की आपूर्ति सहजता से होने लगी तो उसने अपने कदम ज्ञान की दिशा में बढ़ा दिए। सदियों से महिलाओं को कमजोर समझा जाता है, लेकिन महिलाओं ने भी अकेले अपने दम पर यह साबित कर दिया है कि उत्कृष्टता प्राप्त करने के लिए तो अकेले ही दुनिया से जूझना पड़ता है और स्वयं को कनक की तरह तपाना पड़ता है।

> *आर्मी की डेयरडेविल्स टीम की कैप्टन सुरभि के स्टंट देखकर भी यह प्रतीत होता है कि कौन कहता है कि 'अकेला चना भाड़ नहीं फोड़ सकता।' अगर साहस, चुनौतियाँ और संकल्प साथ हों तो अकेला व्यक्ति भाड़ तो क्या पहाड़ को भी फोड़ सकता है।*

आज महिलाओं ने हर जगह अपनी कीर्ति के ध्वज फहराए हैं। सेना में भी महिलाओं ने अकेले निडरता से साहस के साथ कदम रखते हुए आसमान-सी ऊँचाइयाँ प्राप्त की हैं। कहीं पर लेफ्टिनेंट भावना कस्तूरी आर्मी सर्विस कोर के 144 आर्मी जवानों के दस्ते को लीड करती हैं तो कहीं पर सशस्त्र सेना में कैप्टन भावना स्याल अपने दस्ते को लीड कर रही होती हैं तो नौसेना के दस्ते की अगुआई लेफ्टिनेंट अंबिका सुधाकरन जैसी महिला कर रही होती हैं। आर्मी की डेयरडेविल्स टीम की कैप्टन सुरभि के स्टंट देखकर भी यह प्रतीत होता है कि कौन कहता है कि

'अकेला चना भाड़ नहीं फोड़ सकता।' अगर साहस, चुनौतियाँ और संकल्प साथ हों तो अकेला व्यक्ति भाड़ तो क्या पहाड़ को भी फोड़ सकता है।

जीत की रेखा

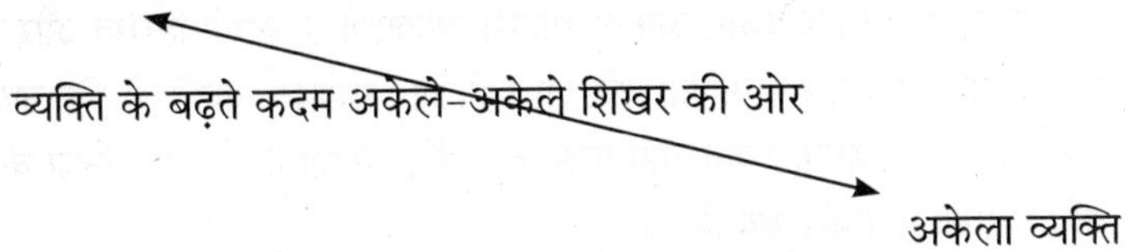

चाणक्य शिक्षा

वह व्यक्ति सबसे ताकतवर होता है, जो अकेले ही चलने का संकल्प लेता है। चाणक्य ने अपने बचपन के दिनों में ही अनेक बड़े-बड़े दुःखों एवं विपत्तियों का सामना किया था। उन्होंने अपने पिता की नृशंस हत्या से लेकर घोर तिरस्कार का सामना किया था। वे चाहते तो सहजता से पलायन करके बैठ सकते थे, लेकिन उन्होंने पहाड़ जैसी बाधा से अकेले जूझने का संकल्प लिया और उसे पूर्ण भी किया। चाणक्य कहते थे कि एक शिक्षित, समझदार, ईमानदार एवं सद्गुणों भरा व्यक्तित्व अकेले ही इतिहास को चुनौती देकर उसे बदलने की ताकत रखता है। हाँ, अकेले व्यक्ति को मानवीय गुणों से विभूषित होना चाहिए।

□

मनुष्य के लिए राष्ट्र सर्वप्रथम

आचार्य वचन

- अच्छे मनुष्यों को उनके गुणों द्वारा पहचाना जाता है।
- जो मनुष्य समर्थ, योग्य एवं साहसी होते हैं, उनके लिए कोई भी कार्य असंभव नहीं होता।
- जीवन का एक-एक क्षण, प्रहर, दिवस अत्यंत महत्त्वपूर्ण है। इसलिए मनुष्य को इसका सार्थकता से प्रयोग करना चाहिए।

राष्ट्र सर्वप्रथम

चाणक्य राष्ट्र के लिए एक कर्तव्यनिष्ठ, सत्यपरायण, साहसी एवं नेतृत्व करनेवाले राजा को उत्तम मानते थे। उनका कहना था कि प्रत्येक व्यक्ति में बचपन से ही उत्तम गुणों को विभूषित करना अनिवार्य है। बचपन कुम्हार के चाक की मिट्टी की भाँति कोमल होता है। इसलिए उसे मनपसंद आकृति में ढाला जा सकता है। चाणक्य ने बचपन से ही चंद्रगुप्त को एक नेक और बुद्धिमान सम्राट् बनाने के लिए प्रशिक्षित एवं सज्जित करना आरंभ कर दिया था। वे राष्ट्र को एक ऐसा सम्राट् प्रदान करना चाहते थे, जो योजनाएँ बनाते समय संपूर्ण राष्ट्र की प्रजा एवं मनुष्यों को उनकी भूमि, धन-धान्य, जीविका के अधिकार, रोजगार और मूलभूत सुविधाओं से वंचित न करे। इसके लिए वे चंद्रगुप्त को समय-समय पर शिक्षित भी करते रहते थे।

एक दिन सम्राट् बनने के बाद चाणक्य ने चंद्रगुप्त से मंत्रणा और परामर्श किया। कुछ देर बातचीत करने के बाद वे बोले, "और बताओ कि देश निर्माण की योजना कैसी चल रही है?"

यह प्रश्न सुनकर चंद्रगुप्त मुसकराकर बोले, "आचार्य, बहुत अच्छी चल रही है।"

चाणक्य चंद्रगुप्त के प्रसन्न चेहरे की ओर देखकर अपनी ठुड्डी पर हाथ रखते हुए बोले, "हम्म! अच्छी बात है। जरा मुझे राष्ट्र निर्माण के व्यय का ब्योरा बताइए और यह बताइए कि व्यय का केंद्र कहाँ है?"

चंद्रगुप्त ने तुरंत ब्योरा मँगवाकर उनके समक्ष रख दिया और बोले, "आचार्य व्यय का केंद्र हमारा राज्य मगध और उसकी राजधानी पाटलिपुत्र है।"

यह सुनकर चाणक्य कुछ असमंजस में पड़ गए और बोले, "पाठशालाएँ और विश्वविद्यालय कहाँ पर बनवाने का विचार है?"

चंद्रगुप्त उत्साहित होकर बोले, "मगध के आसपास पाठशालाएँ बनवाने का विचार है और विश्वविद्यालय राजधानी में बनाए जाएँगे, ताकि राज्य के सभी लोगों को उत्तम शिक्षा प्राप्त हो।"

चंद्रगुप्त की बात समाप्त होते-होते आचार्य चाणक्य के ललाट पर त्योरियाँ स्पष्ट देखी जा सकती थीं।

चंद्रगुप्त की बात का जवाब न देकर आचार्य बोले, "अच्छा यह बताइए कि रक्षा तंत्र कहाँ पर स्थापित करने का विचार है।" चंद्रगुप्त चाणक्य की खीझ और लगातार प्रश्न करने से थोड़े झल्लाकर बोले, "आचार्य, यह भी मगध और राजधानी पर ही केंद्रित है।"

यह देखकर चंद्रगुप्त बोले, "आचार्य, क्या बात है?"

चंद्रगुप्त की बात का जवाब न देकर आचार्य बोले, "अच्छा यह बताइए कि रक्षा तंत्र कहाँ पर स्थापित करने का विचार है।"

चंद्रगुप्त चाणक्य की खीझ और लगातार प्रश्न करने से थोड़े झल्लाकर बोले, "आचार्य, यह भी मगध और राजधानी पर ही केंद्रित है।"

चाणक्य धैर्य के साथ बोले, "मगध और पाटलिपुत्र को छोड़कर संपूर्ण राष्ट्र में भी नागरिक निवास करते हैं। वहाँ के लोगों को भी प्रत्येक वस्तु की आवश्यकता होती है। मगध और राजधानी से इतर स्थानों के लिए भी कुछ योजनाएँ बनाई गई हैं क्या?"

चंद्रगुप्त बोले, "आचार्य, हमारा मानना है कि राज्य और राजधानी में सब सुविधाएँ होने से सबकुछ ठीक हो जाएगा।"

चाणक्य एक गहरी साँस लेकर बोले, "तुम यह बात अवश्य याद रखना कि

मैंने केवल तुम्हें मगध राज्य के लिए नहीं, बल्कि पूरे राष्ट्रहित के लिए नियुक्त किया है। केवल मगध और पाटलिपुत्र के लिए सुविधाएँ उपलब्ध कराकर तुम तो मात्र अपने घर को भरने का प्रयत्न कर रहे हो। यह नहीं होना चाहिए। देश का विकास तब होता है, जब केवल राजा ही नहीं अपितु प्रत्येक व्यक्ति राष्ट्रहित के लिए सोचे, राष्ट्र निर्माण के लिए कार्य करे। इसलिए तुम्हें राष्ट्रीय योजनाएँ बनाते हुए संपूर्ण राष्ट्र के लिए पाठशालाओं एवं विश्वविद्यालयों का निर्माण करना चाहिए।"

चंद्रगुप्त स्वर नीचा करके बोले, "आचार्य, पर मगध सम्राट् होने के नाते मेरा राज्य एवं राजधानी को उत्कृष्ट बनाना परम दायित्व बनता है।"

चाणक्य जोर देकर बोले, "बिल्कुल नहीं। केवल राज्य अथवा राजधानी नहीं, बल्कि पूरे राष्ट्र को उत्कृष्ट करना तुम्हारा परम और प्रथम दायित्व बनता है। अगर तुम केवल अपने राज्यहित की ओर ध्यान दोगे तो मानसिक संकीर्णता का परिचय ही दोगे। यदि इतिहास में अमर होना चाहते हो तो केवल यह स्मरण रखो कि राष्ट्र सर्वप्रथम, राष्ट्रहित प्रथम।"

किसी भी देश की सुरक्षा की जिम्मेदारी मुख्यतः सेना की रहती है। सेना में शामिल व्यक्ति एक आम नागरिक बाद में होते हैं और राष्ट्र के प्रहरी पहले। चाणक्य राष्ट्र के प्रहरियों को यह कहते हैं कि उन्हें ताकतवर, ईमानदार और जान हथेली पर रखने के लिए सर्वस्व तैयार रहना चाहिए। जो राष्ट्र प्रहरी ऐसा करते हैं, उनके देश को कभी भी शत्रु से खतरा नहीं हो सकता।

अब चंद्रगुप्त को अपनी गलती का एहसास हो गया था। वे बोले, "आचार्य मैं सदैव इस बात को स्मरण रखूँगा और राष्ट्रहित को ध्यान में रखकर ही कार्य करूँगा।" अब चाणक्य चंद्रगुप्त की बात से सहमत हुए और अपने कार्य में लग गए।

सैनिकों के लिए राष्ट्र सर्वोपरि

किसी भी देश की सुरक्षा की जिम्मेदारी मुख्यतः सेनां की रहती है। सेना में शामिल व्यक्ति एक आम नागरिक बाद में होते हैं और राष्ट्र के प्रहरी पहले। चाणक्य राष्ट्र के प्रहरियों को यह कहते हैं कि उन्हें ताकतवर, ईमानदार और जान हथेली पर रखने के लिए सर्वस्व तैयार रहना चाहिए। जो राष्ट्र प्रहरी ऐसा करते

हैं, उनके देश को कभी भी शत्रु से खतरा नहीं हो सकता। भारत के वीर सपूत अभिनंदन वर्धमान एक ऐसे ही वीर सपूत हैं। वे भारतीय वायुसेना के विंग कमांडर हैं। 26 फरवरी, 2019 को भारत ने पाकिस्तान की सरजमीं पर जैश के ठिकानों पर हमला बोला था। भारतीय वायुसेना ने बालाकोट में जैश-ए-मोहम्मद के आतंकी शिविर पर 1000 किलो के बम गिराए थे। इसमें आतंकवाद फैलानेवाले अनेक आतंकियों के मरने की खबर आई। भारत ने इस हमले में अपने करीब 12 मिराज लड़ाकू विमान इस्तेमाल किए थे। इनमें से एक मिग-21 को विंग कमांडर अभिनंदन उड़ा रहे थे। उन्होंने पाकिस्तान के एफ-16 विमान को गिरा दिया। हालाँकि तकनीकी सुविधाओं में एफ-16 अधिक शक्तिशाली विमान है, लेकिन वीर विंग कमांडर अभिनंदन के हौसले एवं शक्ति के आगे एफ-16 विमान की शक्ति भी परास्त हो गई। इस प्रक्रिया में अभिनंदन को भी चोट पहुँची। अंत समय में, वे पैराशूट से कूदे और पाकिस्तान की सीमा में जा गिरे। जब वे होश में आए तो उन्होंने अपने करीब अनेक लोगों को खड़े पाया। उन्होंने वहाँ उपस्थित लोगों से पूछा कि क्या वे भारत में हैं? उन्होंने भारत माता की जय बोली। जवाब में लोगों की चुप्पी से वे समझ गए कि वे शत्रु की सीमा में दाखिल हो चुके हैं। ऐसे वक्त में, जब वे शत्रु की गिरफ्त में थे, परिस्थितियाँ उनके बिल्कुल विपरीत थीं, तब भी उन्होंने धैर्य बनाए रखा और हिम्मत एवं समझदारी से काम लिया। उन्होंने भारत देश की कोई भी खुफिया जानकारी शत्रु देश को देने से मना कर दिया। विंग कमांडर अभिनंदन वर्धमान की हिम्मत और हौसले को पूरे विश्व ने सलाम किया और 1 मार्च, 2019 को वे सकुशल भारतीय जमीन पर लौट आए।

चाणक्य की सदियों पहले कही गईं बातें न केवल राजाओं पर, सेना पर; अपितु आम नागरिकों के लिए भी सटीक सिद्ध होती हैं।

उन्होंने भारत देश की कोई भी खुफिया जानकारी शत्रु देश को देने से मना कर दिया। विंग कमांडर अभिनंदन वर्धमान की हिम्मत और हौसले को पूरे विश्व ने सलाम किया और 1 मार्च, 2019 को वे सकुशल भारतीय जमीन पर लौट आए। चाणक्य की सदियों पहले कही गईं बातें न केवल राजाओं पर, सेना पर; अपितु आम नागरिकों के लिए भी सटीक सिद्ध होती हैं।

नागरिकों के लिए भी राष्ट्रहित प्रथम

केवल राजा के लिए ही नहीं, अपितु प्रत्येक नागरिक के हृदय में राष्ट्र प्रथम होना चाहिए। जो नागरिक राष्ट्रहित का ध्यान रखते हैं, वे स्वयं भी इतिहास का हिस्सा बन जाते हैं और युगों-युगों तक याद किए जाते हैं। आज भी इस बात में उतनी ही सच्चाई है, जितनी कि चाणक्य ने सदियों पहले कही थी। कोई भी राष्ट्र अपने नागरिकों के हितों, कार्यों और जीवनशैली से श्रेष्ठ बनता है। इसलिए प्रत्येक नागरिक का यह कर्तव्य है कि वह राष्ट्रहित के लिए एक नागरिक की जिम्मेदारी को समझे। एक नागरिक को अपने राष्ट्र को श्रेष्ठ बनाने के लिए समय पर बिजली-पानी के बिलों का भुगतान करना चाहिए। सार्वजनिक संपत्ति को स्वच्छ रखना चाहिए। करों का भुगतान करना चाहिए। कर की चोरी नहीं करनी चाहिए। कर की चोरी राष्ट्र को बहुत नुकसान पहुँचाती है। कर की आय से ही सरकार लोगों के लिए चिकित्सा, सड़क एवं शिक्षा जैसी सुविधाएँ जुटाती है।

शिक्षा व्यक्ति का सर्वांगीण विकास करती है। चाणक्य कहते हैं कि विद्या से व्यक्ति की समस्त मनोकामनाएँ पूर्ण हो जाती हैं और वह राष्ट्रहित के लिए भी अपने कर्तव्यों और दायित्वों को भलीभाँति समझ जाता है। यदि शिक्षित माता-पिता अपने बच्चों को प्रारंभ से ही संस्कारशाला के साथ-साथ सद्गुणों से विभूषित करते हैं तो ऐसे बच्चे अपने माता-पिता का अनुकरण करते हुए स्वयं ही नए-नए मार्ग बना लेते हैं और राष्ट्रहित की ओर अपने कदम बढ़ा देते हैं।

नागरिकों को सड़क पर चलते समय ट्रैफिक के नियमों का पालन करना चाहिए। असंख्य दुर्घटनाएँ टैफिक नियमों के न मानने के कारण होती हैं। व्यक्तियों को अपने घरों में बिजली एवं जल का सदुपयोग करना चाहिए, ताकि देश के कोने-कोने तक इन सुविधाओं को पहुँचाया जा सके। महाराष्ट्र एवं अन्य राज्य के कई क्षेत्र आज भी बिजली, पानी की समस्याओं से जूझ रहे हैं। वहाँ पर आज भी एक घड़े जल के लिए कोसों दूर चलना पड़ता है।

यदि सभी नागरिक अपनी जिम्मेदारी को अच्छी तरह समझेंगे तो बिजली, पानी एवं मकान जैसी बुनियादी सुविधाएँ सबको प्राप्त हो पाएँगी।

चाणक्य कहते थे कि किसी भी राष्ट्र की उन्नति राजा के साथ-साथ प्रजा पर

भी निर्भर करती है। इसलिए दोनों को ही एक-दूसरे के प्रति ईमानदार एवं जिम्मेदार होना चाहिए।

युवाओं का राष्ट्र के लिए योगदान

शिक्षा व्यक्ति का सर्वांगीण विकास करती है। चाणक्य कहते हैं कि विद्या से व्यक्ति की समस्त मनोकामनाएँ पूर्ण हो जाती हैं और वह राष्ट्रहित के लिए भी अपने कर्तव्यों और दायित्वों को भलीभाँति समझ जाता है। यदि शिक्षित माता-पिता अपने बच्चों को प्रारंभ से ही संस्कारशाला के साथ-साथ सद्गुणों से विभूषित करते हैं तो ऐसे बच्चे अपने माता-पिता का अनुकरण करते हुए स्वयं ही नए-नए मार्ग बना लेते हैं और राष्ट्रहित की ओर अपने कदम बढ़ा देते हैं। आजकल तो भारत के ऐसे अनेक युवा सामने आ रहे हैं, जो राष्ट्रहित के साथ-साथ आम व्यक्तियों के कल्याण के लिए भी नए-नए आविष्कार कर रहे हैं।

ऐसे ही कुछ लोगों में शामिल हैं तमिलनाडु के रिफत शाहरुख। इन्होंने दुनिया का सबसे छोटा उपग्रह बनाया है। 21 जून, 2017 को नासा के 'वालोप्स अंतरिक्ष से एस.आर.-4 रॉकेट' के माध्यम से रिफत शाहरुख के 'कलामसैट' उपग्रह का प्रक्षेपण किया गया। महान् वैज्ञानिक डॉ. ए.पी.जे. अब्दुल कलाम के नाम पर इस उपग्रह को यह नाम दिया गया है। इनके इस प्रयास ने संपूर्ण विश्व के समक्ष भारत की ताकत का लोहा मनवा दिया।

ऐसे ही एक युवा आविष्कारक अनिरुद्ध शर्मा हैं। अनिरुद्ध शर्मा ने वर्ष 2010 में 'लेचल' का आविष्कार किया। 'लेचल' एक अलग तरह का जूता होता है। इसके अंदर लगा मोबाइल फोन वाइब्रेटर नेत्रहीन लोगों को राह दिखाने में मदद करता है। इतना ही नहीं, उन्होंने वातावरण में फैले प्रदूषण को कम करने के लिए कालिंक तकनीक की खोज की। यह तकनीक चिमनी या डीजल इंजन से कार्बन के कणों को वातावरण में घुलने से पहले ही खींच लेती है। इस तरह से वातावरण में प्रदूषण कम होता है, साथ ही प्रदूषण के कणों को आगे स्याही, यानी कि इंक के रूप में प्रयोग किया जा सकता है। अनिरुद्ध के द्वारा बनाई गई 'एयर इंक' का प्रयोग कला, प्रिंटिंग और फैशन के क्षेत्र में किया जा रहा है।

इसी तरह आई.आई.टी. दिल्ली से इलेक्ट्रिकल इंजीनियरिंग करनेवाले युवा निपुण गोयल ने अपनी कंपनी 'क्यूरोफाई' के जरिए 'क्यूरोफाई' नाम से ही एक मोबाइल एप बनाया है। यह एप सही सूचनाएँ और जानकारी प्रदान कर रोगियों का

ऐसे अनगिनत युवा हैं, जो चाणक्य की कही गई बात को आज अपने कार्यों से सत्य साबित कर रहे हैं। चाणक्य ने केवल प्राचीन काल में ही देश को एक योग्य सम्राट् प्रदान नहीं किया था, बल्कि देखा जाए तो आज भी उनके द्वारा रचित रचनाएँ और शिक्षाएँ लोगों को एक अच्छा और जिम्मेदार नागरिक बनाने में महत्त्वपूर्ण भूमिका निभा रही हैं।

बेहतर तरीके से इलाज करने में डॉक्टरों की मदद करता है। शावक नानावटी टेक्नीकल इंस्टीट्यूट के छात्रों ने कचरे से इको फ्रेंडली ईंट तैयार की है। यह ईंट मिट्टी की ईंट से सस्ती एवं टिकाऊ है। इस ईंट को फ्लाई ऐश, एल.डी. स्लैग, रिवर पंप हाउस से निकलनेवाले कचरे, जिप्सन, लाइम पाउडर और चूने की सहायता से तैयार किया गया है।

ऐसे अनगिनत युवा हैं, जो चाणक्य की कही गई बात को आज अपने कार्यों से सत्य साबित कर रहे हैं। चाणक्य ने केवल प्राचीन काल में ही देश को एक योग्य सम्राट् प्रदान नहीं किया था, बल्कि देखा जाए तो आज भी उनके द्वारा रचित रचनाएँ और शिक्षाएँ लोगों को एक अच्छा और जिम्मेदार नागरिक बनाने में महत्त्वपूर्ण भूमिका निभा रही हैं।

राष्ट्रहित के लिए निम्नलिखित कदम उठाए जाने अनिवार्य

चाणक्य मानते थे कि यदि प्रत्येक बालक को बचपन से ही सद्कर्म, बड़ों के प्रति आदर एवं सम्मान आदि की शिक्षा दी जाए तो ऐसे बालक पल्लव से विटप में परिवर्तित होने के बाद मानसिक रूप से मजबूत हो जाते हैं। राष्ट्रहित के लिए प्रत्येक देश में निम्नलिखित कदम अवश्य उठाए जाने चाहिए—

शिक्षा—विश्व में विद्या की सर्वत्र पूजा की जाती है। शिक्षा के बल पर व्यक्ति देश तो क्या, ब्रह्मांड तक में अपनी प्रतिभा का लोहा मनवा सकता है। एक सुशिक्षित व्यक्ति सद्गुणों से युक्त होने पर राष्ट्रहित के लिए सोचता है।

उच्च कोटि के विद्यालयों एवं विश्वविद्यालयों का निर्माण—देश में सर्वोत्कृष्ट विद्यालय एवं विश्वविद्यालय होने बेहद अनिवार्य हैं। ऐसे विश्वविद्यालयों का निर्माण अति आवश्यक है, जहाँ पर वर्ण अथवा वर्ग को ध्यान में न रखते हुए सभी को समान शिक्षा प्राप्त हो। अपनी योग्यतानुरूप व्यक्ति शिक्षार्जन कर राष्ट्रहित के लिए तैयार हो जाएँ।

रक्षा तंत्र मजबूत—देश का रक्षा तंत्र मजबूत होना अनिवार्य है। 18 सितंबर, 2016 को शत्रुओं ने जम्मू-कश्मीर के उरी में तैनात भारतीय सेना के जवानों पर अमानवीय तरीके से हमला किया। इसी तरह से 14 फरवरी, 2019 को जम्मू कश्मीर के पुलवामा हमले ने संपूर्ण भारतीयों के तन-मन को उद्वेलित कर दिया। इसलिए सूझबूझ के साथ समझदारी से रणनीतियाँ बनाई जानी चाहिए, ताकि शत्रुओं को परास्त कर रक्षा तंत्र में सेंध लगाने का अवसर न मिल पाए।

राष्ट्र सर्वप्रथम ⇕ राष्ट्रहित सर्वप्रथम

चाणक्य शिक्षा

जीवन का प्रत्येक क्षण, प्रहर, दिवस अत्यंत महत्त्वपूर्ण है। इसलिए मनुष्य को इसका सार्थकता से प्रयोग करना चाहिए। प्रत्येक मनुष्य को अपनी जिम्मेदारी और कर्तव्य को समझना चाहिए और राष्ट्रहित के लिए कार्य करने चाहिए, ताकि राष्ट्र प्रगति करे और देश में खुशहाली एवं हरियाली बनी रहे। देशप्रेम और मातृभूमि पर सर्वस्व समर्पण की भावना हर व्यक्ति के अंतर्मन में बचपन से ही उत्पन्न होनी जरूरी है। जब प्रत्येक व्यक्ति चतुराई के साथ देश के प्रति अपने कर्तव्य को पूरा करता है तो देश प्रगति की ओर बढ़ता है, नित नए नवाचार करता है।

जीवन का प्रत्येक क्षण, प्रहर, दिवस अत्यंत महत्त्वपूर्ण है। इसलिए मनुष्य को इसका सार्थकता से प्रयोग करना चाहिए। प्रत्येक मनुष्य को अपनी जिम्मेदारी और कर्तव्य को समझना चाहिए और राष्ट्रहित के लिए कार्य करने चाहिए, ताकि राष्ट्र प्रगति करे और देश में खुशहाली एवं हरियाली बनी रहे।

□

अर्थ का शास्त्र

आचार्य वचन

- धन का संचय मनुष्य की बुद्धिमत्ता का परिचायक है।
- पुरुषार्थ द्वारा ईमानदारी से कमाया धन जीवनपर्यंत मनुष्य के साथ रहता है तथा उसमें निरंतर वृद्धि होती रहती है।
- धन के उपयोग से धन की महत्ता बढ़ती है।

अर्थशास्त्र

अर्थ का तात्पर्य धन, रुपए, पैसे से एवं शास्त्र का अभिप्राय ग्रंथ से होता है। इस प्रकार चाणक्य अथवा कौटिल्य द्वारा रचित अर्थशास्त्र का मुख्य अर्थ हुआ धन का ग्रंथ। भारत में अर्थशास्त्र के कुशल प्रबंधन का श्रेय चाणक्य को ही जाता है। प्रत्येक विद्यार्थी चाणक्य के द्वारा प्रदान की जानेवाली शिक्षा से प्रभावित था। एक बार कुछ विद्यार्थियों ने उनसे कहा, "आचार्य, आपके बाद कोई भी इतने अच्छे और बारीक तरह से अर्थशास्त्र और जीवन की जानकारी नहीं दे पाएगा। फिर आपकी शिक्षा तो आपके साथ ही समाप्त हो जाएगी।" अनेक विद्यार्थियों की बातें सुनकर चाणक्य ने अपनी शिक्षा को ग्रंथ में परिवर्तित करने का निर्णय लिया और लेखन कार्य आरंभ कर दिया। अर्थशास्त्र केवल अर्थ के बारे में ही कुशलतापूर्वक नहीं बताता है, अपितु इसमें राजनीति, समाज, ज्ञान, विज्ञान और हर तरह की जानकारी विद्यमान है।

चाणक्य ने अपने संपूर्ण कार्य को 15 पुस्तकों और 150 अध्यायों में विभाजित किया हुआ है। उनके ग्रंथ में लगभग 6000 सूत्र हैं। ये सूत्र जीवन, दर्शन, राजनीति, समाज, अर्थ, दशा और दिशा; सबका बोध कराने में सक्षम हैं। विश्व के अर्थशास्त्री, दार्शनिक सभी अर्थशास्त्र की महत्ता स्वीकार करते हुए इसे विश्व के लिए एक

अत्यंत कल्याणकारी ग्रंथ मानते हैं। अर्थशास्त्र में वर्तमान समय की इकोनॉमिक्स के सभी प्रकार, जिनमें माइक्रो इकोनॉमिक्स, मैक्रोइकोनॉमिक्स, ऑडिटंग के नियम, कर व दंड की प्रणालियाँ, नारी की दशा, धर्म और राजनीति, वर्णाश्रम व्यवस्था, राजा के कर्तव्य, प्रजा के कर्तव्य आदि सबका सूक्ष्म विवेचन किया गया है।

निर्धन और पुअर का पूरा अर्थ

चाणक्य ने सूझबूझ के साथ धन की महत्ता पर बल दिया है। उन्होंने धन को जीवन के लिए अनिवार्य अवश्य समझा है, लेकिन साथ ही यह भी कहा है कि "धन का अत्यधिक संग्रह मनुष्य के मन-मस्तिष्क को भ्रष्ट तो करता ही है, उसे लोभी और स्वार्थी भी बना देता है। इसलिए मनुष्य को बुद्धि और योग्यता के साथ ईमानदारी से ही धन का संचय करना चाहिए। एक बहुत पुरानी कहावत चली आ रही है कि सरस्वती और लक्ष्मी का मेल असंभव है, लेकिन चाणक्य इस बात से सहमत नहीं हैं, क्योंकि उन्होंने स्वयं अपनी बुद्धि का इस्तेमाल करके चंद्रगुप्त को राजा बना दिया था। इतना ही नहीं, उनके पास पलक झपकते ही हर तरह की सुविधा उपलब्ध हो सकती थी; लेकिन उन्होंने स्वयं अपनी इच्छा से सादा जीवन व्यतीत करना स्वीकृत किया था। जो व्यक्ति तन-मन से विद्या ग्रहण करता है, वह धनार्जन भी भलीभाँति कर सकता है। जहाँ सरस्वती होती है, वहाँ लक्ष्मी को आना ही पड़ता है, क्योंकि सरस्वती ज्ञान, नीर और विवेक की देवी हैं।

हमारे आसपास अनेक ऐसे व्यक्ति गाहे-बगाहे नजर आ जाते हैं, जो यह कहते हैं कि धन एकत्र करना मूर्खता है। धन पर केवल संपन्न लोगों का अधिकार है। वे स्वयं के निर्धन होने में कभी अर्थव्यवस्था तो कभी नीतियों को दोष देते हैं। जबकि सबसे बड़ा सच यह है कि व्यक्ति के निर्धन होने में किसी का नहीं, बल्कि स्वयं व्यक्ति का ही सबसे बड़ा दोष होता है।

हमारे आसपास अनेक ऐसे व्यक्ति गाहे-बगाहे नजर आ जाते हैं, जो यह कहते हैं कि धन एकत्र करना मूर्खता है। धन पर केवल संपन्न लोगों का अधिकार है। वे स्वयं के निर्धन होने में कभी अर्थव्यवस्था तो कभी नातियों को दोष देते हैं। जबकि सबसे बड़ा सच यह है कि व्यक्ति के निर्धन होने में किसी का नहीं, बल्कि स्वयं व्यक्ति का ही सबसे बड़ा दोष होता है।

सेठजी बालक की बातों से बेहद प्रभावित हुए। उन्होंने न केवल फल खरीदे, बल्कि उस बालक की होशियारी एवं चतुराई देखकर उन्होंने उसे शिक्षा के साथ-साथ व्यवसाय के रहस्य भी सिखाने आरंभ कर दिए। उन्हें अपने व्यवसाय के लिए ऐसे ही चतुर बालक की तलाश थी।

निर्धन शब्द को अंग्रेजी में पुअर (POOR) कहते हैं। पुअर का पूरा नाम जानते हैं, क्या होगा? पुअर का पूरा नाम हुआ—पासिंग ओवर अपॉर्च्युनिटीज रेग्युलरली, अर्थात् नियमित रूप से अवसरों को पास से गुजरने देना।

इसी तरह से निर्धन का पूरा अर्थ हुआ—निरंतर धन नहीं।

अंग्रेजी एवं हिंदी दोनों ही शब्दों में निर्धन और पुअर का पूरा नाम व्यक्ति के पास धन न होने को इंगित करता है, साथ ही यह भी बताता है कि व्यक्ति निर्धन अपनी मूर्खता एवं अयोग्यता के कारण होता है।

विश्व के प्रसिद्ध संपन्न व्यक्ति बिल गेट्स तो इस बात से पूर्ण सहमति जताते हुए कहते हैं कि "यदि आप गरीब पैदा होते हैं, तो यह आपकी गलती नहीं है, लेकिन अगर आप गरीब मरते हैं, तो यह आपकी गलती है।"

चाणक्य ने कहा है कि "व्यक्ति को दयनीय दशा से बचने के लिए धन का संचय अवश्य करना चाहिए।"

एक स्थान पर फल बेचने वाले दो बालक बैठे हुए थे। दोनों के पास मीठे-मीठे फल के ढेर लगे थे। अभी तक उनके पास कोई भी ग्राहक फल खरीदने नहीं आया था। तभी उन्होंने देखा कि एक बुद्धिमान संपन्न सेठ उस ओर को निकला। उस सेठ को देखकर पहला बालक बोला, "सेठजी, मीठे-मीठे फल लीजिए।" सेठजी ने बालक पर कोई ध्यान न दिया और आगे निकल गए। तभी दूसरा लड़का उनके पास आकर बोला, "सेठजी, आज मेरा जन्मदिन है। आप मेरे मार्ग से गुजरने वाले पचासवें व्यक्ति हैं। मैंने अपने मन में निश्चय किया हुआ था कि जो भी पचासवाँ व्यक्ति मेरे पास से गुजरेगा, मैं उन्हें निःशुल्क मीठे फल प्रदान करके अपने जन्मदिन को सार्थक और यादगार बना लूँगा। कृपया आप ये मीठे फल रखिए।" सेठजी बालक की बातों से बेहद प्रभावित हुए। उन्होंने न केवल फल खरीदे, बल्कि उस बालक की होशियारी एवं चतुराई देखकर उन्होंने उसे शिक्षा के साथ-साथ व्यवसाय के रहस्य भी सिखाने आरंभ कर दिए। उन्हें अपने व्यवसाय के लिए ऐसे ही चतुर बालक की तलाश थी।

देश के लिए धन का मुख्य स्रोत हैं गाँव

चाणक्य अर्थशास्त्र, पुस्तक 7 के अध्याय 14 में लिखते हैं कि धन और शक्तियाँ मुख्यत: ग्रामीण क्षेत्रों से आती हैं। ग्रामीण क्षेत्र से ही ऐसे स्रोत मिलते हैं, जो मुख्यत: सभी गतिविधियों को सक्रिय करते हैं। किसी भी समृद्ध देश की अर्थव्यवस्था की विवेचना की जाए तो यह ज्ञात हो जाता है कि सभी प्राकृतिक संसाधन ग्रामीण क्षेत्रों से ही आते हैं। महानगरों की जीवनशैली बेहद व्यस्त एवं प्रदूषित होती है। यहाँ की चकाचौंध भरी जिंदगी में व्यस्तता है, सुविधाएँ हैं; लेकिन समय का अभाव है। प्राकृतिक संसाधनों का तेजी से हो रहा ह्रास है। यदि हमें अपने देश की अर्थव्यवस्था को मजबूत करना है तो यह अनिवार्य है कि देश के सभी कस्बों, गाँवों एवं पिछड़े क्षेत्रों का सुधार किया जाए। चाणक्य कहते हैं कि एक राजा का कर्तव्य है कि वह गाँवों के सुधार के प्रति प्रतिबद्ध हो। आज तो ग्रामों के विकास के लिए अनेक योजनाएँ भी चलाई जा रही हैं, जैसे—सांसद आदर्श ग्राम योजना, स्मार्ट सिटी, पक्की सड़क का निर्माण, हर घर बिजली एवं शौचालयों का निर्माण, आदि। जब गाँवों में बिजली, पानी एवं शौचालयों जैसी मूलभूत सुविधाएँ विकसित होंगी, पक्की रोड बन जाएँगी तो ग्राम अच्छी तरह से कार्य कर पाएँगे। उनमें प्राकृतिक संसाधनों की उत्पत्ति अच्छी तरह से हो पाएगी। प्राकृतिक संसाधन अच्छे होंगे तो देश की कृषि व्यवस्था अच्छी होगी। कृषि और कृषक देश की अर्थव्यवस्था को तो सुदृढ़ करते ही हैं, इसके साथ-साथ वे भारत की मौद्रिक नीतियों को भी शक्तिशाली बनाते हैं। चाणक्य मानते थे कि अर्थ का प्रयोग समझदारी से करना चाहिए। पूरे देश के साथ दूर-दराज के गाँवों और किसानों को भी किसी तरह की कमी नहीं होनी चाहिए।

प्राकृतिक संसाधन अच्छे होंगे तो देश की कृषि व्यवस्था अच्छी होगी। कृषि और कृषक देश की अर्थव्यवस्था को तो सुदृढ़ करते ही हैं, इसके साथ-साथ वे भारत की मौद्रिक नीतियों को भी शक्तिशाली बनाते हैं। चाणक्य मानते थे कि अर्थ का प्रयोग समझदारी से करना चाहिए। पूरे देश के साथ दूर-दराज के गाँवों और किसानों को भी किसी तरह की कमी नहीं होनी चाहिए।

प्राकृतिक संसाधनों का सदुपयोग अर्थ बढ़ाता है

किसी भी राष्ट्र की संपन्नता उसके निवासियों के जीवन स्तर, शिक्षा, प्रसन्नता

एवं स्वास्थ्य पर निर्भर करती है। देश में केवल कुछ व्यक्ति धन-धान्य से परिपूर्ण हों और अधिकतर निम्न रेखा के नीचे जीवन-यापन करते हों तो देश को निर्धन ही कहा जाता है। सभी लोगों की आय में समानता लाने के लिए यह अनिवार्य है कि देश में सबको शिक्षा एवं विकास के समान अवसर प्राप्त हों। इसके साथ ही लोगों को चाहिए कि वे प्राकृतिक संसाधनों का चतुराई से प्रयोग करें। प्राकृतिक संसाधनों का अंधाधुंध प्रयोग देश की आर्थिक क्षमता को प्रभावित करता है। चाणक्य कहते हैं कि देश की अर्थव्यवस्था को सुदृढ़ करने का दायित्व राजा के साथ-साथ प्रजा का भी होना चाहिए। बिजली, पानी जैसे मूलभूत संसाधनों का सीमित मात्रा में प्रयोग करना चाहिए, ताकि सभी व्यक्तियों को ये बराबर मात्रा में प्राप्त हो सकें। जब लोगों को प्राकृतिक संसाधन बराबर प्राप्त होंगे तो उनके अंदर अधिक कार्यक्षमता उत्पन्न होगी। व्यक्तियों के द्वारा प्राकृतिक संसाधनों की अधिकता एवं न्यूनता, दोनों ही अर्थ की शक्ति को प्रभावित करती है।

अर्थ नीति

ऐसा क्यों होता है कि एक व्यक्ति निर्धन और एक संपन्न होता है। अर्थशास्त्र और चाणक्य नीतियाँ कहती हैं कि धन मनुष्य का सच्चा हितैषी होता है। विपदा एवं आपदा के समय धन ही व्यक्ति के काम आता है। असल में धनी और निर्धन होने के पीछे महत्त्वपूर्ण भूमिका अर्थ नीति की होती है। चाणक्य ने अर्थ के साथ-साथ हर कार्य की नीति को कारगर बनाने के लिए अनेक योजनाएँ बनाई हुई हैं, ताकि लोग उन योजनाओं के माध्यम से समृद्ध, संपन्न एवं प्रसन्न रह सकें।

अर्थ नीतियाँ कहती हैं कि जिस व्यक्ति के अंदर संपन्न और समृद्ध बनने की चाहत होती है, वह कभी भी दूसरों को अथवा भाग्य को दोषी नहीं ठहराता, अपितु स्वयं इस बात की जिम्मेदारी लेता है कि कहाँ क्या कमी है, जो उसे परस्पर सफलता प्राप्त नहीं हो रही है। जब व्यक्ति पूर्ण जिम्मेदारी के साथ इस तथ्य की जाँच में लग जाता है कि क्या, कहाँ कमी रही तो उसे अपनी गलतियों का अंदाजा हो जाता है। वह उन गलतियों

> *अर्थ की दूसरी नीति यह है कि व्यक्ति को शिकायतें कम और कार्य अधिक करने चाहिए। अकसर लोग एक-दूसरे पर दोषारोपण एवं शिकायतें करने में ही अपना अत्यधिक समय व्यर्थ कर देते हैं। शिकायतें समय व्यर्थ करने के साथ-साथ तनाव को भी लेकर आती हैं।*

को सुधारकर आगे बढ़ता है और अर्थ की पहली नीति को जान लेता है कि प्रत्येक कार्य की जिम्मेदारी व्यक्ति को स्वयं लेनी चाहिए। किसी और व्यक्ति पर कार्य की पूर्ण जिम्मेदारी सौंपने से वह धोखा दे सकता है। इसी तरह भाग्य व्यक्ति की मेहनत का ही दूसरा स्वरूप होता है। जितनी मेहनत और श्रम, उतना ही धन और वैभव।

अर्थ की दूसरी नीति यह है कि व्यक्ति को शिकायतें कम और कार्य अधिक करने चाहिए। अकसर लोग एक-दूसरे पर दोषारोपण एवं शिकायतें करने में ही अपना अत्यधिक समय व्यर्थ कर देते हैं। शिकायतें समय व्यर्थ करने के साथ-साथ तनाव को भी लेकर आती हैं। तनावग्रस्त मस्तिष्क खुले दिमाग से काम नहीं कर पाता और मस्तिष्क उस पैराशूट की भाँति होता है, जो खुले होने पर ही काम करता है। झगड़े, शिकायतें कई बार विकराल रूप ले लेते हैं और व्यक्ति को अत्यंत हानि का सामना करना पड़ता है।

उपरोक्त बातों से अब आप स्वयं ही अंदाजा लगा लीजिए कि अर्थार्जन के लिए व्यक्ति को 'शिकायतें छोड़, ध्यान काम की ओर मोड़ और हर बाधा को तोड़' नियम को अपना लेना चाहिए।

अर्थ की तीसरी नीति यह है कि व्यक्ति को प्रयोगशीलता करते रहना चाहिए। आधुनिक समय में तो हम लगातार यह देख रहे हैं कि नवीनीकरण में किए जानेवाले ऐसे प्रयोग, जो जनकल्याणकारी हैं, वे व्यक्ति को न केवल प्रसिद्धि प्रदान करते हैं, अपितु अर्थ अर्जित करने की अधिकतम शक्ति प्रदान करते हैं। प्रयोगशीलता के कारण ही रूथ हैंडलर ने बार्बी डॉल का निर्माण किया। अनेक व्यक्तियों ने एक गुड़िया को बाजार में उतारने के रूथ के प्रयोग का बहुत मजाक उड़ाया, लेकिन उन्होंने परवाह नहीं की। फलस्वरूप बार्बी डॉल बाजार में बेहद सफल रही। इसी के कारण मैटल अमेरिका के सबसे बड़े खिलौना उत्पादकों में एक बन गई। इतना ही नहीं, बार्बी डॉल के कारण मैटल को 'फॉर्च्यून 500' में सूचीबद्ध होने का स्वर्णिम अवसर भी प्राप्त हुआ।

ब्लूमबर्ग, हॉवर्ड शुल्टज, लैरी पेज और सर्गेइ ब्रिन अपनी प्रयोगधर्मिता के कारण ही अर्थ के साथ नाम और यश अर्जित कर पाए।

अर्थ की चौथी नीति यह है कि व्यक्ति को सदैव सकारात्मक रहना चाहिए। सकारात्मक विचार व्यक्तियों के अंदर ऊर्जा का संचार करते हैं। ऊर्जा एवं आत्मविश्वास से भरपूर व्यक्ति तमस को दूर कर दिनकर के ताप को लाने की शक्ति रखता है। भूख, दरिद्रता, झगड़े अंधकार की दशा में ही अधिक होते हैं।

> *जिस तरह से कुंदन आग में तपकर और निखर उठता है, उसी तरह सकारात्मक और ईमानदार लोग अपने आसपास संदेहास्पद और आलोचनात्मक लोगों के बीच रहकर भी जीवन मूल्यों के प्रति सच्चे रहते हैं। ऐसे लोग अधिक शक्ति और तेजी से विकास करते हैं और अर्थ को अर्जित कर लेते हैं।*

ओजस्वी व्यक्ति हर तूफान को रोकना जानता है, बड़े प्रस्तर को तोड़ना जानता है और आँधियों को चीरकर अपना मार्ग बनाना जानता है। ऐसे व्यक्ति नकारात्मक लोगों और परिस्थितियों के बीच भी सकारात्मक रहकर सचेतन रहते हैं। जिस तरह से कुंदन आग में तपकर और निखर उठता है, उसी तरह सकारात्मक और ईमानदार लोग अपने आसपास संदेहास्पद और आलोचनात्मक लोगों के बीच रहकर भी जीवन मूल्यों के प्रति सच्चे रहते हैं। ऐसे लोग अधिक शक्ति और तेजी से विकास करते हैं और अर्थ को अर्जित कर लेते हैं।

अर्थ नीतियाँ

चाणक्य शिक्षा

जिसके पास धन है, समस्त सुख उसके अधीन होते हैं। धन की शक्ति बेहद शक्तिशाली होती है। इसके प्रभाव से पराए अपने और अपने पराए बन जाते हैं, मगर धन का संचय सदैव अच्छी नीतियों के साथ ही करना चाहिए। जो धन ईमानदारी, बुद्धिमत्ता और चतुराई से अर्जित किया जाता है, उसी से व्यक्ति संवृद्धि प्राप्त करता है। चोरी, बेईमानी और गलत रणनीतियों से अर्जित किया जानेवाला अर्थ निरर्थक होता है। ऐसा अर्थ कभी भी व्यक्ति को सुकून, प्रसन्नता और सुख प्रदान नहीं करता। संपन्न एवं समृद्ध व्यक्तियों को जरूरतमंद एवं निर्धन को अर्थ दान करना चाहिए। व्यक्ति यदि अपने अर्थ से लोक कल्याणकारी कार्यों को करवाता है तो वह

अमर हो जाता है। दानवीर कर्ण, दैत्यराज बलि तथा विक्रमादित्य विश्व में इसलिए प्रसिद्ध हुए, क्योंकि उन्होंने अपने अर्थ को जरूरतमंद व्यक्तियों को प्रदान किया। राजा को देश के आर्थिक विकास के लिए ग्रामों एवं दूर-दराज के इलाकों का विकास करना चाहिए। प्राकृतिक संसाधनों का भी उचित प्रयोग करना अनिवार्य है। ये देश एवं व्यक्ति; दोनों के ही धन एवं सुख को बढ़ाते हैं।

□

चाणक्य की समृद्ध जीवनशैली

आचार्य वचन

- मनुष्य जो कर्म करता है, उसका भाग्य उसी के अनुरूप उसे फल प्रदान करता है।
- मनुष्य का व्यक्तित्व उसके संपूर्ण कृतित्व का दर्पण होता है।
- सद्भावना द्वारा मनुष्य के समस्त भय नष्ट हो जाते हैं।
- सुसंस्कृत एवं विवेकयुक्त मनुष्य विपरीत परिस्थितियों से लड़ने में सक्षम होने के कारण साहसपूर्वक विषम परिस्थितियों का सामना करते हैं।

जीवनशैली

व्यक्ति जिस परिवर्तन एवं अंदाज के साथ अपना जीवन-यापन करता है, वही उसकी जीवनशैली कहलाती है। जीवनशैली अधिकतर परिवेश एवं परिस्थितियों पर निर्भर करती है, लेकिन जीवट, सुसंस्कृत एवं विवेकयुक्त मनुष्य हर तरह की प्रतिकूल परिस्थिति से लड़ने में सक्षम होते हैं। वे प्रतिकूल परिस्थितियों के बहाव में बहते नहीं हैं, बल्कि संघर्ष करके प्रतिकूल परिस्थितियों के बहाव को दूसरी ओर मोड़ देते हैं। वहीं ढुलमुल व्यक्तित्व के लोग छोटी सी विपत्ति से घबरा जाते हैं और हथियार डालकर एक ओर बैठ जाते हैं। उन्हें समझ ही नहीं आता कि किस तरह से जीवन की नौका को पार लगाया जाए। ऐसे लोग हवा के झोंके की भाँति प्रतिकूल परिस्थितियों के बहाव में बहते चलते हैं। ऐसी स्थिति में उनकी जीवनशैली परिवेश के अनुरूप बनती जाती है, क्योंकि वे अपने मस्तिष्क का प्रयोग नहीं करते। वे इतने दृढ़निश्चय के भी नहीं होते कि इस बात को जान लें कि विपरीत परिस्थितियाँ व्यक्तियों को कुछ देर के लिए डरा सकती हैं, लेकिन मंजिल तक पहुँचने से नहीं रोक सकतीं। चाणक्य अपने शिष्यों को पाठ पढ़ाते समय अकसर व्यावहारिक

जीवनशैली के बारे में भी बताया करते थे। वे अपने शिष्यों की नींव को प्रारंभ से ही मजबूती प्रदान करने में विश्वास करते थे। एक बार दो शिष्यों को किसी काम की जिम्मेदारी प्रदान की गई। दोनों ने ही उस काम को नहीं किया। चाणक्य ने जब काम न करने का कारण पूछा तो दोनों शिष्य ही एक-दूसरे पर दोषारोपण करने लगे। यह देखकर चाणक्य अपने शिष्यों से बोले, "एक बात ध्यान रखो, जो व्यक्ति अपनी गलती को छिपाते हुए दूसरे पर दोष लगाता है, वह कभी अकेले आगे बढ़ने का साहस नहीं कर पाएगा; क्योंकि उसको सदैव किसी ऐसे व्यक्ति की तलाश रहेगी, जिस पर वह अपनी असफलता की जिम्मेदारी डाल सके।" शिष्य यह सुनकर तुरंत बोले, "नहीं-नहीं, हमें जीवन में असफल नहीं, सफल होना है।"

"ठीक है, पर इस बात के लिए सदैव स्मरण रखना कि कोई दूसरा आपको अपने लक्ष्य तक नहीं, बल्कि आप स्वयं को अपने लक्ष्य तक ले जाएँगे। इसलिए हर समय सतर्क, चुस्त और ईमानदार रहें।"

शिष्यों ने चाणक्य से कहा कि वे ऐसा ही करेंगे।

जीवन एक पाठशाला

जीवन एक पाठशाला है। जन्म से लेकर अंतिम समय तक व्यक्ति की सीखने की प्रक्रिया अनवरत चलती रहती है। जो व्यक्ति सीखने से इनकार कर देते हैं, वे ठहर जाते हैं। जिस प्रकार सरोवर में ठहरा पानी आगे नहीं बढ़ता, वह सड़कर अपने इर्द-गिर्द बदबू फैला देता है, ठीक उसी प्रकार वे व्यक्ति, जो जीवन में आगे बढ़ने की ललक नहीं रखते, कोई उद्‌देश्य अपने मन में नहीं सँजोते, वे भी सरोवर के ठहरे जल की भाँति ही होते हैं, जो एक समय के बाद अपने अस्तित्व से दूसरों के लिए परेशानी ही उत्पन्न करते हैं। जीवन चलने का नाम है। जो ठहर गया...वह मृत हो जाता है। मृत व्यक्ति अथवा वस्तु

जीवन एक पाठशाला है। जन्म से लेकर अंतिम समय तक व्यक्ति की सीखने की प्रक्रिया अनवरत चलती रहती है। जो व्यक्ति सीखने से इनकार कर देते हैं, वे ठहर जाते हैं। जिस प्रकार सरोवर में ठहरा पानी आगे नहीं बढ़ता, वह सड़कर अपने इर्द-गिर्द बदबू फैला देता है, ठीक उसी प्रकार वे व्यक्ति, जो जीवन में आगे बढ़ने की ललक नहीं रखते, कोई उद्‌देश्य अपने मन में नहीं सँजोते, वे भी सरोवर के ठहरे जल की भाँति ही होते हैं, जो एक समय के बाद अपने अस्तित्व से दूसरों के लिए परेशानी ही उत्पन्न करते हैं।

जीवन से निकल जाती है। वह व्यक्ति, वस्तु, प्राणी व जीव, जो कुछ दे नहीं सकता, कुछ कर नहीं सकता, मृत है। जॉर्डन के मृत सागर, यानी कि 'डेड सी' को मृत इसलिए कहा जाता है, क्योंकि दुनिया में 'डेड सी' का पानी सबसे खारा होता है और किसी उपयोग का नहीं होता। जीवन में जिस वस्तु अथवा प्राणी का पृथ्वी पर कोई उपयोग नहीं है, उसकी ओर कोई देखना पसंद नहीं करता। समाज का ताना-बाना और संरचना इसी प्रकार की बनी हुई है कि जो लोग निरर्थक प्रवृत्ति के होते हैं, उन्हें कोई महत्त्व नहीं देता। ऐसे व्यक्ति जीवन की पाठशाला में अनुत्तीर्ण ही रहते हैं। चाणक्य कहते हैं कि जीवन व्यक्तियों को बहुत सी बातें सिखाता है। बचपन से लेकर वृद्धावस्था तक व्यक्ति को अनेक तरह के अनुभव होते हैं। उन अनुभवों को दूसरों को बाँटना चाहिए, ताकि आनेवाली पीढ़ी लाभान्वित हो सके और एक समृद्ध जीवनशैली की ओर बढ़ सके। समृद्ध जीवनशैली की ओर बढ़ने के लिए केवल अपना नहीं, बल्कि संपूर्ण विकास अनिवार्य है।

चाणक्य के अनुभव

चाणक्य विद्वान्, अनुभवी एवं पारखी नजरों के व्यक्ति थे। उन्होंने अपने जीवन में इतने लोगों को देखा था कि वे समृद्ध जीवनशैली और अच्छे-बुरे जीवन को परिभाषित करनेवाले एक चलते-फिरते कोष बन चुके थे। प्रत्येक शिष्य और आमजन उनसे अपनी समस्याओं के समाधान पूछने आते थे। चाणक्य के समाधान इतने सटीक होते थे कि साँप भी मर जाता था और लाठी भी नहीं टूटती थी। गुरुकुल में अनेक आचार्य चाणक्य की विद्वत्ता से बेहद प्रभावित थे। एक दिन चाणक्य गुरुकुल में चिंतन, मनन में उलझे भावी पीढ़ी के अध्यापन हेतु कार्य में निरत थे। तभी एक वरिष्ठ आचार्य उनके समीप आए और बोले, "चाणक्य, किस सोच में डूबे हो?" चाणक्य बोले, "मैंने अपने जीवन में सबसे अच्छे और बुरे दौर देखे हैं। अब तो जीवन के लंबे अनुभवों ने बहुत कुछ सिखा दिया है।" वरिष्ठ आचार्य यह सुनकर बोले, "चाणक्य, जीवन नश्वर होता है। इस पृथ्वी पर मृत्यु अटल है, परंतु मुझे इस बात का भान है कि तुम जैसा व्यक्तित्व धरा पर न कभी

> *इस पृथ्वी पर मृत्यु अटल है, परंतु मुझे इस बात का भान है कि तुम जैसा व्यक्तित्व धरा पर न कभी हुआ था, न आगे होगा। तुम्हारे विशाल ज्ञान, चातुर्य, बुद्धि और जीवन की कला ने एक साधारण बालक को चंद्रगुप्त सम्राट् में परिवर्तित कर दिया।*

हुआ था, न आगे होगा। तुम्हारे विशाल ज्ञान, चातुर्य, बुद्धि और जीवन की कला ने एक साधारण बालक को चंद्रगुप्त सम्राट् में परिवर्तित कर दिया। इससे ऐसा प्रतीत होता है कि यदि आनेवाली पीढ़ियाँ तुम्हारे द्वारा दी गई शिक्षा को ग्रहण करें तो वे न केवल अपनी जीवनशैली को समृद्ध कर पाएँगी, बल्कि अपने जीवन स्तर को भी उच्च कर परिवार एवं देश का नाम रोशन करेंगी।" चाणक्य सिर उठाकर वरिष्ठ आचार्य की ओर देखकर बोले, "आप क्या कहना चाह रहे हैं?"

वरिष्ठ आचार्य बोले, "मैं यह कहना चाह रहा हूँ कि तुम अपने अनुभवों को दर्ज करो और एक ग्रंथ तैयार करो।" आचार्य की बात सुनकर चाणक्य मुसकराकर बोले, "यह तो वास्तव में आपने गूढ़ बात कही। अब तो मेरा हृदय भी ग्रंथ लिखने के लिए आकुल हो उठा है।"

"तो फिर शुभ कार्य में देर किस बात की। उठाइए कलम और हो जाइए शुरू समृद्ध जीवनशैली बनाने हेतु ग्रंथ रचने के लिए।"

इस तरह चाणक्य ने 'अर्थशास्त्र' का निर्माण किया।

'अर्थशास्त्र' आज भी न केवल राजनीति का अपितु आर्थिक, जीवन, मनन, चिंतन का सर्वश्रेष्ठ ग्रंथ है। सदियों पहले लिखा गया यह ग्रंथ आज भी उतना ही प्रासंगिक लगता है, जितना वर्षों पहले लगता था। ऐसा इसलिए है, क्योंकि चाणक्य ने इसमें जीवन की प्राकृतिक बारीकियों, मनोवृत्तियों को उजागर किया है। आधुनिक युग में मनुष्य आधुनिक शैली में अवश्य रच-बस सकता है, लेकिन अपनी मूल प्रवृत्तियों से अलग नहीं हो सकता। इसलिए 'अर्थशास्त्र' ग्रंथ प्रत्येक व्यक्ति को दिशा दिखाकर उसके जीवन को सुखी एवं समृद्ध बनाता है। चाणक्य की समृद्ध जीवनशैली पर पाश्चात्य विचारक भी सहमति देते हैं।

> ***चाणक्य विकसित जीवनशैली को महत्त्वपूर्ण मानते हैं। विकसित जीवनशैली का अभिप्राय रुपयों-पैसों से संपन्न नहीं है, बल्कि इस बात की संतुष्टि से है कि व्यक्ति स्वयं को कितना पसंद करता है।***

विकसित जीवनशैली

चाणक्य विकसित जीवनशैली को महत्त्वपूर्ण मानते हैं। विकसित जीवनशैली का अभिप्राय रुपयों-पैसों से संपन्न नहीं है, बल्कि इस बात की संतुष्टि से है कि व्यक्ति स्वयं को कितना पसंद करता है। आप अपने हृदय में इस बात का आकलन

कीजिए कि यदि आप अपने वास्तविक रूप से मिलें तो क्या खुद को पसंद करेंगे? यदि हाँ, तो इसका तात्पर्य है कि आपके अंदर विकसित जीवनशैली उत्पन्न करने के गुण हैं और उसको जीने की काबिलीयत भी। जीवन में जब एक-एक दिन जीने का आनंद हो तो वह विकसित जीवनशैली है। जो लोग जीवन भर अपनी परेशानियों का रोना रोते रहते हैं, वे न ही अपनी परेशानियों को हल कर पाते हैं और न ही सही जीवनशैली को विकसित कर पाते हैं। सही और विकसित जीवनशैली हर दरार को भर देती है, व्यक्ति को खुशहाल कर देती है।

समृद्ध जीवनशैली

चाणक्य अर्थशास्त्र एवं चाणक्य नीतियों में यह स्पष्ट करते हैं कि व्यक्तियों को केवल धनार्जन ही नहीं करना चाहिए, बल्कि यह भी जानना चाहिए कि जीना कैसे है।

कुछ लोग अपने इर्द-गिर्द बेहद खूबसूरत चीजों को देखते हैं, लेकिन इसके बावजूद वे हृदय से खुश नहीं होते, वहीं अनेक ऐसे लोग भी होते हैं, जिनके पास धन की कोई सीमा नहीं होती; लेकिन धन से परिपूरित होने के बाद भी उनके मनो-मस्तिष्क में अनेक चिंताएँ एवं बातें उमड़-घुमड़ रही होती हैं। कुछ लोग बेहद अमीर होने के बाद भी हृदय से खाली होते हैं, वहीं कुछ लोग ऐसे भी होते हैं, जिनके पास अर्थ बहुत अधिक नहीं होता, परंतु फिर भी वे एक संतुष्टि का बोध करते हुए संपन्नता के साथ जीवन-यापन करते हैं।

समृद्ध जीवनशैली का सबसे बड़ा स्रोत यह है कि व्यक्ति को संचित धन को दान द्वारा रिक्त करने रहना चाहिए। इससे एक ओर मनुष्य जहाँ लोक में यश एवं मान-सम्मान प्राप्त करते हैं, वहीं उन्हें अंतर्मन से भी समृद्धि का एहसास होता है।

व्यक्ति को अर्थ के माध्यम से ही मदद करनी चाहिए, अपितु यह किसी भी स्वरूप में हो सकती है। हाँ, जब आप मदद करें तो निस्स्वार्थ भाव से अपनी कल्पना से थोड़ी सी अधिक कर दें। आपकी कल्पना के विपरीत थोड़ी सी अधिक मदद आपको पूरा दिन समृद्धि का एहसास कराएगी।

यहाँ इसका केवल यह अर्थ नहीं है कि व्यक्ति को अर्थ के माध्यम से ही मदद करनी चाहिए, अपितु यह किसी भी स्वरूप में हो सकती है। हाँ, जब आप मदद करें तो निस्स्वार्थ भाव से अपनी

कल्पना से थोड़ी सी अधिक कर दें। आपकी कल्पना के विपरीत थोड़ी सी अधिक मदद आपको पूरा दिन समृद्धि का एहसास कराएगी।

कल्पना कीजिए, आप गाड़ी में सफर कर रहे हैं। ट्रैफिक लाइट पर गाड़ी रुक जाती है। एक चौदह-पंद्रह वर्षीय बालिका आपकी गाड़ी की ओर आती है। उसके हाथों में रंग-बिरंगे गुब्बारे हैं। वह उन्हें बेचने के लिए आपसे पूछती है। आप दस गुब्बारे ले लेते हैं और उनका दाम पूछते हैं। बालिका उत्साहपूर्वक सौ रुपए बताती है। आप अपनी जेब से एक सौ दस रुपए देकर बालिका की ओर बढ़ा देते हैं। सौ रुपए के एवज में 110 रुपए पाकर बालिका का चेहरा चमक उठता है और वह उत्साहित होकर आपका धन्यवाद करती है। ग्रीन लाइट होते ही गाड़ी आगे बढ़ जाती है, लेकिन इसके बाद आपके हृदय में भी एक आत्मसंतुष्टि, आत्मविश्वास एवं प्रसन्नता के चिह्न छलकने लगते हैं। आप स्वयं को पूरा दिन दौलतमंद, आत्मविश्वासी महसूस करते हैं। केवल 10 रुपए अधिक देने से व्यक्ति की मानसिकता में जबरदस्त उछाल आ जाता है, जो उसकी जीवनशैली को परिपक्व और सुखी-समृद्ध बनाने में मदद करता है।

समृद्ध जीवनशैली पाने के लिए ऐसा वहाँ अवश्य करना चाहिए, जहाँ व्यक्ति बेहद जरूरतमंद, नेक और मेहनती हो।

अगर व्यक्ति जीवशैली और प्रसन्नता की कला में महारत हासिल कर लेता है तो अधिक अर्थ उसकी खुशी और आंतरिक दौलत को बढ़ा देता है। उसके चेहरे पर आत्मविश्वास की गरिमा झलकने लगती है, उत्साह से चेहरे पर चमक आ जाती है। अच्छी जीवनशैली का अर्थ यह भी है कि व्यक्ति हर उत्कृष्टता को पुरस्कृत करे। जब वह हर उत्कृष्टता को पुरस्कृत करता है तो स्वयं भी बार-बार पुरस्कृत होता रहता है। ये सब बातें उसकी जीवनशैली को समृद्ध करती रहती हैं और उसे एक अच्छा एवं कामयाब जीवन प्रदान करती हैं।

उसके चेहरे पर आत्मविश्वास की गरिमा झलकने लगती है, उत्साह से चेहरे पर चमक आ जाती है। अच्छी जीवनशैली का अर्थ यह भी है कि व्यक्ति हर उत्कृष्टता को पुरस्कृत करे। जब वह हर उत्कृष्टता को पुरस्कृत करता है तो स्वयं भी बार-बार पुरस्कृत होता रहता है। ये सब बातें उसकी जीवनशैली को समृद्ध करती रहती हैं और उसे एक अच्छा एवं कामयाब जीवन प्रदान करती हैं।

समृद्ध जीवनशैली

जरूरतमंद को अपेक्षा से थोड़ा सा अधिक प्रदान करना।

चाणक्य शिक्षा

जीवन एक पाठशाला है। इसमें निरंतर व्यक्ति को प्रतिदिन कुछ-न-कुछ सीखते रहना चाहिए। जो व्यक्ति प्रतिदिन कर्म और मेहनत करता है, वह सतत सफलता की ओर अग्रसर रहता है। मानव एक सामाजिक प्राणी है। उसके अंदर भावनाएँ एवं जीवन-मूल्य विद्यमान रहते हैं। इसलिए प्रत्येक प्राणी को जरूरतमंद व्यक्तियों एवं प्राणियों की मदद अवश्य करनी चाहिए। सकारात्मक विचारों के साथ जो व्यक्ति अशक्त व्यक्तियों की मुक्त हृदय से सहायता करते हैं, वे ही समृद्ध जीवनशैली जीते हैं। समृद्ध जीवनशैली का अर्थ केवल अपने लिए ही सब सुख-सुविधाएँ जुटाना नहीं, अपितु अपने से निम्न स्तर के व्यक्तियों को सुख-सुविधाएँ प्रदान करना है, उनके मुरझाए चेहरों को पुष्प की भाँति पल्लवित करना है। जब व्यक्ति मुक्त कंठ और हृदय से अन्यों की मदद अथवा प्रशंसा करता है तो उसके अंदर आत्मविश्वास, सुकून एवं प्रसन्नता के बीज पल्लवित होने लगते हैं। ऐसे पल्लवित व्यक्तियों के पल्लव प्रत्येक व्यक्ति को मोहित करते हैं। जहाँ तक संभव हो, व्यक्तियों को निस्स्वार्थ हृदय से दूसरे व्यक्तियों की मदद करनी चाहिए। □

कवि-रवि

आचार्य वचन

- मनुष्य जैसा कर्म करता है, उसी के अनुरूप उसे अच्छे या बुरे फल की प्राप्ति होती है।
- दु:ख व क्लेशरहित सुखमय जीवन सत्कर्मों से प्राप्त होता है।
- विद्यार्जन करनेवाले मनुष्य की समस्त मनोकामनाएँ अवश्य पूर्ण होती हैं।
- बुद्धि, विवेक और गुणों से युक्त व्यक्ति कुरूप भी हो तो भी उसके मार्ग में बाधा नहीं आती।

कवि-रवि के अर्थ

चाणक्य अकसर गूढ़ शब्द और अर्थों के भेद जानते थे। वे स्वयं बहुत अच्छा लेखन कार्य करते थे। अपने जीवन में अनगिनत व्यक्तियों से मिलकर उन्हें भलीभाँति अच्छे-बुरे की पहचान हो गई थी। वे अपने शिष्यों को आपत्ति, बाधा से जूझने के लिए ऐसे तरीके बताते थे कि शिष्य चकित रह जाते थे।

एक बार चाणक्य गुरुकुल में कुछ लेखन कार्य कर रहे थे। उन्होंने शिष्यों को पाठ याद करने के लिए दिया हुआ था, साथ ही यह भी कहा हुआ था कि यदि किसी को कुछ समझ न आए अथवा कहीं पर कोई भी शंका हो तो वह तुरंत उनसे समाधान पूछ सकता है।

एक युवा शिष्य ने पाठ में कवि-रवि शब्द पढ़े। कवि के साथ रवि का क्या जोड़ ? शिष्य ने आगे पढ़ा कि 'जहाँ न पहुँचे रवि, वहाँ पहुँचे कवि।' दो-तीन बार पढ़ने पर भी शिष्य असमंजस में ही डूबा रहा। वह असमंजस में डूबा-डूबा ही आचार्य चाणक्य के समीप पहुँच गया। चाणक्य किन्हीं विचारों में डूबे शिष्य को देखकर बोले, "क्या हुआ, सब ठीक तो है ?"

शिष्य बोला, "जहाँ न पहुँचे रवि, वहाँ पहुँचे कवि। क्या वाकई कवि की दूरदृष्टि इतनी ओजस्वी होती है? कृपया बताइए।"

शिष्य की बात सुनकर चाणक्य मुसकराकर बोले, "यह तो बहुत अच्छा प्रश्न है। सभी शिष्य एकत्र हों तो मैं बताता हूँ।"

कुछ ही देर में शिष्य चाणक्य के इर्द-गिर्द एकत्र हो गए।

चाणक्य बोले, "कवि बेहद दूरदर्शी होता है। उसकी पारखी नजरें देश-दुनिया में चल रहे घटनाक्रम को पकड़ लेती हैं। कई बार तो वह परिणाम भी जान लेता है। महाभारत के समय व्यास को यह ज्ञात हो गया था कि महाभारत का युद्ध यदि छिड़ा तो सबकुछ नष्ट-भ्रष्ट हो जाएगा, समूची मानव जाति संकट में पड़ जाएगी और ऐसा वास्तव में हुआ।"

"आचार्य, भला ऐसा कैसे होता है, क्या कवि या रचनाकार के पास कोई दिव्य दृष्टि होती है?"

"ऐसा ही समझ लो। रचनाकर्म में निरत व्यक्ति के पास दिव्य और अनुपम दृष्टि होती है। यदि इसमें विद्या का मेल हो जाए तो समझो उत्कृष्टता आ जाती है। विद्या एक ऐसा अनमोल गहना है, जो व्यक्ति की दृष्टि को दूर एवं उत्कृष्ट बना देती है। हमारे पूर्वजों ने कुछ सोचकर ही यह कहा होगा कि 'जहाँ न पहुँचे रवि, वहाँ पहुँचे कवि।' "

सदियों पुरानी इस कहावत में बहुत मार्मिक और गूढ़ अर्थ छिपा है।

जहाँ अंधकार होता है, वहाँ समस्याएँ, चिंताएँ और परेशानियाँ होती हैं। दिनकर का प्रकाश अंधकार में उलझी अनेक समस्याओं के समाधान कर देता है, लेकिन जहाँ रवि न पहुँच पाए, वहाँ के अंधकार को भला कैसे और किसके द्वारा दूर किया जाए? वहाँ के अंधकार को कवि दूर करता है।

जहाँ अंधकार होता है, वहाँ समस्याएँ, चिंताएँ और परेशानियाँ होती हैं। दिनकर का प्रकाश अंधकार में उलझी अनेक समस्याओं के समाधान कर देता है, लेकिन जहाँ रवि न पहुँच पाए, वहाँ के अंधकार को भला कैसे और किसके द्वारा दूर किया जाए? वहाँ के अंधकार को कवि दूर करता है।

कबीर एवं प्रेमचंद का साहित्य आज भी नवीन प्रतीत होता है। कवि की पारखी नजरें अपनी नजरों से दूरगामी स्थितियों को भी पकड़ लेती हैं।

कवि अर्थात् = कर्म + विद्या

जो व्यक्ति अध्ययन में रत रहता है,

वह अपने संसार, अपने इतिहास और स्वयं को खोज लेता है। हाँ, अध्ययनरत व्यक्ति को लोक कल्याणकारी उद्देश्य अवश्य साथ लेकर चलना चाहिए। अध्ययन व्यक्ति के बेहतर देवदूतों को उजागर करता है। पुस्तकें मनुष्य का भविष्य बनाने में निर्णायक भूमिका निभाती हैं। ये सदैव व्यक्ति के साथ मित्र की भाँति रहती हैं और उन्हें सही दिशा का बोध कराती हैं। जो भी व्यक्ति पढ़ना जानता है, वह अपना विस्तार करने, अपनी जीवनशैली को कई तरीकों से बहुगुणित करने और अपने जीवन को पूर्ण, महत्त्वपूर्ण व रोचक बनाने की शक्ति को जानता है। अध्ययनरत व्यक्ति यदि निरंतर कर्मशील है तो सोने पर सुहागेवाली बात चरितार्थ हो जाती है। ऐसा व्यक्ति नाम, यश, धन तो अर्जित करता ही है, साथ ही अपने पीछे अनेक व्यक्तियों को प्रेरित कर देता है। कर्म और विद्या के साथ चलनेवाला व्यक्ति कई मिथकों को तोड़ता है और नए इतिहास बनाता है, सुंदर प्रतिमान रचता है।

हॉलीवुड अभिनेत्री हैडी लामारे, रिचर्ड डगलस फॉस्बरी, ओसियोला मेक्कार्टी और वॉल्टर स्कॉट ऐसे ही व्यक्तित्व हैं, जिन्होंने कवि अर्थात् कर्म और विद्या के बल पर अपने जन्म को सफल बना लिया। हॉलीवुड अभिनेत्री हैडी लामारे ने अभिनय के साथ-साथ आविष्कार की दुनिया में भी तहलका मचाकर यह साबित कर दिया कि यदि व्यक्ति में जुनून और इच्छा हो तो ग्लैमरस क्षेत्र में होने के साथ-साथ वह विद्या के बल पर आविष्कार की दुनिया में भी नए कीर्तिमान स्थापित कर सकता है। रिचर्ड डगलस फॉस्बरी ने हाई जंप के लिए अपने बनाए गए स्टेप का प्रयोग किया। उनके हाई जंप के लिए प्रयुक्त स्टेप आज इतने प्रसिद्ध हैं कि उन्हें 'फॉस्बरी स्टेप' के नाम से जाना जाता है। इसी तरह ओसियोला मेक्कार्टी परिस्थितियों के चलते पढ़ नहीं पाईं, पर उन्होंने कठिन संघर्ष करते हुए अपनी सारी बचत राशि यूनिवर्सिटी ऑफ सदर्न मिसिसिपी के अफ्रीकन-अमेरिकन विद्यार्थियों के लिए स्कॉलरशिप के रूप में दान कर दी ताकि आर्थिक रूप से कमजोर बच्चे उनके द्वारा दी गई स्कॉलरशिप से पढ़कर अपने भविष्य को उज्ज्वल बना सकें। वहीं वॉल्टर स्कॉट बचपन से ही साहित्य में रुचि रखने के कारण विश्वविख्यात साहित्यकार बने।

रिचर्ड डगलस फॉस्बरी ने हाई जंप के लिए अपने बनाए गए स्टेप का प्रयोग किया। उनके हाई जंप के लिए प्रयुक्त स्टेप आज इतने प्रसिद्ध हैं कि उन्हें 'फॉस्बरी स्टेप' के नाम से जाना जाता है।

जहाँ पर रवि न पहुँच पाए, वहाँ व्यक्ति कर्म और विद्या के संयोग से हर समस्या पर विजय पाकर स्वयं रवि-सा चमक उठता है। जब व्यक्ति के व्यक्तित्व में रवि-सी चमक उत्पन्न हो जाती है तो फिर उसके सामने कोई अंधकार टिक ही नहीं सकता। रवि भी अपने अंदर एक गहन अर्थ समाए है।

रवि अर्थात् = रच + विपत्ति

रवि का अर्थ होता है—दिनकर, सूरज, भास्कर, मार्तंडेय। जब सूर्य की किरणें हलके-हलके, सुबह-सवेरे पर्वतों के बीच में से निकलती हैं तो अंधकार नष्ट हो जाता है। प्रकाश और रोशनी की चाहे एक छोटी सी किरण ही क्यों न हो, किंतु वह घोर तमस में उजास भर देती है। यह सर्वविदित है कि जब सूर्य निकलता है तो अंधकार ढलता है। रवि का गूढ़ है रच + विपत्ति।

पृथ्वी पर लोग दिन-प्रतिदिन प्रगति अवश्य कर रहे हैं, लेकिन आज भी कुछ बातें और परंपराएँ ऐसी हैं, जो कि लीक पर चली आ रही हैं। लोग उस लीक से हटकर देखते ही नहीं हैं और जो देखते हैं, वे अपने संपूर्ण जीवन को शुचित प्रकाश से रोशन कर लेते हैं।

एक मनोवैज्ञानिक धारणा बनी हुई है कि विपत्ति व्यक्तियों को परेशान करती है, उनके जीवन को अस्त-व्यस्त कर देती है। मार्ग को ऊबड़-खाबड़ व पथरीला बना देती है, जबकि यह केवल एक भ्रम है। इस भ्रम की आड़ में कनक-सी चमक और अपरिमित सफलता प्रच्छन्न है। अनेक दार्शनिक इस बात से सहमति जताते हैं और यह मानते हैं कि हर विपत्ति में महान् अवसर छिपे होते हैं और विपत्तियाँ व्यक्ति के सर्वश्रेष्ठ प्रदर्शन करने का एक निर्णायक बिंदु साबित होती हैं। इसलिए समस्याओं और बाधाओं से टकराने के लिए तैयार रहें। प्रसिद्ध शोध वैज्ञानिक चार्ल्स एफ. केटरिंग उच्च कोटि के दार्शनिक एवं आविष्कारक थे। वे लोगों से कहते थे कि उनके पास अधिक-से-अधिक समस्याएँ लाई जाएँ, क्योंकि समस्याएँ उन्हें निरंतर शक्तिशाली बनाती हैं और उनके मस्तिष्क की उर्वरा शक्ति को अधिक ताकतवर बना देती हैं।

> *प्रसिद्ध शोध वैज्ञानिक चार्ल्स एफ. केटरिंग उच्च कोटि के दार्शनिक एवं आविष्कारक थे। वे लोगों से कहते थे कि उनके पास अधिक-से-अधिक समस्याएँ लाई जाएँ, क्योंकि समस्याएँ उन्हें निरंतर शक्तिशाली बनाती हैं और उनके मस्तिष्क की उर्वरा शक्ति को अधिक ताकतवर बना देती हैं।*

इसलिए सूरज अपने एक और नाम

रवि के माध्यम से लोगों को यह संदेश देता है कि रचो विपत्ति (रच + विपत्ति) और तीव्र करो मति। मति, यानी कि बुद्धि तभी चमकती है, जब व्यक्ति बाधाओं से लड़ने के लिए सोचता है। जब वह सोचता है तो उसकी कल्पनाशीलता उच्च ताप पर पहुँच जाती है और उसे नवीनीकरण के मार्ग पर ले आती है। इसलिए रवि-कवि पर ध्यान दीजिए और परिशोधन के लिए नित नूतन नवीन मार्ग तैयार कीजिए। ऐसा करके ही व्यक्ति को आत्मतुष्टता का बोध हो सकता है।

अगर आपके अंदर रवि का बोध है, अर्थात् आप रची गई विपत्तियों से मार्ग खोजना जानते हैं तो बहुत अच्छी बात है; लेकिन यदि ऐसा नहीं है तो भी घबराइए मत, कवि को अपने साथ ले आइए, अर्थात् विद्या का मनन से अध्ययन करिए, कर्म पथ पर चलिए। ऐसा करके आप रवि और कवि, दोनों बन जाएँगे और ज्ञान के बल पर हर विपत्ति से मुक्ति पाएँगे।

चाणक्य का अर्थशास्त्र आज केवल नेताओं को ही नहीं, अपितु एक आम व्यक्ति को भी दिशा बोध देता है और उन्हें बताता है कि बड़ी-से-बड़ी विपत्ति महान् अवसरों की प्रेरक होती है। विद्या और सकारात्मक ज्ञान व्यक्ति को कभी हारने नहीं देता, न ही उसके मनोबल को गिरने देता है। इसलिए चाणक्य नीति के साथ-साथ, रवि-कवि को याद रखिए और अनवरत मार्ग पर बढ़ते चलिए।

विपत्तियों से अवसर निर्मित किए

चाणक्य अद्भुत थे। उनकी बुद्धि की कोई सीमा नहीं थी। उन्होंने विपत्तियों भरा जीवन देखा था। अपने पिता की मृत्यु देखी थी और पाटलिपुत्र में धनानंद के अनैतिक एवं क्रूर अत्याचारों को भी देखा था। अनेक महाविपत्तियों को देखकर उन्होंने उनमें नए अवसर और नए मार्ग खोजने आरंभ कर दिए थे। वे स्वयं सम्राट् नहीं बन सकते थे। हालाँकि उनकी कुंडली में यशस्वी चक्रवर्ती सम्राट् के योग थे, परंतु माँ के प्रेमवश उन्होंने अपने उन दाँतों को ही तोड़ दिया था, जो चक्रवर्ती सम्राट् के चिह्न प्रदर्शित करते थे।

चाणक्य के पिता भी एक शिक्षक थे और नंद के अत्याचारों का विरोध करने के कारण ही उन्हें दर्दनाक मृत्यु मिली थी। पिता की दर्दनाक मृत्यु ने चाणक्य को एक ऐसे व्यक्ति को खोजने पर विवश कर दिया था, जो अद्भुत हो और अपने व्यक्तित्व से पूरे भारत को अमर कर दे। उन्होंने चंद्रगुप्त को तलाश कर उसे सम्राट् बनाकर नंद के विरुद्ध खड़ा किया और उसके वंश को जड़ समेत

> *जीवन है, तभी बाधा है। इसलिए हर बाधा और विपत्ति को एक महान् चुनौती मानकर उसका सामना करो। यदि सकारात्मक विचार, ज्ञान, विवेक और साहस साथ हों तो व्यक्ति हर विपत्ति को चीरकर बाहर निकलकर आता है। विपत्ति को चीरनेवाले व्यक्तियों का व्यक्तित्व ही ख्याति के रूप में जगमगाता है।*

नष्ट कर दिया। फलस्वरूप वे चक्रवर्ती सम्राट् निर्माता कहलाए। उनके नीतिशास्त्र और नीतियों पर अनेक सम्राट् समर्पित हो गए। चाणक्य का अर्थशास्त्र आज केवल नेताओं को ही नहीं, अपितु एक आम व्यक्ति को भी दिशा बोध देता है और उन्हें बताता है कि बड़ी-से-बड़ी विपत्ति महान् अवसरों की प्रेरक होती है। विद्या और सकारात्मक ज्ञान व्यक्ति को कभी हारने नहीं देता, न ही उसके मनोबल को गिरने देता है। इसलिए चाणक्य नीति के साथ-साथ, रवि-कवि को याद रखिए और अनवरत मार्ग पर बढ़ते चलिए।

संकल्प करें, रवि-कवि की सिद्धि करें

चाणक्य कहते हैं कि व्यक्ति अपनी सुविधानुसार अपने इर्द-गिर्द के परिवेश को देखकर संकल्प करे और आगे बढ़े तो वह मनचाही सफलता प्राप्त कर सकता है। रवि का अर्थ, जहाँ रच + विपत्ति हुआ, वहीं कवि का अर्थ व्यक्ति अपनी सुविधा के अनुसार कल + विजेता भी कर सकता है। जो व्यक्ति विपत्ति के आगे घुटने नहीं टेकता, वह कल अवश्य विजेता बनकर उभरता है। दृढ़ संकल्प के सामने हर आपदा, विपदा पराजित हो जाती है।

कवि

रवि

आचार्य शिक्षा

बुद्धिमान और विवेकशील व्यक्ति एकाग्रचित्त होकर अपनी इंद्रियों को नियंत्रित करना जानता है। वह इस बात से परिचित होता है कि विपत्तियाँ, बाधाएँ और समस्या सदैव नए और महान् अवसरों का रूप लेकर आती हैं। इसलिए वह

छोटी–मोटी समस्या का स्वागत करता है और बड़ी समस्या का और भी दोगुने अंदाज में स्वागत करके उससे दो–दो हाथ करने के लिए तैयार हो जाता है। विपत्तियाँ एक तरह से प्रगति की गति बताती हैं। यदि समस्याएँ और बाधाएँ मार्ग में नहीं आ रहीं तो यह परेशानी का विषय है, क्योंकि समस्याओं और बाधाओं का सामना केवल एक ही स्थान पर व्यक्ति को नहीं करना होता। वह स्थान कब्रिस्तान अथवा श्मशान घाट है। वहाँ पर मृत व्यक्ति दफन हैं। मृत व्यक्तियों के सामने कोई बाधा नहीं होती। जीवन है, तभी बाधा है। इसलिए हर बाधा और विपत्ति को एक महान् चुनौती मानकर उसका सामना करो। यदि सकारात्मक विचार, ज्ञान, विवेक और साहस साथ हों तो व्यक्ति हर विपत्ति को चीरकर बाहर निकलकर आता है। विपत्ति को चीरनेवाले व्यक्तियों का व्यक्तित्व ही ख्याति के रूप में जगमगाता है।

□

गहरी मित्रता के सूत्र और रूप

आचार्य वचन

- दो व्यक्तियों की मित्रता तभी स्थायी रह सकती है, जब उनके मन-से-मन, गूढ़ बातों से गूढ़ बातें तथा बुद्धि-से-बुद्धि मिल जाती है।
- विश्वसनीय व्यक्ति ही सच्चा मित्र होता है।
- जो मनुष्य कोई रिश्ता न होने पर भी मैत्रीपूर्ण व्यवहार करे, उसी को अपना सच्चा मित्र, बंधु, आधार और आश्रय मानना चाहिए।
- सुख या दुःख, दोनों परिस्थितियों में साथ देनेवाला मनुष्य ही सच्चा मित्र कहलाता है।

मित्रता क्या है

चाणक्य ने मित्रों को जहाँ जीवन के लिए अनिवार्य बताया है, वहीं उनका यह भी कहना है कि मित्र बनाते समय, उनसे अपने गुप्त राज बाँटते समय बेहद सतर्क रहना चाहिए। किसी से जान-पहचान होना ही मात्र मित्रता नहीं होती। आजकल तो फेसबुक, व्हाट्सएप, इंस्टाग्राम, ट्विटर और सोशल मीडिया पर सरलता से जान-पहचान हो जाती है। लोग इस जान-पहचान को मित्रता का नाम दे देते हैं। केवल जान-पहचान होना मित्रता नहीं है। मित्रता तो जीवन का एक ऐसा खूबसूरत संबंध है, जो व्यक्ति के हृदय में अन्य सभी प्रेम को उत्पन्न करने की शक्ति रखता है। प्रभु यीशु ने संबंधों को बहुत महत्त्व दिया था। उनके उपदेशों में भी ऐसी बातें सुनने और जानने को मिलती हैं, जिसमें उन्होंने मित्रता पर बल दिया है। उनका मानना था कि जब लोग शुचित हृदय से मित्र बनते हैं तो उनके अंदर प्रेम की भावनाएँ स्वतः ही आलोड़ित होने लगती हैं। जब व्यक्ति के हृदय में प्रेम उत्पन्न हो जाता है तो उनके अंदर से अनेक बुरी बातें दूर होने लगती हैं। मित्रता में लोग एक-दूसरे से अपने

विचार बाँटते हैं और अपने मन की उलझनों को सुलझाते हैं। मित्रता का संबंध सबसे अनूठा, अद्भुत और मोहक होता है। मित्रता का रिश्ता एक ऐसा रिश्ता है, जो न ही रक्त के रिश्तों से जुड़ा होता है, न ही संबंध के, यह तो हृदय से जुड़ा रिश्ता है। मित्र व्यक्ति स्वच्छंद होकर चुनता है। मित्र में लिंग, आयु, धर्म, वर्ण किसी का कोई भेद नहीं होता।

पौराणिक काल से ही कृष्ण और सुदामा की मित्रता न केवल मित्रों के लिए अपितु पूरे विश्व के लिए एक मिसाल बनी हुई है। कृष्ण ने अपने निर्धन मित्र सुदामा के सामने स्वयं को कभी भी सम्राट् की तरह प्रस्तुत नहीं किया। वे सुदामा में सदैव बचपन की झलक और शरारतें देखते रहे।

चाणक्य का मानना था कि विश्वसनीय व्यक्ति ही सच्चा मित्र होता है।

पौराणिक काल से ही कृष्ण और सुदामा की मित्रता न केवल मित्रों के लिए अपितु पूरे विश्व के लिए एक मिसाल बनी हुई है। कृष्ण ने अपने निर्धन मित्र सुदामा के सामने स्वयं को कभी भी सम्राट् की तरह प्रस्तुत नहीं किया। वे सुदामा में सदैव बचपन की झलक और शरारतें देखते रहे।

चाणक्य का मानना था कि विश्वसनीय व्यक्ति ही सच्चा मित्र होता है।

गहरी मित्रता के सूत्र

समाज लोगों से मिलकर बनता है। व्यक्ति को जीवन-यापन करने के लिए एक-दूसरे पर निर्भर रहना ही पड़ता है। व्यक्ति को मुसीबत में या आवश्यकता पड़ने पर सबसे अधिक मदद सच्चे मित्र से ही मिलती है।

1. **मित्रों की बुद्धि एवं मन-से-मन का मिलना :** चाणक्य कहते हैं कि दो व्यक्तियों की मित्रता तभी स्थायी रह सकती है, जब उनके मन-से-मन, गूढ़ बातों से गूढ़ बातें तथा बुद्धि-से-बुद्धि मिल जाती है। गहन मित्रों में अकसर ऐसा होता है कि उन्हें एक-दूसरे के दुःख-दर्द अथवा प्रसन्नता को जानने के लिए शब्दों की आवश्यकता नहीं पड़ती। वे हावों-भावों और संकेतों से ही सबकुछ समझ जाते हैं। मित्रता को स्थायी बनाने के लिए यह अनिवार्य है कि मित्र एक-दूसरे की संवेदनाओं को समझें, उनके प्रति ईमानदार रहें।
2. **निष्ठा एवं ईमानदारी से मैत्रीपूर्ण व्यवहार करना :** एक सच्चा मित्र

वही होता है, जो सदैव मित्र की प्रगति, सुख, स्वास्थ्य एवं शांति की कामना करता है। चाणक्य कहते हैं कि जो मनुष्य कोई रिश्ता न होने पर भी मैत्रीपूर्ण व्यवहार करता है, वही सच्चा मित्र, बंधु, आधार और आश्रय होता है। सफल मित्र अपने प्रिय का साथ देता है और सदैव उसके विकास में अपना संपूर्ण योगदान देता है। मित्रता में संबंध महत्त्वपूर्ण नहीं होता। व्यक्ति बिना किसी रिश्ते के मित्र से इतना जुड़ जाता है कि उसके बिना अपने जीवन की कल्पना भी नहीं करता। मित्रता में आयु, लिंग एवं धर्म का कोई भेद नहीं होता। इतना ही नहीं, वह अपने मित्र पर अपना संपूर्ण जीवन भी लगा देता है।

कोई रिश्ता न होने पर भी अद्‍भुत मित्रता का एक अनूठा संगम, कलयुग में भी प्रगाढ़ मित्रता के कई उदाहरण देखने को मिलते हैं।

वर्ष 1887 में वसंत ऋतु का मौसम था। प्रकृति खिली हुई थी। अमलतास, पलाश, गुलमोहर, गुलाब, गुलदाऊदी, जेनिया, डहेलिया, साल्विया और अनगिनत पुष्प अपने यौवन पर मुसकराकर अठखेलियाँ कर रहे थे। पेड़ हरे-पीले रंगों की पगड़ियाँ पहने झूम रहे थे और हर आगंतुक का स्वागत कर रहे थे। तभी एक 20 वर्ष की युवती का अलबामा में आगमन हुआ। वह एक नेत्रहीन एवं बहरी बच्ची की शिक्षिका बनने के लिए वहाँ आई थी। नाम था एनी सुलिवन और नेत्रहीन व बहरी बच्ची थी—हेलेन केलर। इन दोनों में प्रारंभ में कोई रिश्ता न था, लेकिन धीरे-धीरे दोनों एक-दूसरे के इतने करीब आईं कि इन्होंने इतिहास बदलकर रख दिया। इन दोनों की मित्रता सदी का सबसे अनुपम उदाहरण बन गई।

हेलेन केलर मात्र जब डेढ़ साल की थी, तभी वह तेज ज्वर से पीड़ित हो गईं। इस बुखार में उनके देखने, सुनने और बोलने की शक्ति चली गई। सात वर्ष की उम्र तक वे कुछ भी नहीं बोल पाती थीं। आवेश में क्रोधित होने पर वे सामान को इधर-उधर फेंक देती थीं और स्वयं भी चीख-चिल्लाकर रोने लगती थीं।

हेलेन केलर मात्र जब डेढ़ साल की थी, तभी वह तेज ज्वर से पीड़ित हो गईं। इस बुखार में उनके देखने, सुनने और बोलने की शक्ति चली गई। सात वर्ष की उम्र तक वे कुछ भी नहीं बोल पाती थीं। आवेश में क्रोधित होने पर वे सामान को इधर-उधर फेंक देती थीं और स्वयं भी चीख-चिल्लाकर रोने लगती थीं। मासूम हेलेन

की ऐसी हरकतें देखकर लोग उनकी माँ से कहते थे कि "आपने एक बुद्धिहीन एवं नकारा बच्ची को जन्म दिया है। इसका आनेवाला जीवन अत्यंत कष्टप्रद रहनेवाला है।" बेटी के बारे में ऐसी बातें सुनकर माँ का हृदय कंपन करने लगता था। ऐसे ही समय में एनी सुलिवन शीतल समीर बनकर उन दोनों के जीवन में आई। कई सप्ताह तक ऐलन ने हेलेन के नन्हे-नन्हे हाथों को अपने हाथों में लेकर उनसे लिखने का प्रयास कराया, लेकिन हेलेन की संवेदनशीलता, चेतना एवं बुद्धि के पट बंद रहे। दिनांक 5 अप्रैल को हेलेन केलर के जीवन में एक अद्‍भुत बात हुई। हेलेन केलर ने 60 सालों बाद भी उस अद्‍भुत बात को याद रखा। उन्होंने शब्दशः अपने लेखन में इस बात को कुछ यों उतारा—

हेलेन की शिक्षिका एनी सुलिवन ने अपने जीवन का अधिकतम हिस्सा हेलेन केलर को पूरी तरह से समर्पित कर दिया था। हेलेन जब इतनी समझदार हो गई कि उसे लगने लगा, वह कॉलेज में पढ़ सकती है तो उसने एनी को अपनी यह इच्छा बताई। इस इच्छा को सुनकर एनी के हृदय में हेलेन के विकास की नई कोंपलें फूटने लगीं।

यह कुएँ के पास हुआ, जहाँ मैं हाथ में मग पकड़े हुए खड़ी थी। एनी उसमें पानी डाल रही थी और जब पानी मेरे हाथ पर गिरा तो वह मेरे दूसरे हाथ में अपनी अंगुलियों से लिख रही थी पा··नी। अचानक मैं समझ गई। मेरी संवेदनाओं के तंतुओं में हरकत हुई, मस्तिष्क में हलचल मची। यह मेरे जीवन की पहली खुशी थी। मैंने उत्साह से एनी का हाथ पकड़ लिया और उससे दूसरे नए-नए शब्द सिखाने का आग्रह किया, जिनका संबंध मेरे द्वारा छुए जानेवाली वस्तुओं से हो। इस हाथ से उस हाथ तक अर्थ की चिनगारी दौड़ती रही और मैं शब्दों का अर्थ समझने के काबिल हो गई। उस कुएँ से उस दिन दो खुश लोग आए, जो एक-दूसरे को हेलेन और शिक्षिका कह रहे थे।

हेलेन की शिक्षिका एनी सुलिवन ने अपने जीवन का अधिकतम हिस्सा हेलेन केलर को पूरी तरह से समर्पित कर दिया था। हेलेन जब इतनी समझदार हो गई कि उसे लगने लगा, वह कॉलेज में पढ़ सकती है तो उसने एनी को अपनी यह इच्छा बताई। इस इच्छा को सुनकर एनी के हृदय में हेलेन के विकास की नई कोंपलें फूटने लगीं। वह हर कक्षा में उसके पास बैठी रहती और कक्षा में बताए जानेवाले लेक्चर को हेलेन के हाथ पर लिखती रहती। जो पुस्तकें ब्रेल लिपि में उपलब्ध नहीं थीं, उन्हें हेलेन को समझाने के लिए एनी दिन-रात एक कर देती थी। एनी

सुलिवन को यह ज्ञात हो गया था कि नेत्रहीन एवं बहरी होने के बावजूद हेलेन बेहद प्रतिभाशाली थी। उसके अंदर नित ही नया सीखने की ललक उठती थी।

जब हेलेन 10 साल की हुई तो उसने एनी के व स्वयं के अथक प्रयासों से अंग्रेजी, लैटिन, ग्रीक, फ्रेंच और जर्मन भाषाओं में विशेषज्ञता हासिल कर ली। उसकी बुद्धि का स्तर इतना उच्च था कि उसने अपनी शिक्षिका को पीछे छोड़ दिया।

पर हेलेन की विश्व प्रसिद्ध ख्याति से हेलेन से अधिक खुशी एनी को हुई, क्योंकि वे उसकी सच्ची मित्र थीं। वे उसकी ऐसी मित्र थीं, जो उसके जीवन को सफलता के उच्चतम बिंदु पर देखना चाहती थीं। उस उच्चतम बिंदु तक पहुँचाने के लिए उन्होंने अपना संपूर्ण जीवन समर्पित कर दिया। आज इतिहास एनी और हेलेन को शिष्या व शिक्षिका के साथ ऐसे मित्रों के रूप में भी स्मरण करता है, जिन्होंने कोई रिश्ता न होने पर मित्रता का एक अद्‌भुत संगम विश्व के समक्ष पेश किया।

3. **मित्रों का हर स्थिति में आदर करना :** गहरी मित्रता का सूत्र यह है कि अपने मित्र का हर स्थिति में आदर करें। चाणक्य कहते हैं कि "चाहे मित्र के पास धन हो अथवा न हो तथा उनसे कोई स्वार्थ न होने पर भी वक्त जरूरत पर उनकी सहायता करनी चाहिए।" जिस मित्रता में स्वार्थ के चिह्न नजर आएँ, वह मित्रता नहीं होती। छल-कपट की आड़ में की गई मित्रता अधिक नहीं टिकती। मित्रता के लिए निष्कपट होना जरूरी है। चाणक्य कहते हैं कि जो मित्र अविश्वासी, कपटी और दुष्ट हो, उसकी मित्रता की अपेक्षा मित्रहीन रहना अधिक उचित है।

मित्रता के सूत्र

मित्रों का बुद्धि एवं मन-से-मन का मिलना

निष्ठा एवं ईमानदारी से मैत्रीपूर्ण व्यवहार करना

मित्रों का हर स्थिति में आदर करना

मित्र कौन है

आज हर व्यक्ति अपनी प्रगति चाहता है। अपने कार्य के लिए लोग एक-दूसरे

का सहयोग लेते हैं। कई लोग स्वार्थलिप्सा के चलते मित्रता का ढोंग करते हैं और अपना काम पूरा होते ही पलटकर भी नहीं देखते। चाणक्य कहते हैं कि आप जिसे मित्र बनाएँ, उसे देख-परख लें। एक सच्चा और अच्छा मित्र वही होता है, जो सदैव मित्र के सुख और स्वास्थ्य की कामना करता है। वह अपने मित्र पर भरोसा करता है। सब लोग साथ छोड़ दें, लेकिन बुरे वक्त में वह उसके साथ बना रहता है। सच्चा मित्र प्रशंसा सबके समक्ष और आलोचना अकेले में करता है।

आज हर व्यक्ति अपनी प्रगति चाहता है। अपने कार्य के लिए लोग एक-दूसरे का सहयोग लेते हैं। कई लोग स्वार्थलिप्सा के चलते मित्रता का ढोंग करते हैं और अपना काम पूरा होते ही पलटकर भी नहीं देखते। चाणक्य कहते हैं कि आप जिसे मित्र बनाएँ, उसे देख-परख लें। एक सच्चा और अच्छा मित्र वही होता है, जो सदैव मित्र के सुख और स्वास्थ्य की कामना करता है।

ऐसे लोगों की मित्रता से बचें

चाणक्य सुख-दुःख में साथ निभानेवाले व्यक्ति को सच्चे मित्र की संज्ञा देते हैं, वहीं अपने जीवन के अनुभवों को देखकर वे ये कहना भी नहीं भूलते कि प्रत्येक व्यक्ति को मित्र सोच-समझकर बनाने चाहिए और ऐसे लोगों को मित्र बनाने से बचना चाहिए—

- जो बात-बात में क्रोधित हो जाते हों।
- जो चंचल व अस्थिर स्वभाव के हों।
- जो मुख पर प्रशंसा करनेवाले तथा पीठ पीछे निंदा करते हों।
- जो निकृष्ट हों।
- जो अविश्वासी, कपटी और दुष्ट हों।
- जो धोखेबाज और विश्वासघात करनेवाले हों।
- जो बुजुर्गों और बड़ों का सम्मान न करें।

मित्रता के रूप

चाणक्य ने सदियों पहले मित्र के अनेक स्वरूप बताए थे कि विभिन्न परिस्थितियों में व्यक्ति के मित्र केवल व्यक्ति ही नहीं, अपितु वस्तुएँ एवं अन्य प्राणी भी हो सकते हैं।

1. **व्याधि से ग्रस्त व्यक्ति के लिए मित्र औषधि :** वह व्यक्ति, जो व्याधि से ग्रस्त है और पीड़ा से परेशान है, उसके लिए उसकी सच्ची मित्र औषधि है। बिना औषधि के उसकी पीड़ा का निदान नहीं हो सकता। ऐसे समय में सच्चा मित्र भी लाचार रहता है। व्याधि के समय किसी भी व्यक्ति की सच्ची और खरी मित्र ही औषधि होती है। उसका सेवन करने के पश्चात् ही रोग से निजात प्राप्त करता है।
2. **वृद्धावस्था में धन भी मित्र :** व्यक्ति की सबसे अधिक दुर्गति वृद्धावस्था में होती है। वर्तमान समय में तो बच्चे बड़े होने पर अपने-अपने कार्य व्यापार में व्यस्त हो जाते हैं। ऐसे में अकसर वृद्ध माता-पिता पर मुसीबतों का पहाड़ टूटने लगता है। वे अपने बच्चों को हर सुख प्रदान करते हैं कि उनके बच्चे वृद्धावस्था में उनका सहारा बनेंगे, लेकिन बच्चे अपने में मगन हो जाते हैं। ऐसे में वृद्धावस्था में धन ही उनका सहारा और मित्र बनता है। धन के सहारे वृद्ध व्यक्ति अपनी अनेक इच्छाओं को पूर्ण कर सकते हैं।
3. **पुस्तक है मित्र :** चाणक्य पुस्तक को भी एक अच्छे और सच्चे मित्र के रूप में देखते हैं। वे कहते हैं कि "विद्या सभी मनोरथ पूर्ण करनेवाली कामधेनु गाय है।" इसलिए विद्यार्थियों को पुस्तकों का अध्ययन करना चाहिए। केवल विद्यार्थियों को ही नहीं, अपितु आम जनों को भी नियमित पुस्तकों का अध्ययन करना चाहिए। श्रेष्ठ पुस्तकें सर्वोत्तम मित्र होती हैं। जो व्यक्ति पुस्तकों को अपना मित्र बनाते हैं, वे जीवन में सदैव प्रगति करते हैं और विपरीत परिस्थितियों में भी चलते रहते हैं।
4. **पशु मित्र :** 84 लाख योनियों में सर्वश्रेष्ठ जीवन मनुष्य का होता है, क्योंकि उसके अंदर सोचने-समझने की शक्ति होती है। व्यक्ति अपनी बुद्धिमत्ता से असंभव को संभव कर सकता है, प्रतिकूलता को अनुकूलता में बदल सकता है और अपने दिमाग से नवसृजन कर विश्व का कल्याण कर सकता है। सामाजिक प्राणी होने के कारण व्यक्ति का अकेले निवास करना असंभव है। कुछ लोग जीवन में मनुष्य के नकारात्मक व्यवहार से इतने आहत हो जाते हैं कि वे मनुष्य पर सहजता से विश्वास करने को तैयार नहीं होते। कुछ लोग तो मनुष्यों के नकारात्मक व्यवहार, सामाजिक व्यंग्य-बाण से इतने तनावग्रस्त हो जाते हैं कि वे अपने जीवन को ही

समाप्त कर लेते हैं। उन्हें लगता है कि अकेले रहना असंभव है और मनुष्यों के साथ मित्रता भी संभव नहीं। ऐसे में एक और विकल्प है। केवल मित्र मनुष्य ही क्यों, पशु भी श्रेष्ठ मित्र हो सकता है। पुस्तकें, धन और औषधि में भावनाएँ नहीं होतीं; लेकिन पशु में भावनाएँ भी होती हैं, आँसू भी होते हैं और सोचने-समझने की शक्ति भी होती है। पशुओं में गाय, बैल, श्वान, अश्व, गर्दभ ऐसे हैं, जो मनुष्य के न केवल अच्छे मित्र सिद्ध होते हैं, अपितु विश्वासपात्र भी होते हैं। साहित्य में अनेक ऐसी कहानियाँ हैं, जो बताती हैं कि पशुओं ने मित्रता का अनुपम स्वरूप प्रस्तुत किया है। संग्राम में भी रानी लक्ष्मीबाई एवं महाराणा प्रताप के अश्वों ने अनुपम मित्रता के उदाहरण प्रस्तुत किए।

> ***84 लाख योनियों में सर्वश्रेष्ठ जीवन मनुष्य का होता है, क्योंकि उसके अंदर सोचने-समझने की शक्ति होती है। व्यक्ति अपनी बुद्धिमत्ता से असंभव को संभव कर सकता है, प्रतिकूलता को अनुकूलता में बदल सकता है और अपने दिमाग से नवसृजन कर विश्व का कल्याण कर सकता है। सामाजिक प्राणी होने के कारण व्यक्ति का अकेले निवास करना असंभव है।***

मित्रता के स्वरूप मनुष्य अपनी अनुकूलता के अनुसार चुन सकता है। उन्हीं के साथ वह आगे बढ़ सकता है और सफलता प्राप्त कर सकता है।

मित्र के रूप

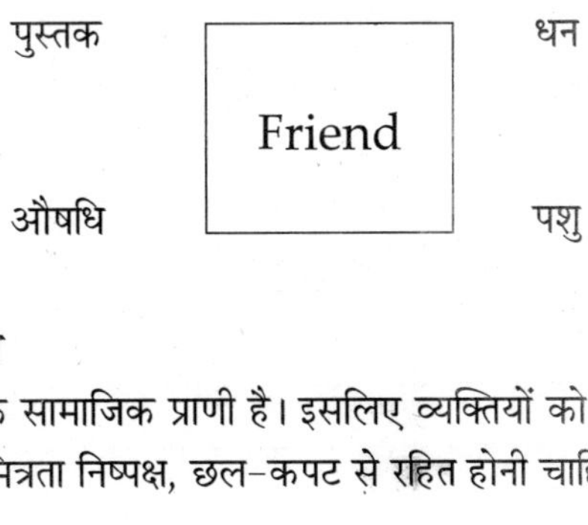

आचार्य शिक्षा

मनुष्य एक सामाजिक प्राणी है। इसलिए व्यक्तियों को अपने मित्रों की मदद करनी चाहिए। मित्रता निष्पक्ष, छल-कपट से रहित होनी चाहिए। मित्र साम्राज्य को

शक्तिशाली बनाने में भी महत्त्वपूर्ण भूमिका निभाते हैं। शक्तिशाली नृप को कमजोर शासक की पूर्ण निष्ठा एवं समर्पण भाव से मदद करनी चाहिए, ताकि आपदा एवं प्रतिकूल परिस्थितियों में उसे भी सच्चे समर्पण के साथ मदद मिल सके। विश्वसनीय व्यक्ति ही अनुकूल एवं श्रेष्ठ मित्र होता है। मित्रता में कोई संबंध न होने पर भी ऐसे मापदंड स्थापित किए जा सकते हैं, जो सदियों तक याद किए जाते हैं।

□

गुरु की सीख

आचार्य वचन

- गुरु का ऋण संसार की बहुमूल्य वस्तु देकर भी नहीं चुकाया जा सकता।
- मनुष्य को ब्रह्म-शक्ति, आत्मा-परमात्मा के गूढ़ रहस्य और तत्त्वज्ञान का बोध गुरु द्वारा ही होता है।
- गुरु बिना ज्ञान संभव नहीं है।

कौन है गुरु

गुरु ज्ञान है। जो ज्ञान प्रदान करता है, वह गुरु होता है। मुख्यत: शिक्षक, आचार्य, कुलगुरु, दीक्षा गुरु व्यक्ति को ज्ञान प्रदान करते हैं। भारत में गुरुओं का एक लंबा इतिहास रहा है, जिनमें स्वामी गौतम बुद्ध, रामकृष्ण परमहंस, नानक देव, महर्षि रमण, स्वामी समर्थ, स्वामी विवेकानंद एवं चाणक्य आदि प्रमुख हैं। महान् कवि कबीर ने भी गुरु को प्रमुखता देते हुए कहा था—

गुरु गोबिंद दोऊ खड़े, काके लागूँ पाय।
बलिहारी गुरु आपने जिन गोबिंद दियो बताय।

अर्थात् यदि गुरु और ईश्वर दोनों एक साथ खड़े हों तो ऐसी स्थिति में गुरु के आगे नतमस्तक हो जाना चाहिए, क्योंकि गुरु ही है, जो व्यक्ति को ईश्वर के साथ-साथ हर बात का ज्ञान कराता है। एक अच्छा और सच्चा गुरु सदैव अपने शिष्य की उन्नति देखता है। वह उसके गुणों को उभारता है, ताकि शिष्य अपने गुणों को उभारकर अर्थ एवं यश अर्जित कर सके। इतना ही नहीं, एक अच्छा गुरु योग्य शिष्य को तलाश करता है और फिर उसके अंदर गुणों का संचार करता है। कृष्ण बेशक महाभारत के रण में अर्जुन के सारथी थे, लेकिन अर्जुन के भावुक होने पर उन्होंने उन्हें गुरु का ज्ञान दिया। वही ज्ञान 'गीता सार' कहलाया। जब भी किसी

व्यक्ति के जीवन में कृष्ण सरीखे गुरु का आगमन होता है तो वहाँ सदैव नैतिकता, शुचिता, ज्ञान व यथार्थवाद आ जाता है और दुष्टता व अनैतिकता का पतन होता है।

गुरु चाणक्य ने अनैतिकता व दुष्टता का पतन किया

चाणक्य के काल में मगध सबसे विशाल भारतीय राज्य था। उस समय वहाँ पर नंद वंश के नवें राजा धनानंद का शासन था। धनानंद भोग-विलास में लिप्त रहनेवाला, अन्यायी और अत्यंत स्वार्थी शासक था। उसके मंत्री उसे राज्य के कल्याण के बारे में आगाह करते रहते थे, लेकिन वह उन्हें डपटकर फिर से भोग विलास में डूब जाता था। एक बार दार्शनिक चर्चा के समय धनानंद ने वहाँ उपस्थित विद्वजनों के साथ अनुचित व्यवहार किया। चाणक्य ने कटु शब्दों में जब धनानंद की चाटुकारिता के स्थान पर सत्यता का वर्णन किया तो वह तिलमिला उठा और उसने उन्हें दरबार से निकाल दिया। इस अपमान को देखकर चाणक्य ने शपथ ली कि वे तब तक अपनी शिखा नहीं बाँधेंगे, जब तक धनानंद को सिंहासन सहित उखाड़ नहीं फेंकेंगे। धनानंद को सिहांसन से जड़-मूल मिटाने के लिए यह अनिवार्य था कि उसके स्थान पर एक योग्य एवं ईमानदार व्यक्ति को आसीन किया जाए। इस तलाश में चाणक्य स्थान-स्थान पर फिरने लगे। उन्होंने अनेक स्थानों पर मगध के भावी राजकुमार की तलाश की, लेकिन उन्हें निराशा हाथ लगी। एक दिन वे एक ऐसे स्थान से निकले, जहाँ पर कुछ बच्चे राजा-मंत्री का खेल खेल रहे थे। उनकी नजर राजा बने बालक पर पड़ी। बच्चे की निर्भीकता, चमक एवं नेतृत्वता देखकर चाणक्य को आभास हो गया कि यही बालक मगध का भावी सम्राट् बनेगा। इस तरह

धनानंद को सिहांसन से जड़-मूल मिटाने के लिए यह अनिवार्य था कि उसके स्थान पर एक योग्य एवं ईमानदार व्यक्ति को आसीन किया जाए। इस तलाश में चाणक्य स्थान-स्थान पर फिरने लगे। उन्होंने अनेक स्थानों पर मगध के भावी राजकुमार की तलाश की, लेकिन उन्हें निराशा हाथ लगी। एक दिन वे एक ऐसे स्थान से निकले, जहाँ पर कुछ बच्चे राजा-मंत्री का खेल खेल रहे थे। उनकी नजर राजा बने बालक पर पड़ी। बच्चे की निर्भीकता, चमक एवं नेतृत्वता देखकर चाणक्य को आभास हो गया कि यही बालक मगध का भावी सम्राट् बनेगा।

एक आदर्श गुरु को अपना योग्य शिष्य प्राप्त हुआ। उसके बाद की सभी बातें आज इतिहास बनकर हमारे सामने हैं कि किस तरह से वह बालक चंद्रगुप्त मौर्य बनकर मगध का सम्राट् बना। चाणक्य ने चंद्रगुप्त मौर्य को शासन एवं युद्ध कला, दोनों में पारंगत कर दिया था।

ऋषि दत्तात्रेय के 24 गुरु

जिससे, जहाँ कहीं भी शिक्षा मिले, वह गुरु है।

ऋषि दत्तात्रेय ने अपने जीवन में बारीकी से चराचर जगत् के अनुभव प्राप्त किए और 24 गुरु बनाए। ये 24 गुरु हैं—1. पृथ्वी, 2. पवन 3. आकाश, 4. जल, 5. यम, 6. अग्नि, 7. चंद्रमा, 8. सूर्य, 9. कबूतर, 10. अजगर, 11. समुद्र, 12. पतंगा, 13. मधुमक्खी, 14. भौंरा, 15. हाथी, 16. मृग, मछली, 17. वेश्या, 18. काक, 19. अबोध बालक, 20. धान कूटती स्त्री, 21. लोहार, 22. सर्प, 23. मकड़ी, 24. भृंगज—इन सब को गुरु बनाने के पीछे ऋषि दत्तात्रेय ने इनका गहन अवलोकन किया था और फिर इनकी क्रियाओं को बारीकी से देखकर यह निर्णय निकाला था कि यदि व्यक्ति अपने जीवन में इन 24 को गुरु बना ले तो उसका जीवन सार्थक हो सकता है।

1. पृथ्वी—दत्तात्रेय ने पृथ्वी को अपना प्रथम गुरु माना, क्योंकि पृथ्वी धूप, शीत, वर्षा, पदाघात आदि सभी को धैर्यपूर्वक सहन करती है और कभी क्रोध नहीं करती।
2. पवन—निरंतर गतिशील रहकर, गंध को वहन करते हुए पवन स्वयं निर्लिप्त रहती है। पवन यह शिक्षा देती है कि जीवन में निरंतर गतिशील रहना चाहिए।
3. आकाश—आकाश ऐश्वर्यमान रहते हुए भी अभिमान नहीं करता। आकाश का यह गुण ऋषि दत्तात्रेय को बेहद प्रिय लगा।
4. जल—सदा सरल और तरल रहनेवाला जल प्रत्येक प्राणी को जीवनदान देता है। जो जीवनदान दे, वह महानता गुरुत्व को सुशोभित करती है।
5. यम—अभिवृद्धि पर नियंत्रण रख थके हुओं को विश्राम प्रदान करनेवाला यम भी गुरु है।
6. अग्नि—निरंतर प्रकाशमान और सभी को प्रभावित करनेवाली अग्नि को भी ऋषि ने गुरु माना है।

7. चंद्रमा—चंद्रमा सारी कलाएँ क्षीण हो जाने पर भी निराश नहीं होता और फिर आगे बढ़ने का साहस करता है। यह गुण गुरुत्व की निशानी है।
8. सूर्य—स्वयं प्रकाशित होकर सबको प्रकाशित होने का सूर्य का गुण भी गुरु है। गुरु स्वयं तो प्रकाशित होता ही है, साथ ही वह अपनी संगति में रहनेवाले हर व्यक्ति को प्रकाशमय और ज्ञानवान कर देता है। इसलिए सूर्य भी एक गुरु है।
9. कबूतर—कबूतर दाने के लालच में जाल में फँसकर अपने प्राण गँवा देता है और सचेत करता है कि लोभ बुरा है। यह पतन की ओर लेकर जाता है। इसलिए यह भी गुरु है।
10. अजगर—शीतकाल में अजगर अंग जकड़ जाने के कारण मिट्टी खाकर भूख सहन करता है। उसकी सहनशीलता के कारण उसे भी अनुयायी बनाया जा सकता है।
11. समुद्र—स्वयं खारा होने पर भी बादलों को मधुर जल देनेवाला समुद्र भी गुरु है।
12. पतंगा—पतंगा अपने लक्ष्य की खातिर अपने प्राणों की परवाह नहीं करता। उसकी यह निष्ठा भी उसे गुरु बनाने के लिए प्रेरित करती है।
13. मधुमक्खी—मधुमक्खी मधु संचय करके उसे दूसरों को समर्पित कर यह संदेश देती है कि व्यक्ति को स्वार्थी नहीं, परमार्थी बनना चाहिए। इस तरह मधुमक्खी भी एक गुरु है।
14. भौंरा—भौंरा आसक्त होकर अपने प्राण गँवा देता है। इसलिए वह गुरु योग्य है।
15. हाथी—कामातुर हाथी किस प्रकार बंधन में बँध जाता है, इससे यह ज्ञात होता है कि वासना के दुष्परिणामों से सचेत रहना चाहिए। यह शिक्षा देनेवाला हाथी भी गुरु तुल्य है।
16. मृग, मछली—मृग को बधिकों द्वारा एवं जिह्वा की लोलुप मछली को जाल में तड़पते देखकर यह ज्ञात होता है कि लालच प्राण हर लेता है।
17. वेश्या—पश्चात्ताप में दूसरों को सावधानी का संदेश देनेवाली पिंगला वेश्या भी गुरु पद पर प्रतिष्ठित है।
18. काक—काक की धूर्तता और स्वार्थपरता की नीति अंत में हानिकारक होती है। इसलिए उसे भी गुरु मानकर सचेत रहना चाहिए।

19. अबोध बालक—एक अबोध बालक ईर्ष्या, चिंता, कलह, लोभ आदि से दूर रहकर मगन रहता है। इसलिए मनुष्य को भी उसके जैसा बनने का प्रयास करना चाहिए।
20. धान कूटती स्त्री—धान कूटती स्त्री एक ही समय में अनेक कार्यों को कुशलतापूर्वक सँभालती है। इसलिए वह भी गुरु तुल्य है।
21. लोहार—लोहार जिस प्रकार गरम लोहे को आग में दागता है तो उससे यह सीख मिलती है कि यदि व्यक्ति स्वयं को बार-बार तपाए तो वह निखरकर अपनी एक नई पहचान बनाता है।
22. सर्प—सर्प दूसरों को कष्ट देकर स्वयं भी दु:खी रहता है। इससे यह पता चलता है कि उद्दंड, क्रोधी है।
23. मकड़ी—मकड़ी जिस प्रकार जाल बुनती है, लेकिन अपने ही जाल में कभी नहीं फँसती, उसी प्रकार प्रत्येक व्यक्ति अपनी भावनाओं के अनुरूप ही अपना संसार रचता है।
24. भृंगज—भृंगज नामक कीड़े ने एक झींगुर को पकड़ा और उसकी भनभनाहट से प्रभावित होकर उसे अपने समान बना लिया। इससे यह पता चलता है कि एकाग्रता और तन्मयता से किसी भी तरह का कायाकल्प किया जा सकता है।

ऋषि दत्तात्रेय के ये 24 गुरु अपनी प्रकृति विशेष के कारण खास हैं और इसलिए दत्तात्रेय ने इन्हें गुरु माना है। कोई भी विवेकशील व्यक्ति इनको गुरु मानकर जीवन-यापन करता है तो वह अत्यंत विवेकशील और ज्ञानी बनकर जीवन को सफलतापूर्वक जीता है। बिना गुरु के व्यक्ति को ज्ञान नहीं मिल सकता। व्यक्ति अपनी विचारधारा और प्रकृति के अनुरूप अन्यों को भी गुरु बना सकता है।

ऋषि दत्तात्रेय के ये 24 गुरु अपनी प्रकृति विशेष के कारण खास हैं और इसलिए दत्तात्रेय ने इन्हें गुरु माना है। कोई भी विवेकशील व्यक्ति इनको गुरु मानकर जीवन-यापन करता है तो वह अत्यंत विवेकशील और ज्ञानी बनकर जीवन को सफलतापूर्वक जीता है। बिना गुरु के व्यक्ति को ज्ञान नहीं मिल सकता। व्यक्ति अपनी विचारधारा और प्रकृति के अनुरूप अन्यों को भी गुरु बना सकता है।

अन्यों में मित्र, पुस्तक, पशु-पक्षी, पेड़-पौधे किसी को भी लिया जा सकता है। जीवन में सच्चे मित्र और पुस्तकें तो

बहुत अच्छे गुरु सिद्ध होते हैं। पुस्तकों के बारे में तो यह कहा जाता है कि अच्छी पुस्तकों पर यह लेबल चिपका हुआ होना चाहिए कि 'यह पुस्तक आपका जीवन बदल सकती है।' गुरु ऐसे ही होते हैं, जो अपने शिष्य को बदलकर उसके गुणों को निखार देते हैं और उसके सामने अर्थ एवं यश का ढेर लगा देते हैं।

विश्व के श्रेष्ठ गुरु-शिष्य

1. **सांदीपनि ऋषि-कृष्ण :** सांदीपनि ऋषि ने कृष्ण को वेद-उपनिषदों का ज्ञान देकर एक युगपुरुष बना दिया। उज्जैन में स्थित सांदीपनि ऋषि के आश्रम में श्रीकृष्ण ने 64 दिन में 64 कलाएँ सीखी थीं।
2. **चाणक्य-चंद्रगुप्त :** चाणक्य ने अपने शिष्य चंद्रगुप्त को भारत का महान् सम्राट् बनाया और अखंड भारत को स्थापित किया।
3. **द्रोणाचार्य-अर्जुन :** द्रोणाचार्य कौरव और पांडवों के गुरु थे। उन्होंने अर्जुन को विश्व का सर्वश्रेष्ठ धनुर्धर बना दिया। इस परंपरा को बनाए रखने के लिए भारत सरकार ने 'द्रोणाचार्य पुरस्कार' एवं 'अर्जुन पुरस्कार' घोषित किए हुए हैं। ये पुरस्कार योग्य गुरु एवं शिष्य को प्रदान किए जाते हैं।
4. **अरस्तु-सिकंदर :** महान् दार्शनिक अरस्तु सिकंदर के गुरु थे। उन्हें दर्शन, राजनीति, काव्य, आचारशास्त्र, ज्योतिष एवं औषधि की गूढ़ जानकारी थी। अपने गुरु के कारण सिकंदर विश्व के इतिहास में आज भी अमर हैं।
5. **हेनरी मुरे-न्यूटन :** न्यूटन बचपन में शारीरिक एवं मानसिक रूप से बेहद कमजोर थे। ऐसे में दर्शनशास्त्र के शिक्षक हेनरी मुरे ने उनका उत्साह एवं आत्मविश्वास बढ़ाया। फलस्वरूप न्यूटन ने विश्व के लिए महान् खोजें कीं।
6. **रामदास समर्थ-शिवाजी :** स्वामी रामदास एक साधु थे। उन्होंने जनता को अत्याचारी शासकों से मुक्ति दिलाने के लिए शिवाजी जैसे कर्मठ योद्धा को चुना। शिवाजी ने अपने गुरु रामदास का नाम अमर कर दिया और वे उनके मार्गदर्शन के कारण ही छत्रप से 'छत्रपति शिवाजी' कहलाए।
7. **नीम करौली बाबा-मार्क जुकरबर्ग :** फेसबुक के निर्माता मार्क जुकरबर्ग एक बार बहुत परेशान हो गए। शांति प्राप्ति के लिए 'एप्पल'

के संस्थापक स्टीव जॉब ने उन्हें भारत में नैनीताल में स्थित कैंची धाम में बाबा नीम करौली में जाने की सलाह दी। यहाँ आकर उन्हें एक नई ऊर्जा एवं शांति का एहसास हुआ।

8. **रामकृष्ण परमहंस-स्वामी विवेकानंद :** स्वामी रामकृष्ण परमहंस के सान्निध्य में स्वामी विवेकानंद ने संपूर्ण विश्व में भारत की आध्यात्मिकता को स्थापित किया, जिसके कारण भारत 'विश्व गुरु' कहलाया।
9. **माँ-बालक :** पूरे विश्व में बच्चे की सबसे पहली गुरु उसकी माँ होती है। इसलिए माँ को ईश्वरतुल्य स्थान दिया गया है। माँ अपने बच्चे का सर्वांगीण विकास करती है। थॉमस अल्वा एडीसन के जीवन से तो सभी परिचित हैं कि किस तरह उनकी माँ ने उनकी बौद्धिक कमजोरी को दूर कर उन्हें विश्व का सर्वश्रेष्ठ आविष्कारक बना दिया था। स्कूलवालों ने एडीसन को बुद्धिहीन कहकर स्कूल से निकाल दिया। ऐसे में उनकी माँ न केवल अपने बेटे की गुरु बनीं, बल्कि उन्होंने उसके आत्मविश्वास एवं ज्ञान को इतना विस्तीर्ण कर दिया कि वे अनेक महान् आविष्कारकों के जन्मदाता कहलाए।
10. **शिक्षक-विद्यार्थी :** एक शिक्षक ही विद्यार्थी को ज्ञान, परामर्श एवं मार्गदर्शन कराता है। डॉ. सर्वपल्ली राधाकृष्णन स्वयं एक शिक्षक थे। उन्होंने अपने जन्मदिवस 5 सितंबर को शिक्षकों को समर्पित करने के लिए कहा, तभी से 5 सितंबर शिक्षक दिवस के रूप में मनाया जाता है।

जीवन में गुरु क्यों जरूरी है ?

जीवन में गुरु इसलिए जरूरी है, क्योंकि वह शिष्य को सही-गलत का बोध कराता है। गुरु के लिए आयु सीमा कोई मायने नहीं रखती। कई बार छोटी उम्र के व्यक्ति अपनी काबिलीयत एवं योग्यता से बड़ी उम्र के व्यक्तियों के गुरु बन जाते हैं। हरियाणा के समालखा की जाह्नवी और अमर सात्त्विक। जाह्नवी प्रेरक वक्ता है। अमर सात्त्विक लाखों विद्यार्थियों को ऑनलाइन आई.ए.एस. की परीक्षा की तैयारी कराते हैं। अभी उनकी आयु मात्र

> ***जीवन में गुरु इसलिए जरूरी है, क्योंकि वह शिष्य को सही-गलत का बोध कराता है। गुरु के लिए आयु सीमा कोई मायने नहीं रखती। कई बार छोटी उम्र के व्यक्ति अपनी काबिलीयत एवं योग्यता से बड़ी उम्र के व्यक्तियों के गुरु बन जाते हैं।***

चौदह वर्ष है। तेलंगाना में जनमे अमर ने 10 साल की आयु में अपना चैनल शुरू किया था। उनके सब्सक्राइबर की संख्या 2.33 लाख से ज्यादा है। जाह्नवी और अमर दोनों विद्यार्थी होने के साथ–साथ लाखों व्यक्तियों के गुरु और आदर्श हैं।

गु+रु

देखा जाए तो गुरु का पूरा अर्थ बनता है गु+रु = गुण+रुपया

गुरु वह होता है, जो शिष्य के गुणों को इस कदर उभार देता है कि वह गुणी बनकर मेहनत और ईमानदारी से रुपया कमाता है और जीवन के सुखों का उपभोग करता है। एक योग्य गुरु ही व्यक्ति को इनसान से मानव और महामानव में परिवर्तित करने का साहस रखता है। एक गुरु का स्वयं भी योग्य होना जरूरी है। यदि ऐसे प्राणियों व वस्तुओं को गुरु बनाया जाता है, जो नकारात्मक होते हैं तो उन्हें गुरु बनाए जाने के पीछे सदैव सकारात्मक एवं सार्थक उद्देश्य होना चाहिए, जैसे कि ऋषि दत्तात्रेय ने जीवों के नकारात्मक कार्यों से सकारात्मक संदेश ग्रहण किया था।

चाणक्य जैसे गुरु को चंद्रगुप्त जैसा महान् शासक दिए जाने के लिए सदियों तक याद किया जाता रहेगा।

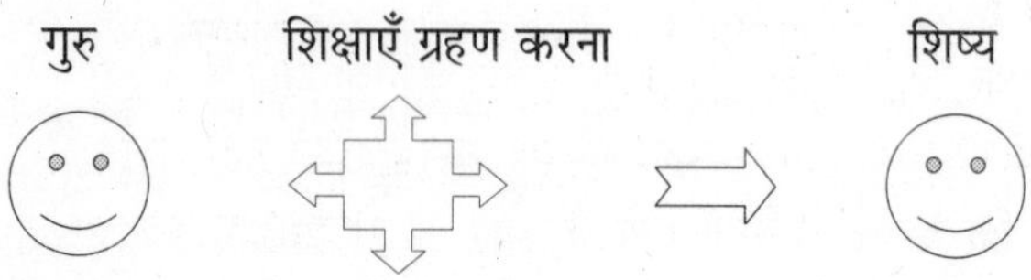

चाणक्य शिक्षा

जब आदर्श गुरु एवं योग्य शिष्य मिलते हैं तो चमत्कार होता है और अन्याय एवं अत्याचार का अंत होकर एक नए शासन एवं अद्भुत कार्य का निर्माण होता है। गुरु का कर्तव्य है कि वह अपने शिष्य को जान की परवाह किए बिना सभी रणनीतियों से वाकिफ कराए। वहीं शिष्य का भी यह फर्ज है कि वह अपने गुरु की आज्ञा का पालन करे। गुरु के समकालीन लोगों एवं प्राणियों को सदैव सम्मान देना चाहिए और उनसे शिक्षा लेकर अपने जीवन को सफल एवं सकारात्मक बनाने का प्रयास करना चाहिए।

□

दुर्जन

आचार्य वचन

- दुर्जन व्यक्ति काँटों के समान होते हैं, इसलिए या तो उन्हें जूते से मसल दें या उन्हें देखकर अपना मार्ग बदल लें।
- दूसरों की उन्नति को देखकर ईर्ष्या करना दुर्जन व्यक्ति का जन्मजात स्वभाव होता है।
- सर्प का विष उसके दाँत में, मधुमक्खी का मस्तक में तथा बिच्छू का पूँछ में होता है, जबकि दुर्जन व्यक्ति की संपूर्ण देह विषयुक्त होती है।

दुर्जन कौन है

मनुष्य वह व्यक्ति होता है, जिसके अंदर कमियाँ होती हैं, जो गलतियाँ करता है। कमी एवं गलतियाँ होने के बाद भी वह मानवता को नहीं भूलता। मानवता से अभिप्राय है कि अनेक कमियाँ होने के बाद भी मानवीयता का सम्मान करना। मानव दो प्रकार के होते हैं—सज्जन एवं दुर्जन। सज्जन व्यक्ति मुख्यत: सकारात्मक भाव लिये हुए होते हैं। वे अपने पथ पर बढ़ते हैं और अन्य मनुष्यों की मदद के लिए भी सदैव तैयार रहते हैं। इसके विपरीत दुर्जन व्यक्ति स्वार्थी, ईर्ष्यालु एवं लोभी होते हैं। वे सदैव नकारात्मक बातें करते हैं। व्यक्तियों एवं देश की सफलता से उन्हें कोई खुशी नहीं होती। वे केवल हर कदम पर स्वयं को सर्वश्रेष्ठ समझते हैं। दुर्जन व्यक्ति अन्य लोगों को पतन की ओर ले जाते हैं। इसलिए ऐसे लोगों से बचना चाहिए। एक श्लोक में कहा गया है—

क्वचित् सर्पोंपि मित्रत्वमियात् नैव खल: क्वचित्।
न शेषशायिनीऽप्यस्य वशे दुर्योधन: हरे:॥

अर्थात् सर्प भी मित्र बन सकता है, किंतु दुष्ट कभी मित्र नहीं बनाया जा सकता। शेषनाग पर शयन करनेवाले हरि का भी दुर्योधन मित्र न बना।

दुर्जन व्यक्ति को कैसे पहचानें

दुर्जन व्यक्ति अपने कार्य की पूर्ति के लिए कई बार अपने व्यवहार को छिपाने की कोशिश करते हैं। चाणक्य कहते हैं कि एक सहज, सरल व्यक्ति में दुर्जन व्यक्तियों को पहचानने की प्रवृत्ति होनी चाहिए। चाणक्य ने दुर्जन व्यक्ति की पहचान के लिए उसके हावों-भावों पर नजर रखने के लिए कहा है।

- जो व्यक्ति हर समय क्रोध करता है, अपने मुख से सदैव विषैली बातों के तीर छोड़ता है, वह दुर्जन होता है।
- बंधु-बांधवों का अहित करनेवाले और दुष्ट व्यक्तियों की संगति करनेवाले लोग भी दुर्जन होते हैं।
- जो व्यक्ति रहस्यमय स्वभाव का हो, उससे भी बचकर रहना चाहिए। ऐसा व्यक्ति दुर्जन प्रवृत्ति का होता है।
- जो लोग धन प्राप्ति के लिए किसी नीच कार्य करने से भी पीछे नहीं हटते, वे दुर्जन होते हैं।

ऐसे स्वभाववाले व्यक्तियों को पहचानकर उनसे दूर रहने का प्रयास करें।

व्यक्ति दुर्जन क्यों होते हैं ?

चाणक्य ने दुर्जन व्यक्तियों को विषैले जीवों और विषैले पौधों से भी अधिक जहरीला माना है। वे यह भी मानते हैं कि अधिकतर गुणों से रहित व्यक्ति ही दुर्जन होते हैं। जिनके अंदर आत्मविश्वास, ज्ञान, एकाग्रता और ईमानदारी का लोप होता है, वे व्यक्ति ही कुकृत्यों को करते हैं। व्यक्ति की दुष्ट प्रवृत्ति उसके परिवार व वातावरण पर निर्भर करती है। इसलिए प्रत्येक माता-पिता को चाहिए कि वे अपने बच्चों को सुरक्षित और स्वच्छ परिवेश प्रदान करें। बच्चा वही सीखता है, जो वह अपने माता-पिता अथवा आसपास देखता है। यदि माता-पिता के अंदर सद्गुण होंगे तो बचपन से ही बच्चा उन्हें ग्रहण करेगा। इसके साथ ही बड़े होने पर बच्चों के लिए अच्छा परिवेश और अच्छी संगति भी महत्त्वपूर्ण है। संगति का असर व्यक्तियों पर अवश्य

चाणक्य ने दुर्जन व्यक्तियों को विषैले जीवों और विषैले पौधों से भी अधिक जहरीला माना है। वे यह भी मानते हैं कि अधिकतर गुणों से रहित व्यक्ति ही दुर्जन होते हैं। जिनके अंदर आत्मविश्वास, ज्ञान, एकाग्रता और ईमानदारी का लोप होता है, वे व्यक्ति ही कुकृत्यों को करते हैं।

पड़ता है। चाणक्य ने स्पष्ट किया है, दुर्जनों की संगति के कारण निरपराधी भी उन्हीं के समान दंड पाते हैं। यदि सूखी लकड़ियों के साथ गीली लकड़ियों को जलाया जाए तो सूखी लकड़ियों का संग पाकर वे भी जल जाती हैं, इसी प्रकार से दुष्ट लोगों के संग रहकर निर्दोष व्यक्तियों को भी जान-माल से हाथ धोना पड़ सकता है।

दुष्ट व्यक्ति आत्मज्ञान, सहनशक्ति, सच्चाई, सरलता और दृढ़ता जैसे सद्गुणों से अछूते रहते हैं। वे अधम-से-अधम कार्य करने से भी नहीं घबराते। समाज में विकृतियाँ दुष्ट लोगों के कारण ही होती हैं। इसलिए दुष्टता की प्रवृत्ति को रोकने के लिए विद्यार्थियों को स्कूलों में ऐसी व्यावहारिक शिक्षा प्रदान करनी चाहिए, जो उन्हें जीवन के कठिन-से-कठिन पड़ाव पर दुष्ट बनने से रोकने का सामर्थ्य रख सके। जो व्यक्ति ज्ञानी होता है, वह हर परिस्थिति पर विजय प्राप्त करना जानता है। इसलिए शिक्षा को परिष्कृत करके उसे ऐसा बनाना चाहिए कि समाज में नेक और अच्छे लोग तैयार हों।

दुर्जन व्यक्तियों से दूर रहें

चाणक्य ने तक्षशिला से शिक्षा ग्रहण की थी। तक्षशिला भारत का एक प्रमुख शिक्षण स्थल रहा। वहाँ पर देश-विदेश के विद्यार्थी शिक्षा ग्रहण करते थे। तक्षशिला से शिक्षा प्राप्त करनेवाले विद्यार्थियों का व्यक्तित्व हीरे की भाँति निखर उठता था। यहाँ पर वेद, धनुर्विद्या, हाथी और घोड़ों का संचालन, अठारह कलाओं के साथ-साथ न्यायशास्त्र, राजनीतिशास्त्र, चिकित्साशास्त्र, सामाजिक कल्याण एवं देश की रक्षा के बारे में महत्त्वपूर्ण शिक्षाएँ प्रदान की जाती थीं। चाणक्य की तीव्र बुद्धि ने इस बात को बहुत जल्दी समझ लिया था कि दुर्जन व्यक्ति काँटों के समान होते हैं, इसलिए उन्हें या तो पूरी तरह मसल देना चाहिए, अन्यथा उन्हें देखकर अपना मार्ग बदल लेना चाहिए, क्योंकि ऐसे व्यक्ति जहाँ भी टकराते हैं, वहाँ नुकसान के अलावा कुछ नहीं करते।

चाणक्य की तीव्र बुद्धि ने इस बात को बहुत जल्दी समझ लिया था कि दुर्जन व्यक्ति काँटों के समान होते हैं, इसलिए उन्हें या तो पूरी तरह मसल देना चाहिए, अन्यथा उन्हें देखकर अपना मार्ग बदल लेना चाहिए, क्योंकि ऐसे व्यक्ति जहाँ भी टकराते हैं, वहाँ नुकसान के अलावा कुछ नहीं करते।

एक दिन चाणक्य मार्ग में जा रहे

थे। मार्ग में कुशा नाम की एक कँटीली झाड़ी पर उनका पैर पड़ गया। उस झाड़ी के काँटों से चाणक्य के पैर में बड़ा घाव हो गया। उस कँटीली झाड़ी को देखकर चाणक्य ने संकल्प कर लिया कि इस कँटीली कुशा को मैं जड़ से उखाड़ फेंकूँगा। वे उसी समय मट्ठा और कुदाली लेकर पहुँच गए और उस जहरीली कुशा पर वार करने लगे। उन्होंने बहुत देर तक उस कुशा के साथ संघर्ष किया और आखिरकार उसको जड़ समेत उखाड़कर ही दम लिया। उसे उखाड़ने के बाद वे बोले, "दुर्जन व्यक्ति और जहरीली झाड़ी को जड़ से उखाड़कर फेंक देना चाहिए, नहीं तो पेड़ बनने पर इनसे अधिक नुकसान होता है।"

पाटलिपुत्र का राजा धनानंद भी अत्यंत दुर्जन था। वह देश की रक्षा व प्रजा हित पर कोई ध्यान नहीं देता था। चाणक्य ने पाटलिपुत्र आने के बाद धनानंद को सतर्क किया और कहा कि उन्हें छोटे-छोटे राज्यों में बँटे देश को आपसी वैर भाव भुलाकर एकता के सूत्र में पिरोना चाहिए। इतना ही नहीं, उन्हें रास रंग एवं मदिरा आदि से भी परहेज करना चाहिए और प्रजा के कल्याण पर ध्यान देना चाहिए। चाणक्य के कटु शब्दों से दुर्जन धनानंद बुरी तरह बिलबिला उठा। उसने चाणक्य का भरी सभा में अपमान किया। यह देखकर चाणक्य ने प्रण किया कि जब तक दुर्जन धनानंद का समूल नाश नहीं कर देंगे, तब तक वे अपनी शिखा नहीं बाँधेंगे। दुर्जन धनानंद का नाश करने के लिए चाणक्य का पूरा जीवन संघर्षमय रहा। उन्होंने अपने पूरे जीवन को देश के नाम समर्पित कर दिया। आखिर उनका संकल्प पूर्ण हुआ और उन्होंने धनानंद के राज को मिटाकर वहाँ पर एक योग्य राजा चंद्रगुप्त मौर्य को आसीन किया। चंद्रगुप्त मौर्य चाणक्य के ही शिष्य थे। चाणक्य ने चंद्रगुप्त मौर्य के गुण देखने के बाद ही उन्हें राजा बनाने के बारे में सोच लिया था।

दुर्जन धनानंद का नाश करने के लिए चाणक्य का पूरा जीवन संघर्षमय रहा। उन्होंने अपने पूरे जीवन को देश के नाम समर्पित कर दिया। आखिर उनका संकल्प पूर्ण हुआ और उन्होंने धनानंद के राज को मिटाकर वहाँ पर एक योग्य राजा चंद्रगुप्त मौर्य को आसीन किया। चंद्रगुप्त मौर्य चाणक्य के ही शिष्य थे।

इस प्रकार अपने अनुभवों से चाणक्य ने जीवन के अर्थशास्त्र में इस बात को साबित किया कि दुर्जन व्यक्ति ऐसे विषैले जीवों के समान होते हैं, जिनके साथ लाख अच्छाई की जाए; लेकिन वे अपने दुष्ट स्वभाव को नहीं छोड़ते।

दुष्ट पात्र

पौराणिक ग्रंथों पर नजर डाली जाए तो वहाँ पर भी ऐसे ही उल्लेख मिलते हैं कि दुर्जन व्यक्तियों के साथ मानवता से पेश आने पर भी उन्होंने अपने दुष्ट स्वभाव और दुष्ट कृत्यों को नहीं छोड़ा।

ऐसे पात्रों में कंस, दुर्योधन, हिरण्यकश्यप, जरासंध, शिशुपाल आदि प्रमुख हैं। इनके साथ अनेक बार मानवता के साथ पेश आया गया, लेकिन इन्होंने अपनी दुष्ट प्रवृत्ति को नहीं त्यागा। कृष्ण ने तो शिशुपाल की दुष्टता को 100 बार माफ किया, लेकिन फिर भी शिशुपाल ने अपनी दुष्टता नहीं छोड़ी। दुष्ट व्यक्ति क्रूर स्वभाव का होता है। उसके लिए दया, ममता और प्रेम जैसे शब्दों का कोई महत्त्व नहीं होता। वे संबंधों को भी महत्त्व नहीं देते। दुर्जन व्यक्तियों के लिए परिवार, समाज और देश गौण होते हैं। ऐसे व्यक्ति केवल अपनी स्वार्थसिद्धि करना चाहते हैं। आयु बीतने के साथ भी दुर्जन व्यक्तियों के अंदर दुष्टता और पाप की प्रवृत्ति विद्यमान रहती है। ऐसे व्यक्ति सरल, संयमी, विवेकशील व्यक्तियों को प्रताड़ित करने का कोई अवसर नहीं चूकते। यदि संयमी, धीर और विवेकशील व्यक्ति उनके कृत्यों पर ध्यान न देकर अपने कार्य में लगे रहते हैं, तब ऐसे लोग उन पर आघात करते हैं।

सज्जन व्यक्ति—मानवीय गुणों से ओत-प्रोत होता है। ऐसा व्यक्ति देश के विकास के लिए अत्यंत महत्त्वपूर्ण होता है।

दुष्ट व्यक्ति—विनाश की ओर ले जाता है। इसमें मानवीय गुणों का अभाव होता है।

चाणक्य शिक्षा

दुर्जन व्यक्तियों के अंदर मानवीय गुणों का अभाव होता है। वे केवल स्वकेंद्रित होते हैं। उनके अंदर आत्मविश्वास, ज्ञान, एकाग्रता और ईमानदारी नहीं होती। गुणों के न होने पर व्यक्ति के लिए जीवन में कुछ भी अर्जित करना मुश्किल होता है। इसलिए ऐसे

दुर्जन व्यक्तियों के अंदर मानवीय गुणों का अभाव होता है। वे केवल स्वकेंद्रित होते हैं। उनके अंदर आत्मविश्वास, ज्ञान, एकाग्रता और ईमानदारी नहीं होती। गुणों के न होने पर व्यक्ति के लिए जीवन में कुछ भी अर्जित करना मुश्किल होता है।

व्यक्तियों का स्वभाव कपटी और दुष्ट हो जाता है। वे चोरी और अनैतिकता से हर वस्तु को प्राप्त करने का प्रयास करते हैं और सामनेवाले को नुकसान पहुँचाते हैं। दुष्ट व्यक्ति के सामीप्य से दूर ही रहना चाहिए, क्योंकि ऐसे व्यक्तियों के कारण सज्जन व्यक्तियों को केवल कष्टों और संकटों का ही सामना करना पड़ता है। ऐसे व्यक्तियों की संगति केवल दुराचार एवं अवगुण ही प्रदान करती है।

□

रोगी कैसे-कैसे?

आचार्य वचन

- तृष्णा से बढ़कर कोई रोग नहीं।
- जो व्यक्ति दूसरों की धन-संपत्ति, सौंदर्य, पराक्रम, उच्च कुल, सुख, सौभाग्य और सम्मान से ईर्ष्या व द्वेष करता है, वह असाध्य रोगी है। उसका यह रोग कभी ठीक नहीं हो सकता।
- पर निंदा एक घोर व्याधि है। इससे बचना चाहिए।

रोग और रोगी

रोग से अभिप्राय बीमारी से है और रोगी का अर्थ है कि जिस व्यक्ति को किसी भी तरह की बीमारी है। शरीर के किसी अंग की संरचना का बदल जाना या उसके कार्य करने की क्षमता में कमी आना 'रोग' कहलाता है। रोग रोगी को शनैः-शनैः मृत्यु की ओर ले जाते हैं। जीवन अत्यंत अनमोल होता है। रोग की चपेट में आकर यह क्षीण होने लगता है। रोग से ग्रस्त व्यक्ति कार्यों को सुचारु रूप से नहीं कर पाता। अपने जीवन को भी ढंग से नहीं जी पाता। वह अस्वस्थ रहता है।

रोग के प्रकार

रोग मुख्यतः दो तरह के होते हैं—शारीरिक एवं मानसिक। शारीरिक रोग कई कारणों से हो सकते हैं। वे बैक्टीरिया से, वायरस से, माइक्रोप्लाज्मा से हो सकते हैं। टी.बी., खाँसी, जुकाम जैसे रोग संक्रामक होते हैं, जो एक व्यक्ति से दूसरे व्यक्ति को बहुत जल्दी अपनी जकड़ में ले लेते हैं।

मानसिक रोग मुख्यतः मन के रोग होते हैं। इसमें व्यक्ति शारीरिक रूप से तो स्वस्थ रहता है, लेकिन उसके आचार और व्यवहार भिन्न होते हैं। कई मानसिक

रोग शारीरिक रोगों से भी भयंकर होते हैं। शारीरिक एवं मानसिक रोगों के अलावा क्या आप अन्य रोगों को जानते हैं, ऐसे रोगों को, जो व्यक्तियों के लिए शारीरिक एवं मानसिक रोगों जितने ही हानिकारक होते हैं।

नवरस कैसे बनते रोग

नवरस भी रोग बन सकते हैं। यह जानकर आपको अजीब लग रहा होगा न, पर यह सच है। ये ऐसे रोग हैं, जिनको व्यक्ति रोग नहीं मानते, लेकिन इनकी अधिकता के कारण वे कब रोग से ग्रस्त हो जाते हैं, इनका एहसास उन्हें स्वयं भी नहीं होता।

नवरस

व्यक्ति के अंदर नवरस पाए जाते हैं। ये व्यक्ति के स्थायी भाव होते हैं। ये भाव हैं—रति, ह्रास, क्रोध, शोक, उत्साह, जुगुप्सा, भय, विस्मय और निर्वेद। किसी बाहरी परिस्थिति के कारण इन्हीं भावों से रस का संचार होता है। इन्हीं के माध्यम से व्यक्ति के अंदर प्रेम, करुणा, ईर्ष्या या साहस का बोध होता है। जीवन में नवरसों का होना अनिवार्य है। हिंदी साहित्य के आचार्य पं. रामचंद्र शुक्ल का कहना था कि 'केवल मीठा-मीठा ही खाना अच्छा नहीं लगता, कभी खट्टा और तीखा भी अच्छा लगता है।' इसका अभिप्राय यह है कि जीवन में नवरसों में संतुलन होना चाहिए। बहुत ज्यादा मीठा अथवा बहुत ज्यादा खट्टा व्यक्ति को रोगी बनाने में देर नहीं करते। ऐसे ही नवरस में से कुछ रस जब व्यक्ति के अंदर अधिक हो जाते हैं तो वे बीमारी का रूप ले लेते हैं। इनमें रति, क्रोध, शोक, भय और जुगुप्सा प्रमुख हैं।

व्यक्ति के अंदर नवरस पाए जाते हैं। ये व्यक्ति के स्थायी भाव होते हैं। ये भाव हैं–रति, ह्रास, क्रोध, शोक, उत्साह, जुगुप्सा, भय, विस्मय और निर्वेद। किसी बाहरी परिस्थिति के कारण इन्हीं भावों से रस का संचार होता है। इन्हीं के माध्यम से व्यक्ति के अंदर प्रेम, करुणा, ईर्ष्या या साहस का बोध होता है। जीवन में नवरसों का होना अनिवार्य है।

नवरसों के रूप

रति

रति अर्थात् वासना या काम। चाणक्य ने मनुष्य जीवन में काम को मनुष्य का सबसे प्रबल शत्रु बताया है। इन्होंने इसे असाध्य रोग के समकक्ष कहा है। ऐसा असाध्य रोग, जिसका इलाज किसी भी दवा से ठीक नहीं होता। अति कामांध व्यक्ति गर्त की ओर जाता है। समाज में महिलाओं के साथ बढ़ते अत्याचार समाज एवं देश में अनाचार को बढ़ाते हैं। काम के रोग को केवल ज्ञान के द्वारा ही शांत किया जा सकता है।

क्रोध

क्रोध अत्यंत महत्त्वपूर्ण रस है। यह रस पृथ्वी जगत् के सभी प्राणियों में विद्यमान है। जिस प्रकार शरीर में स्वादिष्ट भोजन भी उचित मात्रा से अधिक लेने पर विष बन जाता है, उसी तरह अधिक क्रोध व्यक्ति को नष्ट-भ्रष्ट कर देता है।

शोक

शोक व्यक्ति को दीमक की तरह खा जाता है। व्यक्ति को अपने प्रियजनों की आकस्मिक मृत्यु, व्यवसाय में भारी नुकसान से बेहद आघात पहुँचता है। यह आघात इतना घातक होता है कि कई बार तो इसकी चपेट में आनेवाले व्यक्ति की मृत्यु तक हो जाती है। यह नवरस संतुलित मात्रा में ही रहना चाहिए। यदि यह असंतुलित हो जाए, अर्थात् व्यक्ति अत्यंत शोकाकुल होकर गमगीन अवस्था में आ जाए तो उसके साथ-साथ परिवार को भी अनेक कष्टों का सामना करना पड़ता है। चाणक्य कहते हैं कि शोक करने से मनुष्य का शरीर दु:खों का घर हो जाता है। इससे केवल व्यक्ति का शरीर कष्ट पाता है और शत्रु खुश होते हैं।

शोक व्यक्ति को दीमक की तरह खा जाता है। व्यक्ति को अपने प्रियजनों की आकस्मिक मृत्यु, व्यवसाय में भारी नुकसान से बेहद आघात पहुँचता है। यह आघात इतना घातक होता है कि कई बार तो इसकी चपेट में आनेवाले व्यक्ति की मृत्यु तक हो जाती है।

भय

नवरस में भय बेहद शक्तिशाली है। यह व्यक्ति को सीमित कर देता है, रोक

देता है और उसके अंदर घबराहट एवं परेशानियाँ उत्पन्न कर देता है। घबराहट एवं परेशानियों से काम बिगड़ जाते हैं और व्यक्ति की सूझबूझ समाप्तप्राय हो जाती है। भय व्यक्ति की ऊर्जा एवं शक्ति का ह्रास कर देता है। चाणक्य ने भय को मनुष्य जीवन के लिए बेहद घातक बताया है। मनोवैज्ञानिक भय को 'संज्ञानात्मक विकृति' बताते हैं। यह मूलत: व्यक्ति के मस्तिष्क में केंद्रित होती है। अधिक भयभीत व्यक्ति न ही खुलकर अपना जीवन जी पाता है और न ही अपने मन-मस्तिष्क से किसी कार्य को दिशा दे पाता है। भय उसके अंदर की सारी शक्ति को क्षीण कर देता है। भय से दूर होने का केवल एक ही कारगर तरीका है कि जिस भी कार्य से डर लग रहा हो, उसे कर दें। यदि किसी व्यक्ति को अँधेरे से डर लगता है तो उसे शांत मन से अंधकार में रहने का प्रयास करना चाहिए। एक बार उसने अंधकार के भय को जीत लिया तो फिर कोई भय उसे अधिक परेशान नहीं कर सकता। जिस व्यक्ति को भय पर विजय पाना आता है, उसके लिए हर तरह के भय पर काबू पाना सरल हो जाता है। भय भी एक रोग है। चाणक्य ने कहा है कि इस रोग को दूर करने का सबसे श्रेयस्कर तरीका है कि व्यक्ति अपने सकारात्मक और सार्थक मनचाहे लक्ष्य की ओर बढ़ता रहे। जो व्यक्ति एकाग्रता के साथ मनचाहे लक्ष्य पर बढ़ता है, उसे भयभीत करना सरल नहीं होता।

चाणक्य ने कहा है कि इस रोग को दूर करने का सबसे श्रेयस्कर तरीका है कि व्यक्ति अपने सकारात्मक और सार्थक मनचाहे लक्ष्य की ओर बढ़ता रहे। जो व्यक्ति एकाग्रता के साथ मनचाहे लक्ष्य पर बढ़ता है, उसे भयभीत करना सरल नहीं होता।

जुगुप्सा

गंदगी एवं अनैतिक कार्यों को घृणा की दृष्टि से देखना हितकर है, लेकिन यदि स्थिति इसके विपरीत हो जाए, यानी यदि व्यक्ति प्रगतिशील एवं स्वस्थ व्यक्तियों से घृणा करने लगे तो विनाश निश्चित होता है।

ये नवरस व्यक्ति के अंदर विद्यमान अन्य भावों को भी जाग्रत् करते हैं। इनमें ईर्ष्या, लोभ और परनिंदा प्रमुख हैं।

ईर्ष्या

ईर्ष्या को बोलचाल की भाषा में 'जलन' कहते हैं। जलन अर्थात् जलना। ईर्ष्या एक ऐसा असाध्य रोग है, जिसकी अग्नि में इसे करनेवाला ही जलता है। कई बार जिस व्यक्ति से ईर्ष्या की जा रही है, उसे तो यह अनुमान ही नहीं होता कि कोई उससे ईर्ष्या करके इसकी अग्नि में जल रहा है। चाणक्य दूसरों की धन-संपत्ति से ईर्ष्या करनेवाले लोगों को असाध्य रोगी मानते हैं। ऐसे लोग सोचते हैं कि वे दूसरों पर निशाना लगा रहे हैं, लेकिन वास्तव में उसके शिकार वे स्वयं बनते हैं। ईर्ष्या कभी व्यक्ति को समृद्ध नहीं बना सकती। मन-मस्तिष्क और विचार उन्हीं के फलते-फूलते हैं, जो सकारात्मक भावों के साथ आगे बढ़ते हैं। ईर्ष्या के फलने-फूलने पर तो व्यक्ति को केवल नफरत और प्रतिशोध ही मिलता है। ईर्ष्यालु व्यक्ति दूसरे की प्रशंसा सुनकर आगबबूला हो जाता है। ईर्ष्या का बोझ सबसे भारी होता है। इस बोझ को उठाकर व्यक्ति लंबे पग नहीं रख सकता। इसलिए ईर्ष्या की गठरी को उठाने से परहेज करना चाहिए। जो व्यक्ति सकारात्मक और ईमानदारी से अपने मार्ग पर बढ़ता है, उसके लिए ईर्ष्या के लिए कोई स्थान नहीं होता। वास्तव में उसके पास इतना समय ही नहीं होता कि वह इसे ईर्ष्या जैसे बेकार भाव में व्यर्थ करे।

निंदा भी एक बहुत बड़ा रोग है। चाणक्य ने इसे महारोग माना है। इससे ग्रस्त व्यक्ति को यह अनुमान ही नहीं होता कि परनिंदा के कारण वह अपने बहुमूल्य समय और कार्य को व्यर्थ कर रहा है। जो व्यक्ति निंदा से बचकर रहता है, वह अपने पथ पर बढ़ता रहता है। निंदा से दूर रहनेवाले मनुष्य बुद्धिजीवी एवं प्रतिभाशाली होते हैं। इसकी जकड़ में आनेवाले लोग जीवन भर निंदा रोग से ग्रस्त रहते हैं।

निंदा

हरिशंकर परसाई 'निंदा रस' में कहते हैं कि 'निंदा का उद्गम हीनता और कमजोरी से होता है।' कमजोर एवं हीनता से ग्रसित लोग ही परनिंदा करते हैं। निंदा अर्थात् दूसरे लोगों पर दोषारोपण करना। व्यक्ति जब स्वयं किसी की निंदा करता है तो उसे उसमें बेहद सुख और सुकून अनुभव होता है, वहीं जब वह स्वयं किसी की निंदा का पात्र बनता है तो उसके आगे तूफान-सा मंजर उपस्थित हो जाता है। वह सोचता है कि निंदा करनेवाले का हाथ-मुँह नोच ले और उसे ऐसा सबक सिखाए

कि जीवन भर निंदक किसी की निंदा न करे। निंदा भी एक बहुत बड़ा रोग है। चाणक्य ने इसे महारोग माना है। इससे ग्रस्त व्यक्ति को यह अनुमान ही नहीं होता कि परनिंदा के कारण वह अपने बहुमूल्य समय और कार्य को व्यर्थ कर रहा है। जो व्यक्ति निंदा से बचकर रहता है, वह अपने पथ पर बढ़ता रहता है। निंदा से दूर रहनेवाले मनुष्य बुद्धिजीवी एवं प्रतिभाशाली होते हैं। इसकी जकड़ में आनेवाले लोग जीवन भर निंदा रोग से ग्रस्त रहते हैं।

तृष्णा या लोभ

चाणक्य कहते हैं कि तृष्णा एक ऐसी मृगमरीचिका है, जो कभी शांत नहीं होती। यह सदैव व्यक्ति को व्यथित रखती है। अतृप्ति व असंतुष्टि के कारण व्यक्ति सदैव लालसा में रहता है। व्यक्ति के उदर की क्षुधा भोजन से शांत हो जाती है, लेकिन तृष्णा की क्षुधा व्यक्ति के अंतिम श्वास तक पूर्ण नहीं होती। अंतिम श्वास के समय भी वह यही सोचता है कि काश! यह हो जाता, काश! वह हो जाता। जो व्यक्ति कम में ईमानदारी के साथ संतुष्ट होना सीख जाता है, उसके पास सुख एवं प्रसन्नता की कोई कमी नहीं होती। लोभी व्यक्ति कभी भी सुखी एवं प्रसन्न नहीं हो सकता।

प्रत्येक व्यक्ति के अंदर नवरसों का होना अनिवार्य है। यदि ये रस व्यक्ति के अंदर नहीं होते तो वह सामान्य नहीं कहलाता। नवरस व्यक्ति के अंदर संतुलित मात्रा में होने चाहिए। ईर्ष्या, क्रोध जैसे नकारात्मक रसों को सकारात्मक रूप से प्रयोग करना चाहिए। अगर मन में इच्छा और उमंग हो तो सब संभव है। व्यक्ति अभ्यास के द्वारा संतुलन बना सकता है और अपने जीवन को भलीभाँति जी सकता है।

जिस प्रकार रोग से ग्रस्त व्यक्ति स्वयं को स्वस्थ अनुभव नहीं करता, उसी प्रकार रति, शोक, भय, क्रोध, जुगुप्सा, ईर्ष्या, निंदा एवं लोभ से ग्रस्त मनुष्य भी स्वयं को स्वस्थ अनुभव नहीं करते। ईर्ष्या, निंदा एवं लोभ तो ऐसे रोग हैं, जो व्यक्ति को बिल्कुल खोखला करके रख देते हैं। इसलिए इनसे दूर रहना चाहिए और सकारात्मक भावों के साथ अपने कार्य को करते रहना चाहिए।

जिस प्रकार रोग से ग्रस्त व्यक्ति स्वयं को स्वस्थ अनुभव नहीं करता, उसी प्रकार रति, शोक, भय, क्रोध, जुगुप्सा, ईर्ष्या, निंदा एवं लोभ से ग्रस्त मनुष्य भी

स्वयं को स्वस्थ अनुभव नहीं करते। ईर्ष्या, निंदा एवं लोभ तो ऐसे रोग हैं, जो व्यक्ति को बिल्कुल खोखला करके रख देते हैं। इसलिए इनसे दूर रहना चाहिए और सकारात्मक भावों के साथ अपने कार्य को करते रहना चाहिए।

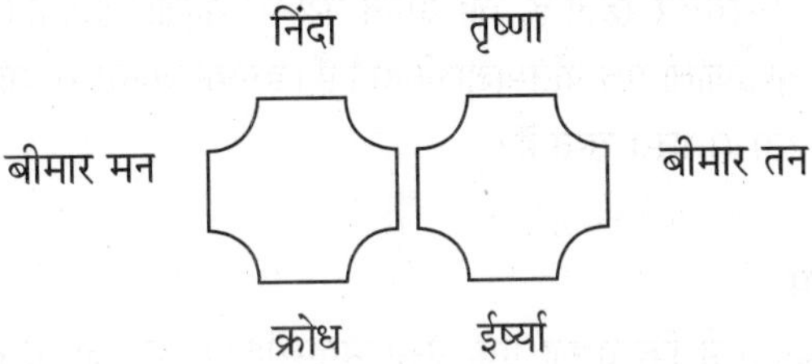

नवरसों में संतुलन

प्रत्येक व्यक्ति के अंदर नवरसों का होना अनिवार्य है। यदि ये रस व्यक्ति के अंदर नहीं होते तो वह सामान्य नहीं कहलाता। नवरस व्यक्ति के अंदर संतुलित मात्रा में होने चाहिए। ईर्ष्या, क्रोध जैसे नकारात्मक रसों को सकारात्मक रूप से प्रयोग करना चाहिए। अगर मन में इच्छा और उमंग हो तो सब संभव है। व्यक्ति अभ्यास के द्वारा संतुलन बना सकता है और अपने जीवन को भलीभाँति जी सकता है।

चाणक्य शिक्षा

तृष्णा, निंदा, ईर्ष्या, रति, शोक, भय, क्रोध, जुगुप्सा, ईर्ष्या आदि व्यक्ति को बरबाद कर देते हैं। ये शारीरिक व्याधियों से भी बदतर व्याधियाँ हैं। शारीरिक व्याधियाँ तो फिर भी दवा से ठीक हो जाती हैं, लेकिन तृष्णा, लोभ, ईर्ष्या, क्रोध जैसी व्याधियाँ व्यक्ति को शारीरिक एवं मानसिक रूप से तोड़ देती हैं। हैरत की बात तो यह है कि व्यक्ति इनको व्याधि समझता ही नहीं है। इन भावों के कारण वह अनेक बीमारियों की चपेट में आ जाता है। उसे लगता है कि अन्य कारकों ने उसे बीमार कर दिया, जबकि वास्तविकता यह होती है कि व्यक्ति तृष्णा, निंदा, ईर्ष्या के कारण बीमार होता है। इन विकारों से बचने का केवल एक ही उपाय है, सकारात्मक ज्ञान और सकारात्मक विचार।

□

सदाचार की राजनीति

आचार्य वचन

- पाप और अनाचार द्वारा अर्जित किया गया धन अधिक-से-अधिक दस वर्ष तक टिकता है। ग्यारहवें वर्ष उसका संपूर्ण धन सूद समेत चला जाता है।
- जिस प्रकार पूर्णिमा के चाँद के स्थान पर द्वितीया का छोटा चाँद पूजा जाता है, उसी प्रकार सद्गुणों से युक्त मनुष्य निर्धन एवं नीच कुल से संबंधित होते हुए भी पूजनीय होता है।
- जिस प्रकार चंदन वृक्ष पर लिपटे साँपों के ज़हरीले होने पर भी चंदन जहरीला नहीं होता और जिस प्रकार मिट्टी में फलित हुआ पुष्प मिट्टी की गंध से सराबोर नहीं होता, उसी प्रकार दुर्जन मनुष्यों की संगति में रहकर भी सज्जन मनुष्य अपनी सज्जनता और सत्कर्मों को नहीं भूलता।

राज और नीति = राजनीति

राजनीति अर्थात् राज और नीति। राज माने शासन करना और नीति का अर्थ है, कोई कार्य ठीक तरह से पूरा करने के लिए की जानेवाली युक्ति। नीति को उचित या ठीक रास्ते पर ले जाने या ले चलने की क्रिया या ढंग 'नीतिशास्त्र' कहलाता है। इसमें राज का मिश्रण हो जाए तो वह बन जाता है ऐसी व्यवस्था, जो सत्ता को चलाए। सही मायनों में राजनीति वह कहलाती है, जो जनता के सामाजिक, आर्थिक एवं राजनीतिक स्तर को ऊँचा करती है।

राजनीति एक ऐसा शब्द है, जो अपने अंदर पूरे देश के विकास के बिंदुओं को समाए हुए होती है। देश का विकास तब होता है, जब सबका विकास होता है। अगर राजनीति केवल कुछ शक्तिशाली सत्तारूढ़ व्यक्तियों के हाथों में आ जाए तो वह जनता व देश को गर्त की ओर ले जाती है। राजनीति का भ्रष्टाचार से गहरा

संबंध है। इसलिए परिवार अथवा कार्यालय/कंपनी में एक-दूसरे को नीचा दिखाने और कार्य बिगाड़ने की स्थिति में अकसर यही कहा जाता है कि हमारे परिवार अथवा कार्यालय/कंपनी की राजनीति के कारण परिवार व कार्यालय/कंपनी की तरक्की अवरुद्ध हो रही है। नैतिकता और सदाचारी व्यक्ति ही राजनीति एवं देश को नई दिशा की ओर ले जा सकता है। वे व्यक्ति, जो केवल अपनी स्वार्थसिद्धि चाहते हैं, उन्हें देश एवं जनता की प्रगति से कोई तात्पर्य नहीं होता। ऐसी स्थिति में जनता मूलभूत सुविधाओं तक के लिए संघर्ष करती रहती है और दूर-दराज के क्षेत्रों में तो विकास अथवा सुविधाओं की किरण तक नहीं पहुँच पाती। चाणक्य का मानना था कि राजनीति में अच्छी रणनीतियाँ वही बना सकता है, जो स्वार्थ लोलुप नहीं होता और भ्रष्ट आचरण से मुक्त होता है। भारतवर्ष एवं पाटलिपुत्र को संपूर्ण विश्व में एक नई पहचान देनेवाले चाणक्य सदा सादे व्यक्तित्व में और सादगी के साथ रहे। वे आकर्षक सुविधाओं को केवल अपने एक संकेत पर प्राप्त कर सकते थे, लेकिन उन्होंने ऐसा न करके अपनी सादगी और सादे जीवन से सबके समक्ष एक अनुकरणीय उदाहरण प्रस्तुत किया।

भारतवर्ष एवं पाटलिपुत्र को संपूर्ण विश्व में एक नई पहचान देनेवाले चाणक्य सदा सादे व्यक्तित्व में और सादगी के साथ रहे। वे आकर्षक सुविधाओं को केवल अपने एक संकेत पर प्राप्त कर सकते थे, लेकिन उन्होंने ऐसा न करके अपनी सादगी और सादे जीवन से सबके समक्ष एक अनुकरणीय उदाहरण प्रस्तुत किया।

दो दीपकों का रहस्य

एक व्यापारी चाणक्य की लगाई कर नीतियों और उनकी ईमानदारी से बेहद प्रभावित था। वह उनसे मिलकर उन्हें अपने यहाँ आमंत्रित करना चाहता था। जब वह उनसे मिलने के लिए पहुँचा तो चाणक्य किसी सरकारी परियोजना की गहनता से जाँच कर रहे थे। व्यापारी चाणक्य के इंतजार में वहीं बैठ गया। एक नजर उन्होंने उनकी कुटिया पर डाली। बेहद साधारण सी कुटिया और सादगीपूर्ण जीवन के चिह्न देखकर व्यापारी दंग रह गया। वह स्वयं से बोला, "भारत को एक शक्तिशाली शासक प्रदान करनेवाला गुरु और सलाहकार ऐसे सादे रूप में रहता है।" तभी चाणक्य की नजर व्यापारी पर पड़ी। वे विनम्रता से बोले, "कृपया कुछ देर और इंतजार करें। मेरा काम बस पूरा होने ही वाला है।" व्यापारी उनकी

विनम्रता और एकाग्रता देखकर सोच में डूब गया। कुछ समय बाद व्यापारी को स्वर सुनाई दिया, "अब कहिए, मेरा काम समाप्त हुआ।" व्यापारी अपनी सोच से बाहर आया। तभी उसने देखा कि चाणक्य ने एक दीपक बुझाया और दूसरे दीपक को जला दिया। एक दीपक को बुझाकर दूसरे दीपक को जलाने का कारण व्यापारी को समझ नहीं आया। वह असमंजस की स्थिति में बोला, "गुरुजी, दीपक तो जला हुआ था, फिर आपने उसे बुझाकर दूसरा दीपक क्यों जलाया, यह दो-दो दीपकों का क्या रहस्य है?" व्यापारी की बात पर चाणक्य मुसकराकर बोले, "महानुभाव! पहले मैं सरकारी कार्य कर रहा था, इसलिए सरकारी खाते से आए तेल का दीपक जल रहा था। अब मैं निजी कार्य कर रहा हूँ, इसलिए अब निजी खाते से आए हुए तेलवाला दीपक जलाया है। मैं इन दोनों खातों को अलग-अलग रखता हूँ।" यह सुनकर व्यापारी दंग रह गया। वह चाणक्य की ईमानदारी के आगे नतमस्तक होकर बोला, "जिस देश की राजनीति में आपके जैसे ईमानदार व्यक्तित्व हों, उस देश को आगे बढ़ने से दुनिया की बड़ी-से-बड़ी बाधा भी नहीं रोक सकती।"

चाणक्य सदाचारी थे। वे अत्यंत विद्वान् और ज्ञानी थे। जो व्यक्ति ज्ञानी होता है, वह अपने ज्ञान के माध्यम से धन, यश और बल सबकुछ प्राप्त कर सकता है, लेकिन जहाँ ज्ञान के साथ-साथ बेईमानी और भ्रष्टाचार मिल जाता है, वहाँ सबकुछ तहस-नहस हो जाता है। ईमानदार व्यक्ति के व्यक्तित्व में ईमानदारी और आत्मविश्वास की एक ऐसी चमक होती है, जो उसे किसी भी परिस्थिति में फीका नहीं पड़ने देती। ईमानदार और सदाचारी व्यक्ति हर मुश्किल-विपत्ति से बाहर निकल आता है। राजनीति तभी फलती-फूलती है, जब उसे ईमानदारी, कार्यनिष्ठा और ज्ञान की खाद मिलती है। इनके अभाव में राजनीति अराजकता उत्पन्न करती है और अनचाहे युद्धों को आमंत्रित करती है। इसलिए राजनीति हो

चाणक्य सदाचारी थे। वे अत्यंत विद्वान् और ज्ञानी थे। जो व्यक्ति ज्ञानी होता है, वह अपने ज्ञान के माध्यम से धन, यश और बल सबकुछ प्राप्त कर सकता है, लेकिन जहाँ ज्ञान के साथ-साथ बेईमानी और भ्रष्टाचार मिल जाता है, वहाँ सबकुछ तहस-नहस हो जाता है। ईमानदार व्यक्ति के व्यक्तित्व में ईमानदारी और आत्मविश्वास की एक ऐसी चमक होती है, जो उसे किसी भी परिस्थिति में फीका नहीं पड़ने देती।

अथवा कोई भी क्षेत्र, वहाँ पर सदाचार एवं सदाचारी व्यक्तियों का होना अनिवार्य है। ईमानदारी और बेईमानी की नींव पीढ़ियों तक चलती रहती है।

ईमानदारी और बेईमानी का संतान पर प्रभाव

चाणक्य पुरजोर तरीके से इस बात को स्वीकार करते हैं कि माता-पिता के गुण-अवगुण एवं आचरण का प्रभाव उसकी संतान पर अवश्य पड़ता है। यदि मनुष्य बेईमान, चरित्रहीन और दुष्ट प्रवृत्ति का है तो उसकी संतान भी उसके अवगुणों से युक्त होती है। आजकल के भाग-दौड़ भरे युग में अकसर लोगों को अपनी संतानों से यह शिकायत देखने को मिलती है कि उनके बच्चे उनका कहना नहीं मानते, झूठ बोलते हैं, हिंसक व्यवहार करते हैं, आदि। मनोवैज्ञानिकों की धारणा है कि बच्चों को 24 घंटे ईमानदारी एवं सच्चाई का उपदेश देने से ही वे सरल हृदय के और निष्कपट नहीं बनते हैं, अपितु वे माता-पिता के आचरण को देखकर वैसे बनते हैं। बच्चे माता-पिता की परछाई होते हैं। परछाई उसी दिशा में चलती है, जहाँ पर वास्तविक स्वरूप चलता है। इसलिए बच्चों को उपदेश देने की बजाय स्वयं उस मार्ग पर चलने का प्रयास करना चाहिए, जिस मार्ग पर माता-पिता बच्चे को देखना चाहते हैं।

यदि व्यक्ति स्वयं बेईमान एवं दुष्ट प्रवृत्ति का है तो वह अपने बच्चे के सामने लाख अच्छा होने का प्रयत्न करे, बच्चा हाव-भाव से सच्चाई समझ ही जाएगा। इसलिए संतान को अच्छा एवं सदाचारी बनाने के लिए यह अनिवार्य है कि माता-पिता भी सदाचार के गुणों से युक्त हों।

यदि व्यक्ति स्वयं बेईमान एवं दुष्ट प्रवृत्ति का है तो वह अपने बच्चे के सामने लाख अच्छा होने का प्रयत्न करे, बच्चा हाव-भाव से सच्चाई समझ ही जाएगा। इसलिए संतान को अच्छा एवं सदाचारी बनाने के लिए यह अनिवार्य है कि माता-पिता भी सदाचार के गुणों से युक्त हों।

बचपन के बीज

बचपन बेहद संवेदनशील, नाजुक एवं लचीला होता है। वह उसी दिशा में बहता है, जिस ओर उसे रुख मिलता है। आयुषी नामक एक दस वर्ष की छात्रा ने एक बार नहीं, बल्कि चार बार अपने गणित, हिंदी एवं सामाजिक विज्ञान के अंकों

को कम कराया। शिक्षिका ने गलती से दो बार उसके अंकों का जोड़ अधिक कर दिया था और दो बार गलत सवाल को सही कर दिया था। 10 वर्षीया आयुषी ने उत्तर पुस्तिका प्राप्त होने पर सहर्ष अनजाने में हुई गलती को ठीक करा लिया। जब आयुषी से शिक्षिका ने पूछा, "बेटा, ज्यादा नंबर से कम नंबर होने पर तुम्हें दुःख नहीं हुआ ?" इस पर आयुषी ने बेहद प्रभावशाली और रोचक जवाब दिया। उसने कहा, "मैडम, मेरा जवाब गलत है तो उसके अंक मुझे नहीं मिलने चाहिए। मैंने कुछ खास नहीं किया, सिर्फ वह किया है, जैसा मेरी माँ करती हैं।" यह सुनकर शिक्षिका दंग रह गईं। वे यह बखूबी समझ गईं कि बच्चों को अच्छा आचरण और परिवेश देने के लिए यह अत्यंत अनिवार्य है कि माता-पिता स्वयं सदाचारी और सकारात्मक परिवेश में रहनेवाले हों।

सदाचार की राजनीति

सदाचार की राजनीति में राजा और प्रजा दोनों खुश रहते हैं। एक अच्छी राजनीति और एक अच्छा राजनेता वही कहलाता है, जो अपनी प्रजा की जिम्मेदारियों को कुशलतापूर्वक पूर्ण करता है। चंद्रगुप्त ने चाणक्य की प्रखर कूटनीतियों एवं मार्गदर्शन में लगभग चौबीस वर्षों तक शासन कर एक विशाल साम्राज्य की स्थापना की। आचार्य चाणक्य ने राजनीति की सभी कूटनीतियों को ईमानदारी के साथ अपने महत्त्वपूर्ण ग्रंथ 'अर्थशास्त्र' में उतार दिया। उनका कहना था कि "मैं जनकल्याण हेतु राजनीति के उन गुप्त रहस्यों का वर्णन कर रहा हूँ, जिसका ज्ञान प्राप्त कर लेने के बाद मनुष्य सर्वज्ञ हो जाएगा। यदि मनुष्य इस शास्त्र के नीतिगत विचारों का अनुसरण करे तो निस्संदेह सफलता उसके कदम चूमेगी। दुःख की बात यह है कि वर्तमान समय की राजनीति में अराजकता एवं विपक्ष पर आरोप-प्रत्यारोप की धार चलती रहती है और राजनीति अपने मूल विषय से भटक जाती है। यदि आज की राजनीति चाणक्य

आचार्य चाणक्य ने राजनीति की सभी कूटनीतियों को ईमानदारी के साथ अपने महत्त्वपूर्ण ग्रंथ 'अर्थशास्त्र' में उतार दिया। उनका कहना था कि "मैं जनकल्याण हेतु राजनीति के उन गुप्त रहस्यों का वर्णन कर रहा हूँ, जिसका ज्ञान प्राप्त कर लेने के बाद मनुष्य सर्वज्ञ हो जाएगा। यदि मनुष्य इस शास्त्र के नीतिगत विचारों का अनुसरण करे तो निस्संदेह सफलता उसके कदम चूमेगी।

की नीतियों पर ही आधारित हो तो संपूर्ण प्रजा को समान अधिकार प्राप्त हों और हर ओर खुशी एवं सुख की वर्षा हो।

अनाचार की राजनीति

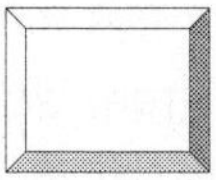

देश में अराजकता फैलाती है

सदाचार की राजनीति

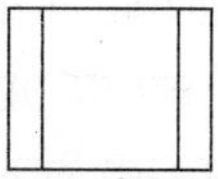

स्वच्छ एवं सबके विकास की नींव रखती है

चाणक्य शिक्षा

राजनीति सदैव ईमानदारी पर केंद्रित होनी चाहिए। जिस देश में राजा सदाचारी होता है, उस देश में प्रजा हर आपत्ति में प्रजा के साथ होती है। राजनीति में राजा का उद्देश्य जन सामान्य की सुख-संपन्नता एवं उसका कल्याण ही होना चाहिए। राजा को निरंतर प्रजा के कल्याण के लिए संघर्षरत रहना चाहिए। देश में समतावादी समाज होना चाहिए, ताकि प्रत्येक व्यक्ति को समान अधिकार प्राप्त हों। बेईमानी और भ्रष्ट आचरण व्यक्ति की पीढ़ियों तक को प्रभावित करता है। भ्रष्ट आचरण पर आधारित राजनीति अथवा कोई भी कार्य लंबे समय तक नहीं टिकता। प्रत्येक व्यक्ति को ईमानदार होना चाहिए और नैतिकता का पालन करना चाहिए। यदि व्यक्ति केवल ईमानदार और मेहनती हो तो वह जीवन के सभी सुखों को अर्जित कर सकता है। इतना ही नहीं, उसकी आनेवाली संतानें भी उसी के अनुरूप बनती हैं।

□

जीवन के सुख-दुःख

आचार्य वचन

- सुख-दुःख एवं उतार-चढ़ाव प्रत्येक मनुष्य के जीवन में आते-जाते हैं। मनुष्य को असहाय होने के स्थान पर साहसपूर्वक इनका सामना करना चाहिए।
- स्वस्थ रहना, उऋण रहना, परदेश में न रहना, सज्जनों के साथ मेल-जोल, स्व-व्यवसाय द्वारा आजीविका चलाना तथा भयमुक्त जीवन-यापन—ये छह बातें सांसारिक सुख प्रदान करती हैं।
- ईर्ष्यालु, घृणा करनेवाला, असंतोषी, क्रोधी, सदा संदेह करनेवाला तथा दूसरों के भाग्य पर जीवन बितानेवाला—ये छह तरह के लोग संसार में सदा दुःखी रहते हैं।

सुख-दुःख

सुख-दुःख की परिभाषाएँ प्रत्येक व्यक्ति के लिए अलग-अलग होती हैं। एक व्यक्ति का सुख दूसरे व्यक्ति के दुःख का कारण बन सकता है। पेशे से कुम्हार व्यक्ति अपने बरतनों को सूखने के लिए तेज धूप की इच्छा करता है, वहीं धान की फसल बोनेवाला किसान अच्छी फसल के लिए वर्षा की कामना करता है। ऐसे में एक के लिए धूप और दूसरे के लिए वर्षा दुःख का कारण है। आजकल तो ऐसी प्रवृत्ति के अनेक लोग देखने को मिलते हैं, जो अपने दुःख से परेशान होने की बजाय दूसरे की प्रतिभा, सफलता और खुशी से अधिक दुःखी होते हैं। ऐसे लोग जीवन भर परेशान भी रहते हैं। असली सुख वह होता है, जिसमें व्यक्ति सबके सुख की कल्पना करता है और सबके सुख के लिए प्रयास करता है। केवल अपने लिए सुख और भोजन की तलाश तो पशु करते हैं, हालाँकि पशुओं में भी भाव होते हैं

और कई बार वे अपने बीमार साथी पशु–पक्षी के लिए भोजन का प्रबंध करते हैं तो हम तो मानव हैं। मानव का तो उद्देश्य ही सबके साथ मिलकर सुखी जीवन जीना और देश का कल्याण करना है।

खिलाड़ी को स्वर्ण पदक केवल एक बार प्रयास करने पर कतई नहीं मिल पाता, यदि वह निरंतर अभ्यास नहीं करता। असफलता का दूसरा नाम अभ्यास है। इसलिए व्यक्तियों को असफलता का 'अ' हटाकर उसके साथ अभ्यास को जोड़ देना चाहिए। इस तरह यह हुआ 'अ' हटाकर सफलता + अभ्यास = कामयाबी और सुख।

असफलता जैसा कुछ नहीं होता

कुछ लोगों के लिए सुख मुख्यतः सफलता पर निर्भर करता है। असफलता उन्हें परेशान कर देती है और उनके दुःख का कारण बन जाती है। ऐसा इसलिए होता है, क्योंकि लोग असफलता को फेलियर मानते हैं। वे समझते हैं कि वे अपने कार्य में फेल हो चुके हैं, जबकि सत्य यह है कि जीवन में कभी भी फेलियर जैसा कुछ नहीं होता। असफलता जैसी कोई चीज जीवन में नहीं होती और कोई भी पहली बार में सफल नहीं होता। कुछ लोग पहली बार किए गए प्रयास में असफल होने पर आगे बढ़ना ही छोड़ देते हैं। कोशिश छोड़ना असफलता है, काम में असफल होना असफलता नहीं है। यदि थॉमस अल्वा एडीसन बिजली के बल्ब का आविष्कार करने से पहले 10,000 बार असफल हो सकते हैं तो आम व्यक्ति क्यों नहीं। खिलाड़ी को स्वर्ण पदक केवल एक बार प्रयास करने पर कतई नहीं मिल पाता, यदि वह निरंतर अभ्यास नहीं करता। असफलता का दूसरा नाम अभ्यास है। इसलिए व्यक्तियों को असफलता का 'अ' हटाकर उसके साथ अभ्यास को जोड़ देना चाहिए। इस तरह यह हुआ 'अ' हटाकर सफलता + अभ्यास = कामयाबी और सुख।

असफलता शब्द केवल उन लोगों के लिए महत्त्वपूर्ण होता है, जो अधिकतर नकारात्मक प्रवृत्ति के होते हैं और हर कार्य व परिस्थिति में नकारात्मक बातों को ढूँढ़ लेते हैं। असफलता शब्द की खोज भी नकारात्मक प्रवृत्तिवाले लोगों की ही देन है। सकारात्मक प्रवृत्तिवाले तो असफलता को कभी भी नकारात्मक तरह से नहीं लेते। चाणक्य भी कहते हैं कि पूर्णता किए बिना किसी भी काम में सफलता नहीं मिल सकती। जो मनुष्य अनिश्चित एवं असाध्य कार्यों में लगा रहता है, उसे ही सफलता नहीं मिलती और वही असफलता को फेलियर से जोड़कर देखता है। दृढ़

संकल्प के धनी और ईमानदार व्यक्ति तो तब तक हार नहीं मानते, जब तक वे कार्य में पूर्ण सफलता प्राप्त नहीं कर लेते। वहीं कुछ लोग छोटी सी असफलता को जीवन की बहुत बड़ी असफलता मान लेते हैं और अपने प्राणों तक का त्याग कर देते हैं।

असफलता के कारण आत्महत्या

वर्तमान समय में आत्महत्या एक बड़ा मुद्दा बन गया है। लोग जीवन में प्रेम, परीक्षा, नौकरी अथवा संबंधों से आहत होने पर तुरंत आत्महत्या की राह अपना लेते हैं। एक बार ऐसी समस्या चाणक्य के सामने भी आई। उन्हें बताया गया कि राज्य में अचानक से आत्महत्या की समस्याएँ बढ़ती जा रही हैं। चाणक्य ने मंत्री परिषद् से पूछा कि "आत्महत्याओं की क्या वजह है?" इस पर मुख्य बात यही सामने आई कि लोग इसलिए आत्महत्या करते हैं, क्योंकि वे जीवन में सुखी और सफल नहीं हैं।

इस पर चाणक्य ने कहा कि "इसके लिए आर्थिक विकास और नागरिकों के कल्याण पर ध्यान देना चाहिए।" इसके साथ ही उन्होंने यह भी कहा कि एक कानून बनाया जाए कि जो भी व्यक्ति आत्महत्या करेगा, उसका अंतिम संस्कार नहीं किया जाएगा। लोगों को यह पता होना चाहिए कि आत्महत्या एक बहुत बड़ा पाप है। सुख-दुःख जीवन भर आते-जाते हैं। ऐसी स्थिति में लोगों को इनके साथ सामंजस्य और संतुलन बनाकर रखना चाहिए। आत्महत्या भारतीय संस्कृति का अंग कतई नहीं है। आत्महत्या करके तो व्यक्ति अपने शरीर के साथ पाप करता है, उसे छिन्न-भिन्न कर लेता है। जिंदगी में यदि व्यक्ति अडिग रहे, हौसलों एवं आत्मविश्वास से हर समस्या का सामना करे तो वह जिंदगी के न केवल सारे सुख प्राप्त कर सकता है, अपितु जीवन को सम्मान के साथ भी जी सकता है। जीवन खट्टा-मीठा है। इसके खट्टे-मीठे होने में ही आनंद है।

आत्महत्या भारतीय संस्कृति का अंग कतई नहीं है। आत्महत्या करके तो व्यक्ति अपने शरीर के साथ पाप करता है, उसे छिन्न-भिन्न कर लेता है। जिंदगी में यदि व्यक्ति अडिग रहे, हौसलों एवं आत्मविश्वास से हर समस्या का सामना करे तो वह जिंदगी के न केवल सारे सुख प्राप्त कर सकता है, अपितु जीवन को सम्मान के साथ भी जी सकता है। जीवन खट्टा-मीठा है। इसके खट्टे-मीठे होने में ही आनंद है।

इस प्रकार चाणक्य असफलता के कारण आत्महत्या जैसे घृणित कार्य करनेवाले लोगों के अंतिम संस्कार तक को उचित नहीं मानते थे।

असफलता कई बार परिवर्तन का संकेत भी देती है। जब व्यक्ति एकरसता का जीवन जीने लगता है तो उसके जीवन में ठहराव आ जाता है, उसमें नयापन नहीं होता, नयापन नहीं होता तो विकास नहीं होता। सुख की नींव असफलता से ही बनती है। यदि यह नींव जीवन में न हो तो व्यक्ति को कभी भी दुःख-सुख का आभास न हो। इसलिए व्यक्ति का गतिशील होना जरूरी है।

जीवन का उद्देश्य केवल सुख-दुःख नहीं

केवल व्यक्ति जगत् में आकर सुखी रहे, यही उसका उद्देश्य नहीं है। जीवन का एक सार्थक उद्देश्य होना चाहिए, इसमें व्यक्ति की संतुष्टि प्रमुख है। अकसर लोग सुख की तलाश में वर्षों गँवा देते हैं और फिर अंत समय में सोचते हैं कि जिस मृगमरीचिका की तलाश में उन्होंने अपने बहुमूल्य वर्ष बिता दिए, वह मृगमरीचिका तो प्राप्त ही नहीं हुई। धन-दौलत सुख प्रदान नहीं कर सकता। सुख मन की संतुष्टि एवं खुशी से प्राप्त होता है। मन को सुख और शांति नेक काम करने पर होती है। यदि मार्ग में मिले किसी असहाय एवं दुःखी की पीड़ा को कम कर दिया जाता है तो तुरंत सुख की अनुभूति हो जाती है।

> *अपने कार्यों एवं परिवार पर ध्यान देने की बजाय दूसरे व्यक्ति को परेशान करने की कोशिश की जाए तो वहाँ व्यक्ति स्वयं दुःख उत्पन्न करता है। वास्तविक सुख व्यक्ति को तभी प्राप्त होता है, जब वह सबके साथ मिलकर एक सकारात्मक एवं कल्याणकारी परिवेश का निर्माण करता है।*

कई बार सुख-दुःख उत्पन्न किए जाते हैं

व्यक्ति सुख और दुःख अपने माध्यम से भी प्राप्त कर सकता है। अगर कमजोर व अशक्त व्यक्तियों की मदद की जाए तो उसमें भी एक सुख है, अशिक्षित को शिक्षित किया जाए तो उसमें भी एक सुख है। वहीं अगर एक सफल एवं कामयाब इनसान की कमियों को गिनने में समय लगाया जाए तो वहाँ व्यक्ति स्वयं दुःख को दावत देता है। अपने कार्यों एवं परिवार पर ध्यान देने की बजाय दूसरे

व्यक्ति को परेशान करने की कोशिश की जाए तो वहाँ व्यक्ति स्वयं दुःख उत्पन्न करता है। वास्तविक सुख व्यक्ति को तभी प्राप्त होता है, जब वह सबके साथ मिलकर एक सकारात्मक एवं कल्याणकारी परिवेश का निर्माण करता है।

चाणक्य शिक्षा

जीवन में असफलता जैसा कुछ नहीं होता। व्यक्ति को आगे बढ़ते रहना चाहिए। अभ्यास असफलता को दूर कर देता है। अभ्यास ही नहीं, बल्कि पुनराभ्यास होते रहना चाहिए। लगातार अभ्यास से व्यक्ति कठिन-से-कठिन कार्य में भी कुशल हो जाता है। एकाग्रता, लगन, ईमानदारी और धैर्य से जीवन में सफलता लगातार बनी रहती है। सुख-दुःख का निर्माण व्यक्ति अपने कर्म और मन से करता है। यदि उसका चित्त शांत एवं नीरव रहता है तो वह दुःख और समस्याओं में से भी सुख और अवसर निर्मित कर लेता है। इसलिए व्यक्ति को सरल भाव से अपने काम करते रहने चाहिए।

□

कुल एवं जातियाँ

आचार्य वचन

- नीच कुल में जनमा विद्वान् एवं गुणों से युक्त व्यक्ति भी समाज में ऊँचा स्थान प्राप्त करता है।
- कुल की शोभा सदाचार में होती है।
- महान् बनने के लिए मनुष्य का उच्च कुल में जन्म लेना ही पर्याप्त नहीं है। इसके लिए उसका सहनशील, संतोषी, विद्वान् एवं परोपकारी होना भी आवश्यक है।
- विद्वत्ता एवं गुणों के अभाव में उच्च कुल में जनमा व्यक्ति भी तिरस्कार का भागी बन जाता है।

कुल, गोत्र एवं जातियाँ

इतिहास के अस्तित्व में आने से बहुत पहले तक पृथ्वी पर मनुष्य का अस्तित्व था। मनुष्य वानर स्वरूप में था। ऐसा माना जाता है कि आधुनिक मनुष्य लगभग 25 लाख साल पहले प्रकट हुए थे। मनुष्य का वैज्ञानिक नाम होमो सेपियंस है, यानी कि बुद्धिमान मनुष्य। होमो का अर्थ मनुष्य और सेपियंस का अर्थ बुद्धिमान है। पृथ्वी पर होमो रुडोल्फेंसिस, होमो इरेक्टस और होमो निएंडरथलेंसिस नामक मनुष्य की अनेक प्रजातियों के चिह्न मिलते हैं। इन सभी प्रजातियों में सबसे अधिक उल्लेखनीय बात यह थी कि इनके पास अन्य प्राणियों के मुकाबले असाधारण रूप से सोचने के लिए मस्तिष्क था। मस्तिष्क ने मनुष्य को सोचने-विचारने की क्षमता एवं सामर्थ्य प्रदान किया। फलस्वरूप मनुष्य बुद्धि के माध्यम से विकास करता गया। इसने अग्नि, कृषि एवं अन्य उपकरणों की खोज कर मनुष्य जीवन को सीढ़ी-दर-सीढ़ी बेहद सुविधाजनक बना दिया।

पहले मनुष्य के लिए सबसे मुख्य कार्य अपने लिए भोजन तलाश करना, आश्रय ढूँढ़ना और सुरक्षा प्राप्त करना था। जब स्थितियाँ उसके अनुकूल होती गईं तो फिर उसका ध्यान जाति, धर्म, वर्ण, कुल, गोत्र आदि पर गया। पहले पृथ्वी पर कहीं कोई धर्म न था। बस मानव के विकसित होते-होते लोगों ने अपने अनुरूप अपने-अपने ईश्वर का अस्तित्व बना लिया था। कुछ लोग अपने ईश्वर को प्रस्तर में देखते थे तो कुछ मानव में, कुछ ग्रंथों में।

गोत्र का विभाजन उस समय किया गया, जब एक ही कुल के लोगों में क्षत्रिय, ब्राह्मण, वैश्य और शूद्र का विभाजन हो गया। ऐसे में गोत्र ही उनकी पहचान करता था। वर्ण के कारण जातियाँ बनती गईं और सवर्ण व निम्न जातियों में विभाजित होती गईं। निम्न जातियों में उन वर्णों को लिया गया, जो निम्नतर कार्य करते हैं, जैसे सफाई करना, कपड़े साफ करना, जूते-चप्पल बनाना, आदि।

चाणक्य ने भी मनुष्य के लिए यही कहा था कि "अच्छे मुनष्यों को उनके गुणों द्वारा पहचाना जाता है।" जो व्यक्ति कुल, गोत्र और जातियों में उलझ जाता है, वह कभी भी जीवन की बाधाओं को नहीं सुलझा सकता। जिंदगी को जीने के लिए व्यक्ति को सादगी, निष्पक्षता और मेहनत से जीवन-यापन करना चाहिए, न कि जाति-वर्ण भेद में घुसना चाहिए।

कुल, गोत्र और जातियों के विभाजन के कारण ही ऑनर किलिंग जैसे मुद्दे आज भी राष्ट्रव्यापी मुद्दे बने हुए हैं, जबकि चाणक्य ने सदियों पहले यह कहा था कि "व्यक्ति नीच कुल में पैदा होने से नहीं, बल्कि पथभ्रष्ट होने से कलंकित होता है।" जाति, धर्म, वर्ण और कुलों में विभाजन व्यक्ति ने स्वयं किया है। हर व्यक्ति का जन्म समान तरह से होता है, उसके विकास की गति भी समान ही होती है। हर व्यक्ति को कर्म करने के लिए एक दिन में 24 घंटे ही मिलते हैं। वह अपने गुणों एवं कार्य से ही स्वयं को साबित करता है। चाणक्य ने भी मनुष्य के लिए यही कहा था कि "अच्छे मुनष्यों को उनके गुणों द्वारा पहचाना जाता है।" जो व्यक्ति कुल, गोत्र और जातियों में उलझ जाता है, वह कभी भी जीवन की बाधाओं को नहीं सुलझा सकता। जिंदगी को जीने के लिए व्यक्ति को सादगी, निष्पक्षता और मेहनत से जीवन-यापन करना चाहिए, न कि जाति-वर्ण भेद में घुसना चाहिए।

राजनीति में घुसपैठ करते वर्णीय मुद्दे

आज तो वर्ण व्यवस्था पर राजनीति की रोटियाँ सिंकते देर नहीं लगती। दलित एवं निम्न वर्ण के लोगों के साथ हुई घटनाओं को तुरंत राजनीति से जोड़ दिया जाता है। कुछ ही समय में ये मुद्दे परिवार, समाज से बाहर निकलकर राष्ट्रव्यापी हो जाते हैं और बड़े-बड़े आंदोलन के कारक बन जाते हैं। भारत में ऐसे मुद्दों ने राजनीति में न केवल उथल-पुथल मचाई है, बल्कि राजनीति को झकझोरकर रख दिया है। विशुद्ध राजनीति देश की सुरक्षा एवं प्रगति पर आधारित होती है, लेकिन जब वह जाति, धर्म और कुल के गोत्र पर अटक जाती है तो प्रगति के मार्ग से भटक जाती है। अभी भी हमारे देश में जाति-आधारित व्यवसाय, जाति-आधारित आरक्षण व्यवस्था, जाति-आधारित राजनीति और जाति-आधारित जीवनशैली ने सामाजिक वैमनस्यता को बढ़ाया हुआ है। राजनीतिक पार्टियाँ आरक्षण पर आधारित जाति के मुद्दों को बढ़ावा देती हैं और देश इनको सुलझाने में ही अटका रहता है। चाणक्य ने चंद्रगुप्त की बुद्धि और जिजीविषा को देखते हुए उन्हें मगध का भावी सम्राट् माना था। चंद्रगुप्त चाणक्य की कसौटियों पर खरे उतरे, उन्होंने तनिक भी चंद्रगुप्त की जाति पर ध्यान नहीं दिया। इसके बाद की बातें सब इतिहास हैं। चंद्रगुप्त ने भी अपने आचार्य को पूरा सम्मान दिया और उनके मार्गदर्शन को प्राप्त करते हुए स्वयं को देश के ऐसे सम्राट् के रूप में प्रस्तुत किया कि आज भी उनके गुणगान पूरे विश्व में किए जाते हैं। चाणक्य इस बात को मानते और जानते थे कि महान् बनने के लिए व्यक्ति को ऊँचे कुल में जन्म लेने की जरूरत नहीं है, बल्कि उसको सहनशील, संतोषी, विद्वान् एवं परोपकारी होने की जरूरत है।

> *चाणक्य कहते हैं कि शूद्र वर्ण का कोई व्यक्ति यदि अपनी योग्यता, प्रतिभा और विद्या से अपनी बुद्धि को विकसित कर लेता है तो वह भी ब्राह्मण के समान पूजनीय है, वहीं यदि एक ब्राह्मण भी झूठ बोलता है, बेईमानी करता है तो वह ब्राह्मण कहलाने का अधिकारी नहीं। निम्न वर्ण में पैदा होने के कारण किसी का बहिष्कार नहीं किया जा सकता।*

जातियाँ गुण पर निर्भर करती हैं

व्यक्ति की जाति उसके गुणों पर निर्भर करती है। गुण, कर्म, ज्ञान, आदर

एवं भाव ही उच्चता के मापदंड हैं। चाणक्य कहते हैं कि शूद्र वर्ण का कोई व्यक्ति यदि अपनी योग्यता, प्रतिभा और विद्या से अपनी बुद्धि को विकसित कर लेता है तो वह भी ब्राह्मण के समान पूजनीय है, वहीं यदि एक ब्राह्मण भी झूठ बोलता है, बेईमानी करता है तो वह ब्राह्मण कहलाने का अधिकारी नहीं। निम्न वर्ण में पैदा होने के कारण किसी का बहिष्कार नहीं किया जा सकता। महाभारत में युधिष्ठिर और यक्ष के संवाद में भी यही कहा गया है कि "मनुष्य जन्म से ही ब्राह्मण नहीं बन जाता है, न ही वह वेदों के ज्ञान मात्र से ब्राह्मण बन जाता है। उच्च चरित्र से ही मनुष्य ब्राह्मण के पद पर आसीन होता है। व्यक्ति का उच्च चरित्र किसी जाति विशेष से नहीं, वरन् परिवार के संस्कारों से बनता है। जाबालि अज्ञात वर्ण का था, लेकिन जाबालि का पुत्र सत्यकाम सत्यवक्ता एवं गुणवान होने के कारण उसे ब्रह्म विद्या का अधिकारी समझा गया। शिक्षा का विस्तार होने से हमारे देश में अब जाति पर आधारित कार्य समाप्त होते जा रहे हैं। आज एक मोची का बेटा प्रशासनिक अधिकारी बन सकता है तो एक ब्राह्मण नौकरी कर सकता है। यह आवश्यक नहीं कि यदि व्यक्ति क्षत्रिय कुल में जनमा है तो वह बेहद ताकतवर ही होगा। मनुष्य अपना अधिकतर समय जातिगत भेदभावों पर झगड़ने में व्यर्थ करता है। यदि सभी लोग एक-दूसरे को समान समझें और प्रेम व सद्भाव के साथ एक-दूसरे के साथ पेश आएँ तो बेवजह की अनगिनत समस्याएँ देश से दूर हो सकती हैं।

प्रत्येक व्यक्ति अपने-अपने गृह एवं परिवेश को स्वच्छ बनाए रखने का प्रयत्न करते हैं, ताकि स्वच्छ परिवेश में वे स्वस्थ रह सकें। ऐसे में व्यक्तियों को मनुष्य के द्वारा बनाई गई जातियों के आधार पर विभाजित करना असंगत एवं अन्यायपूर्ण है। कई बार निम्न वर्गों में जन्म लेने वाले बच्चों के बाल मन में प्रारंभ से ही ऊँच-नीच के भेद उत्पन्न कर दिए जाते हैं। इससे बच्चों में हीन भावना उत्पन्न हो जाती है।

हर व्यक्ति में सभी वर्ण छिपे हैं

ब्राह्मण, क्षत्रिय, वैश्य और शूद्र, ये चारों वर्ण प्रत्येक व्यक्ति के अंदर विद्यमान हैं। एक व्यक्ति जब बड़ा हो जाता है तो उसके अंदर ये चारों वर्ण समा जाते हैं। जब एक व्यक्ति आस्था और अध्यात्म के साथ मनन करता है तो वह ब्राह्मण बन

जाता है। जब वही व्यक्ति अपने परिवार अथवा अपने प्रति हुए अनाचार के विरुद्ध आवाज उठाता है तो वह क्षत्रिय कहलाता है। जब वही व्यक्ति अपने परिवार का भरण-पोषण करने के लिए व्यवसाय करता है तो वह वैश्य कहलाता है और वही व्यक्ति शौच के समय शूद्र बन जाता है। प्रत्येक व्यक्ति अपने-अपने गृह एवं परिवेश को स्वच्छ बनाए रखने का प्रयत्न करते हैं, ताकि स्वच्छ परिवेश में वे स्वस्थ रह सकें। ऐसे में व्यक्तियों को मनुष्य के द्वारा बनाई गई जातियों के आधार पर विभाजित करना असंगत एवं अन्यायपूर्ण है। कई बार निम्न वर्गों में जन्म लेने वाले बच्चों के बाल मन में प्रारंभ से ही ऊँच-नीच के भेद उत्पन्न कर दिए जाते हैं। इससे बच्चों में हीन भावना उत्पन्न हो जाती है। कई बार ऐसे बच्चे बचपन में उचित परिवेश न मिलने के कारण अपनी योग्यता एवं गुणों को भी नहीं उभार पाते। बचपन का कोई कुल और धर्म नहीं होता। उसे पूरी तरह स्वाभाविक रूप से खिलने देना चाहिए। यही बचपन बड़ा होकर पुष्प में पल्लवित होता है और देश की जिम्मेदारी उठाता है।

धनानंद जैसा अत्याचारी राजा क्षत्रिय होकर भी राजा के गुणों से विभूषित नहीं था

धनानंद अत्याचारी, भोग-विलास में रत रहनेवाला था। वह विलासिता और निरंकुशता में लिप्त था। उसका मकसद केवल अपनी स्वार्थ लिप्सा से था, इसलिए वह अपनी प्रजा की ओर ध्यान नहीं देता था। धनानंद ने चाणक्य जैसे विद्वान् का भी अपमान किया था। इसलिए वह क्षत्रिय होकर भी राजा के गुणों से परिपूरित नहीं था। कह सकते हैं कि वह उच्च कुल में जन्म लेकर भी उच्च कुलवाले गुणों से सुशोभित नहीं था। इतिहास में अनेक ऐसे राजाओं के नाम दर्ज हैं, जिन्होंने अपने अनैतिक कार्यों से विश्व में हलचल मचाई और मनुष्यता को अपमानित किया। वहीं अनेक ऐसे राजाओं से भी इतिहास पटा पड़ा है, जिन्होंने मानवीयता के गुणों को केवल अपने राज्य तक ही नहीं, बल्कि विश्व के कोने-कोने तक फैला दिया। चंद्रगुप्त के पोते सम्राट् अशोक युद्ध, हिंसा एवं रक्तरंजित मनुष्यों के शवों और घायलों के मर्मांतक चीत्कार से दहल उठे। उन्होंने स्वयं को अहिंसा के समक्ष समर्पित कर दिया। उनकी अहिंसक प्रवृत्ति केवल भारत को ही नहीं, अपितु पूरे विश्व को अहिंसक पथ पर ले जाती है। उनकी अहिंसा की धारणा आज भी केवल भारत में ही नहीं, अपितु संपूर्ण विश्व पटल पर मजबूती से कायम है।

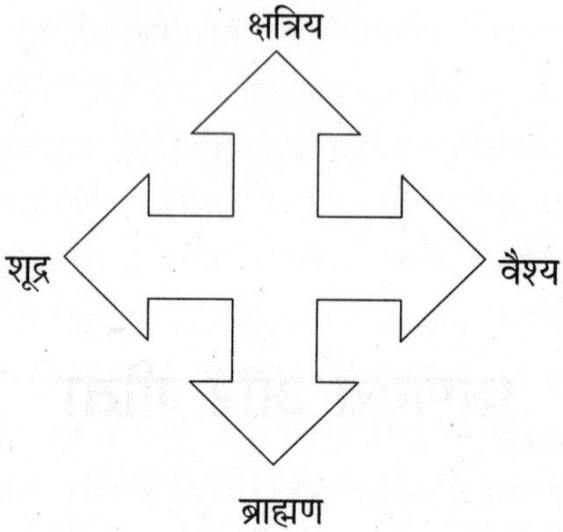

सद्गुणों से युक्त हर मनुष्य उच्च कुल का कहलाता है।

चाणक्य शिक्षा

व्यक्ति उत्तम कुल में उत्पन्न होने से ही उत्तम नहीं कहलाता, बल्कि वह उत्तम तब कहलाता है, जब वह किसी भी कुल में उत्पन्न होने के बाद भी सद्गुणों से युक्त रहता है और मानवीयता को सुशोभित करता है। सहनशील, संतोषी, विद्वान् एवं परोपकारी व्यक्ति उत्तम कुलवाला माना जाता है। वर्ण व्यवस्था एवं धर्म का निर्माण मनुष्य ने अपने अनुकूलन के लिए किया है। जो व्यक्ति मानवीयता एवं सदाचार से युक्त है, उसके लिए यह महत्त्व नहीं रखता कि वह किस कुल से संबंधित है। सदियों पहले चाणक्य ने इस पर मुहर लगाई थी।

अगर मनुष्य अपनी बुद्धि का प्रयोग करते हुए सकारात्मक तरह से कार्य करता रहे तो धर्म, जाति, कुल, गोत्र जैसे विवादों को पनपने का अवसर ही न मिले। □

चाणक्य और गीता

आचार्य वचन

- मनुष्य जो कर्म करता है, उसका भाग्य उसी के अनुरूप उसे फल प्रदान करता है।
- बुरे कर्म करके सुखों की कामना करना व्यर्थ है।
- मनुष्य जैसा कर्म करता है, उसी के अनुरूप उसे अच्छे या बुरे फल की प्राप्ति होती है।
- उद्देश्यरहित दीर्घकालिक जीवन की अपेक्षा शुभ कर्मों से युक्त अल्पकालिक जीवन अधिक श्रेष्ठ है।

'चाणक्य नीति', 'अर्थशास्त्र' और 'गीता'

चाणक्य ने 'चाणक्य नीति' में लगभग उन सभी बातों को स्पष्ट किया है, जो 'गीता' में निहित हैं। भारतीय ग्रंथों में 'श्रीमद्भगवद्गीता' और 'चाणक्य नीति' अत्यंत महत्त्वपूर्ण पुस्तकें हैं। ऐसा माना जाता है कि यदि व्यक्ति 'गीता' और 'चाणक्य नीति' को पढ़ ले तो वह जीवन में कभी मात नहीं खा सकता। स्वयं चाणक्य ने 'अर्थशास्त्र' की रचना करने के बाद 'चाणक्य नीति' में इस बात को स्पष्ट किया था कि "इस ग्रंथ के अध्ययन, चिंतन और मनन से साधारण मनुष्य भी योग्य-अयोग्य, उचित-अनुचित का ज्ञान प्राप्त करने में सक्षम हो जाएगा। इस ग्रंथ के माध्यम से प्राणियों को पाप-पुण्य, धर्म-अधर्म और कर्तव्य-अकर्तव्य के प्रति सजग करना ही मेरा एकमात्र ध्येय है।" चाणक्य को अर्थशास्त्र की महत्ता और सफलता का पूरा-पूरा ज्ञान था। इसलिए उन्होंने साधारण व्यक्तियों के लिए भी यही कहा था कि "जन कल्याण हेतु मैं राजनीति के उन गुप्त रहस्यों का वर्णन कर रहा हूँ, जिसका ज्ञान प्राप्त कर लेने के बाद मनुष्य सर्वज्ञ हो जाएगा। यदि

मनुष्य इस शास्त्र के नीतिगत विचारों का अनुसरण करे तो निस्संदेह सफलता उसके कदम चूमेगी।

यह कहने में कतई अतिशयोक्ति न होगी कि विश्व के प्रमुख ग्रंथों में 'रामायण', 'महाभारत', 'गुरुग्रंथ साहिब', 'कुरान', 'बाइबल' के साथ ही 'अर्थशास्त्र' भी है। 'रामायण', 'बाइबल' और 'कुरान' जहाँ पौराणिक ग्रंथ हैं, वहीं 'अर्थशास्त्र' व्यापारिक ग्रंथ की गुत्थियों को सुलझाता ऐसा ग्रंथ है, जो समूची मानवता का कल्याण करता है। इसी तरह 'गीता' व्यक्ति की कर्मनिष्ठता के महत्त्व का बखान करती है।

अर्थशास्त्र और गीता में साम्यता

अर्थशास्त्र : 'अर्थशास्त्र' में राजनीति के गुप्त रहस्यों का वर्णन किया गया है। चाणक्य ने 'अर्थशास्त्र' में अपना नाम कौटिल्य लिखा है। इस तरह कौटिल्यकृत 'अर्थशास्त्र' 15 अधिकरणों तथा 150 प्रकरणों में विभक्त है। इसमें राजा के कर्तव्यों, गुप्तचरों की नियुक्ति, मंत्रियों की नियुक्ति, उनकी समय-समय पर परीक्षा, सैन्य संगठन, कर विधान, भूमि, दुर्ग व कोष की देखभाल, युद्ध, संधि, घोषित शत्रु एवं छद्म शत्रु की पहचान कैसे की जाए, इन सबका विस्तृत वर्णन किया है। इसके साथ ही चाणक्य ने 'अर्थशास्त्र' में यह भी बताया है कि एक व्यक्ति को षड्यंत्रकारियों से किस प्रकार सावधान रहना चाहिए। इतना ही नहीं, इसमें शत्रु पक्ष और षड्यंत्रकारियों से बचने के उपाय भी बताए गए हैं। अनेक गुप्त रहस्यों को भी इसमें उजागर किया गया है। अभी देश के साथ ही विश्व के कई स्थानों पर स्वच्छ एवं आदर्श राजनीति इसलिए नहीं है, क्योंकि वहाँ पर अर्थशास्त्र में लिखे गए राजनीति विज्ञान के सूत्रों के अनुसार अमल नहीं होता है।

> *'अर्थशास्त्र' में चाणक्य ने कलाओं एवं शिल्पों को समुन्नत करने की विधियों की गहनता को भी स्पष्ट किया है। चाणक्य ने किसी भी विषय को 'अर्थशास्त्र' में समेटने से नहीं छोड़ा है। उन्होंने मनुष्य जगत् के साथ ही चराचर जगत् के हर प्राणी की स्थितियों एवं व्यवहार तक को इसमें उजागर किया है। व्यक्ति वनों, खदानों आदि से कैसे और क्या लाभ उठा सकता है, कैसे दुर्भिक्ष एवं प्राकृतिक आपदाओं के जाल से बच सकता है, इन सबके बारे में 'अर्थशास्त्र' में लिखा हुआ है।*

'अर्थशास्त्र' में चाणक्य ने कलाओं एवं शिल्पों को समुन्नत करने की विधियों की गहनता को भी स्पष्ट किया है। चाणक्य ने किसी भी विषय को 'अर्थशास्त्र' में समेटने से नहीं छोड़ा है। उन्होंने मनुष्य जगत् के साथ ही चराचर जगत् के हर प्राणी की स्थितियों एवं व्यवहार तक को इसमें उजागर किया है। व्यक्ति वनों, खदानों आदि से कैसे और क्या लाभ उठा सकता है, कैसे दुर्भिक्ष एवं प्राकृतिक आपदाओं के जाल से बच सकता है, इन सबके बारे में 'अर्थशास्त्र' में लिखा हुआ है। इसमें गद्य और पद्य, दोनों का मिश्रण है। वर्तमान समय में तो 'अर्थशास्त्र' बेहद सरल भाषा में आकर्षक स्वरूप और विभिन्न भाषाओं में उपलब्ध है, ताकि हर भाषा-भाषी इससे लाभ उठा सके।

गीता : 'गीता' में व्यक्ति के जीवन का सार प्रस्तुत किया गया है। 'गीता' के रचयिता वेद व्यास हैं। हालाँकि इसके कोई पुख्ता प्रमाण नहीं हैं। यह अर्जुन और उनके सारथी श्रीकृष्ण के बीच हुए संवाद पर आधारित पुस्तक है। 'गीता' में 18 अध्याय हैं। प्रत्येक अध्याय में व्यक्ति के जीवन से जुड़े सवालों का जवाब है। इसमें ज्ञानयोग, कर्मयोग, भक्तियोग, राजयोग और एकेश्वरवाद की बहुत ही सुंदर ढंग से व्याख्या की गई है। 'गीता' का पहला अध्याय 'अर्जुन विषाद योग' है। इसमें 46 श्लोकों द्वारा अर्जुन की मन: स्थिति को उजागर किया गया है। इस अध्याय के 46 श्लोकों में अर्जुन की मन:स्थिति के बीच गहरा द्वंद्व चलता है। अर्जुन अपने सगे-संबंधियों को रणक्षेत्र में देखकर भयभीत हो जाता है और युद्ध करने से मना कर देता है। तब कृष्ण भगवान् उसे समझाते हैं कि संसार एक कर्मक्षेत्र है। कर्मक्षेत्र में अपने अधिकारों के लिए और सही मार्ग पर धर्म की रक्षा के लिए युद्ध अनिवार्य होता है।

'गीता' के दूसरे अध्याय 'सांख्ययोग' में कुल 72 श्लोक हैं। इसमें श्रीकृष्ण अर्जुन को कर्मयोग, ज्ञानयोग, सांख्ययोग, बुद्धियोग और आत्म का ज्ञान देते हैं। इस अध्याय में 'गीता' का निचोड़ है। तीसरा अध्याय कर्मयोग है। इसमें श्रीकृष्ण अर्जुन को कर्म का महत्त्व बताते हैं कि प्रत्येक व्यक्ति को परिणाम की प्रतीक्षा किए बिना निरंतर कर्म करते रहना चाहिए। कर्म स्वत: ही समय आने पर उचित फल दे देते हैं। चौथे अध्याय में श्रीकृष्ण गुरु के महत्त्व के बारे में बताते हैं। पाँचवें अध्याय में कृष्ण अर्जुन को बताते हैं कि कर्म योग जीवन के लिए बेहतर है। छठे अध्याय में श्रीकृष्ण अर्जुन को अष्टांग योग के बारे में बताते हुए कहते हैं कि मनुष्य को किस प्रकार अपने मन की दुविधाओं को दूर रखना चाहिए। सातवें अध्याय 'ज्ञान-विज्ञान' में श्रीकृष्ण वास्तविकता और भ्रम के बारे में बताते हैं तो आठवें अध्याय अक्षर

ब्रह्मयोग में स्वर्ग और नर्क के बारे में प्रकाश डालते हैं।

इसी प्रकार अन्य दस अध्याय में भी वे जीवन के अन्य पहलुओं को लेते हुए चलते हैं। कहीं पर वे अपने विश्वस्वरूपा रूप के दर्शन कराते हैं तो कहीं पर मनुष्य की उत्तम, मध्यम व अन्य गतियों के बारे में बताते हैं।

चाणक्य एवं श्रीकृष्ण में साम्यता

श्रीकृष्ण—श्रीकृष्ण अलौकिक शक्तियों के स्वामी थे। वे सोलह कलाओं के ज्ञाता थे। उन्हें जीवन की हर दृष्टि का बारीकी से ज्ञान था। उन्हें दुष्टता व दयालुता के परिणामों का भी अनुभव था। वे श्यामवर्ण थे। श्रीकृष्ण पहले मामले को सामान्य तरह से सुलझाते थे। यदि इस तरह मामला न सुलझे तो वे चातुर्य से उसे सुलझाते थे। यदि इससे भी न सुलझे तो फिर युद्ध के माध्यम से समाधान को अनिवार्य मानते थे।

चाणक्य—चाणक्य बेहद विद्वान् साधारण मानव थे। साधारण मानव होते हुए भी शिक्षा के कारण उनमें अलौकिक शक्तियों का निवास था। वे श्रीकृष्ण की भाँति अत्यंत चतुर थे। चाणक्य भी जीवन में साम, दाम, दंड और भेद की नीति पर चलते थे। यदि शत्रु आराम से अपनी गलती स्वीकार कर लेते थे तो चाणक्य अन्य तरीके नहीं अपनाते थे, लेकिन सभी प्रयत्न करने के बाद भी जब शत्रु नहीं मानते थे तो दंड और युद्ध ही एकमात्र उपाय रह जाता था। श्रीकृष्ण और चाणक्य दोनों का ही उद्देश्य प्रजा की रक्षा एवं एक लोक कल्याणकारी राज्य एवं आदर्श राजा को स्थापित करना था। दोनों ने ही जीवन को कर्म प्रधान और कर्म निहित माना है। दोनों का ही मानना था कि भाग्य कर्म की पृष्ठभूमि पर आधारित होता है। जैसे कर्म होंगे, वैसा ही भाग्य होगा। यह बात आज भी उतनी ही यथार्थपूर्ण एवं प्रभावी है, जितनी कृष्ण एवं चाणक्य युग में थी।

श्रीकृष्ण अलौकिक शक्तियों के स्वामी थे। वे सोलह कलाओं के ज्ञाता थे। उन्हें जीवन की हर दृष्टि का बारीकी से ज्ञान था। उन्हें दुष्टता व दयालुता के परिणामों का भी अनुभव था। वे श्यामवर्ण थे। श्रीकृष्ण पहले मामले को सामान्य तरह से सुलझाते थे।

'गीता' एवं 'अर्थशास्त्र' का दैनिक जीवन में महत्त्व

'गीता' एवं 'अर्थशास्त्र' ग्रंथ व्यक्तियों को अत्यंत क्लिष्ट लगते हैं। आज तो बाजार में इनके अत्यंत सरल रूप भी मिलते हैं। 'गीता' एवं 'अर्थशास्त्र' को बेहद सरल भाषा में व्यक्तियों के अनुरूप सार रूप में लिख दिया गया है, ताकि लोग इन्हें पढ़कर दैनिक जीवन में लाभ उठा सकें।

'गीता' एवं 'चाणक्य नीति' की मुख्य बातें

चाणक्य ने 'चाणक्य नीति' में बहुत ही समझदारपूर्ण और सारगर्भित बातें कही हैं। ये सारगर्भित बातें 'गीता' में भी कही गई थीं।

गीता	चाणक्य नीति
व्यक्ति के कर्म करने पर बल देती है।	अर्थशास्त्र कर्म को चतुराई से करने के लिए टिप्स देता है।
अपने क्रोध पर काबू रखें। क्रोध व्यक्ति को विनाश की ओर ले जाता है। क्रोध, भय हमारे शत्रु हैं।	क्रोध एक तीक्ष्ण विष है। यह व्यक्ति का पूर्णत: सर्वनाश कर डालता है।
यह शरीर अग्नि, जल, वायु, पृथ्वी, आकाश से बना है और इसी में मिल जाएगा। आत्मा कभी नहीं मरती। इसलिए आत्मभाव में रहकर जीवन का आनंद लें	शरीर में स्थित आत्मा एक नदी है। यह नदी ईश्वर के शरीर से निकली है। धैर्य इसके किनारे हैं, करुणा इसकी लहरें हैं, पुण्य इसके तीर्थ हैं।
बीते कल और आनेवाले कल की चिंता नहीं करनी चाहिए, जो होना है, वह होकर रहेगा। इसलिए वर्तमान का आनंद लें।	समझदार प्राणी वर्तमान में जीता है और अपने जीवन को सफल बनाता है।

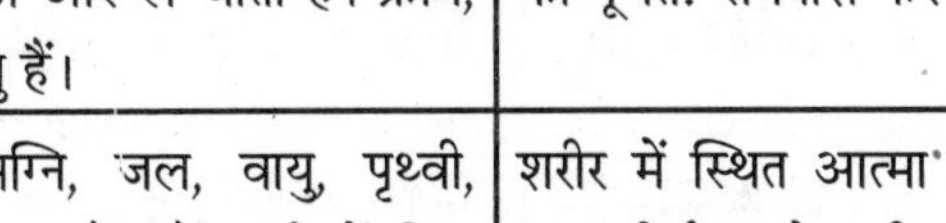

साम्यता और महत्त्व

चाणक्य शिक्षा

यह विश्व एक कर्मक्षेत्र है। यहाँ पर जो व्यक्ति अपने कार्य, शैली, शिक्षा, व्यवहार के अनुरूप जैसा व्यवहार करता है, उसको जीवन में उसी तरह के परिणाम प्राप्त होते हैं। यदि व्यक्ति नकारात्मक और हिंसा के भाव लेकर मानवता के साथ छल करता है तो ऐसे व्यक्तियों को दंड देना चाहिए। भाग्य कर्म पर आधारित होता है। इसलिए प्रत्येक व्यक्ति को अपने कर्मों को स्वच्छ, स्पष्ट और ईमानदार तरह से करना चाहिए।

□

दोष

आचार्य वचन

- यदि बबूल का झाड़ वसंत ऋतु में भी पत्तों से रहित रहता है तो इसमें वसंत का कोई दोष नहीं।
- उल्लू को दिन में दिखाई नहीं देता तो इसमें सूर्य को दोष देना व्यर्थ है।
- यदि चातक के मुख में वर्षा की बूँदें नहीं गिरतीं तो इसमें मेघों का दोष नहीं है।

दोष और दोषी

दोष शब्द ऐसा है कि यह अपने अंदर बहुत सारे अर्थों को समाए हुए है। दोष का अर्थ कमी, अपराध, कसूर, खराबी, कलुष, अपराध बोध आदि होता है। इसका प्रयोग बहुत तरह से किया जाता है।

पहला प्रयोग—अगर दो मित्रों को कहीं मिलना हो। अचानक एक की गाड़ी लेट हो जाए। मित्र के देर से पहुँचने पर दूसरा मित्र नाराज हो जाए। ऐसी स्थिति में पहला मित्र दूसरे से कहेगा, "गाड़ी समय पर नहीं पहुँची। इसमें मेरा क्या दोष है ?"

दूसरा प्रयोग—अधिकारी द्वारा एक व्यक्ति को महत्त्वपूर्ण काम दिया जाता है, लेकिन वह भूल जाता है। अधिकारी कहता है, "यह काम तुम्हें सौंपा गया था। इसे पूरा न करने के लिए केवल तुम ही दोषी हो।"

तीसरा प्रयोग—दो व्यक्ति किसी तीसरे की बुराई करते हुए कहते हैं, "अरे, मैं तो उससे बात ही नहीं करता। उसमें बहुत दोष हैं।"

चौथा प्रयोग—तुम मेरे ऊपर झूठ बोलने का दोष मत लगाओ।

यहाँ पर पहले वाक्य में दोष, 'अपराध', दूसरे वाक्य में 'कसूर', तीसरे वाक्य में 'कमियाँ' और चौथे वाक्य में 'कलंक' है।

दोषी कोई नहीं बनना चाहता और दूसरे को दोषी बनाने व मानने की प्रबल आकांक्षा नकारात्मक प्रवृत्ति के सभी व्यक्तियों में पाई जाती है। जो लोग सकारात्मक प्रवृत्ति के और आत्मविश्वास से भरपूर होते हैं, उनके अंदर सामर्थ्य होता है कि वे दोष और दोषी दोनों ही बनने से इनकार कर देते हैं। वे अपनी संपूर्ण शक्ति झोंक देते हैं, असंभव को संभव में परिवर्तित कर देते हैं।

दोषी मुहूर्त, भाग्य और ऋतुएँ

कहा जाता है कि कॉकरोच और व्यक्ति दोनों ऐसे प्राणी हैं, जो हर हाल में जीवित रहना जानते हैं। व्यक्ति बहुत ही स्वार्थी किस्म का होता है। वह हर परिस्थिति को अपने पक्ष में मोड़ने का प्रयास करता है, लेकिन केवल चाहने से ही परिस्थिति पक्ष में नहीं होती। उसके लिए व्यक्ति को कड़ा संघर्ष, मेहनत और दृढ़ संकल्प करना होता है। जो लोग ढुल-मुल प्रवृत्ति के होते हैं, वे बात-बात में अपनी असफलता को परिस्थितियों के मत्थे मढ़ देते हैं।

वह व्यक्ति, जो मन में संकल्प और बुलंद इरादों के साथ कुछ कर गुजरने को आतुर है, उसके लिए मुहूर्त, मौसम और भाग्य का कोई अस्तित्व नहीं होता। ऐसा व्यक्ति अपना मौसम, मुहूर्त और भाग्य साथ लेकर चलता है। वह जहाँ सच्चाई के साथ, आत्मविश्वास के साथ अपने कदम जमा लेता है, वहीं भाग्य, मौसम और मुहूर्त का अस्तित्व हो जाता है।

मुहूर्त, भाग्य और मौसम—ये तीनों ऐसे तत्त्व हैं, जिनका एक आम व्यक्ति बहुतायत में प्रयोग करता है। वह जब कठोर परिश्रम से बचना चाहता है, अपनी असफलता की जिम्मेदारी स्वयं लेने से बचना चाहता है तो उसके लिए मुहूर्त, भाग्य और मौसम पर सहजता से दोष डाल देता है। व्यक्ति बहुत चतुर है। उसे यह ज्ञात है कि मुहूर्त, भाग्य और मौसम ऐसे तत्त्व हैं, जो कभी भी मुँह नहीं खोल पाएँगे, उनका अस्तित्व व्यक्ति ने अपनी कल्पनाओं में बनाया और बसाया हुआ है। वह व्यक्ति, जो मन में संकल्प और बुलंद इरादों के साथ कुछ कर गुजरने को आतुर है, उसके लिए मुहूर्त, मौसम और भाग्य का कोई अस्तित्व नहीं होता। ऐसा व्यक्ति अपना मौसम, मुहूर्त और भाग्य साथ लेकर चलता है। वह जहाँ सच्चाई के साथ, आत्मविश्वास के साथ अपने कदम जमा लेता है, वहीं भाग्य, मौसम और मुहूर्त का अस्तित्व हो जाता है।

चाणक्य इस बात को बरसों पहले जान गए थे कि यदि व्यक्ति के काम नहीं होते तो इसका यह अर्थ कदापि नहीं है कि वह परिस्थितियों या अन्य व्यक्तियों पर दोष मढ़ दे और स्वयं को निर्दोष साबित कर दे।

व्यक्ति का मस्तिष्क बेहद शक्तिशाली उपकरण

व्यक्ति अपने मन, बौद्धिकता, हौसलों एवं कार्यों के द्वारा इतिहास को पलट सकता है। चाणक्य कहते हैं कि जो व्यक्ति केवल भाग्य के सहारे ही अपने जीवन को जीने का प्रयास करता है, वह अपने बहुमूल्य जीवन को व्यर्थ ही नष्ट कर लेता है। व्यक्ति के मस्तिष्क का खेल ही जीत और हार निश्चित करता है। नेपोलियन हिल ने तो यह कहा भी है कि "व्यक्ति का मस्तिष्क स्वर्ग को नर्क और नर्क को स्वर्ग में बदल सकता है।" यहाँ पर वर्ष 2019 में घटे कुछ ऐसे ही उदाहरण प्रस्तुत हैं, जिनमें व्यक्तियों ने अपने मस्तिष्क के चातुर्य के कारण हार मानने से इनकार कर दिया।

> ***व्यक्ति के मस्तिष्क का खेल ही जीत और हार निश्चित करता है। नेपोलियन हिल ने तो यह कहा भी है कि "व्यक्ति का मस्तिष्क स्वर्ग को नर्क और नर्क को स्वर्ग में बदल सकता है।" यहाँ पर वर्ष 2019 में घटे कुछ ऐसे ही उदाहरण प्रस्तुत हैं, जिनमें व्यक्तियों ने अपने मस्तिष्क के चातुर्य के कारण हार मानने से इनकार कर दिया।***

उदाहरण—भारत के विनायक श्रीधर दो साल की आयु से ही 'मस्कुलर डिसट्रॉफी' नामक बीमारी से ग्रसित थे। इस बीमारी के अंदर व्यक्ति की मांसपेशियाँ धीरे-धीरे कमजोर हो जाती हैं या काम करना बंद कर देती हैं। इस बीमारी से ग्रसित व्यक्ति की आयु बेहद कम होती है। विनायक को यह ज्ञात था कि वह अधिक समय तक जीवित नहीं रहेगा, लेकिन फिर भी उसने परिस्थितियों और भाग्य के आगे झुकने से इनकार कर दिया। वह दिन-रात पढ़ता रहा। उसकी बुद्धि देखकर सब चकित रह जाते थे। दसवीं कक्षा में उसने तीन पेपर दिए अंग्रेजी, संस्कृत और इतिहास। बाकी पेपरों के होने से पहले ही उसका निधन हो गया। तीनों पेपरों में विनायक ने बहुत ही अच्छे अंक प्राप्त किए।

उदाहरण—एक दुर्घटना में शुभम अपने दोनों हाथ और एक पैर गँवा बैठे। इस बात की कल्पना की जा सकती है कि केवल एक पैर से सामान्य जीवन जीना

कितना दुष्कर्म होगा, लेकिन शुभम ने अपने संकल्प से अपने एक पैर को ही हाथ और पैर बना लिया। उन्होंने दसवीं की परीक्षा अपने एक ही पैर से उत्तीर्ण की। आज वे अपना लैपटॉप और मोबाइल भी एक ही पैर से चलाते हैं।

उदाहरण—अमेरिका की जेसिका कॉक्स का जीवन तो प्रत्येक व्यक्ति के लिए न केवल प्रेरणादायी है, बल्कि वह इस बात की भी पुरजोर पैरवी करता है कि यदि व्यक्ति मजबूत हो तो वह अपनी अपंगता को ही अपने हथियार बना लेता है और दाष व दोषी जैसे शब्दों को भूल जाता है। जेसिका कॉक्स का जन्म बिना हाथों के हुआ था। प्रारंभ में माता-पिता ने बेटी में हीनभावना न आए, इसलिए उसके कृत्रिम हाथ लगवा दिए, लेकिन जेसिका को उन कृत्रिम हाथों के साथ बहुत असहज लगता था। इसलिए उन्होंने धीरे-धीरे अपने सभी कामों को पैरों से करना सीख लिया। वे किताब पढ़ने से लेकर खाना खाना, बालों में कंघी करना आदि सभी काम पैरों से करने लगीं। स्कूल के दिनों में वे डांस प्रतियोगिता में हिस्सा लेने लगीं। पैरों के सहारे ही वे कराटे की चैंपियन बनीं। उन्होंने पैरों की सहायता से ही घुड़सवारी और स्कूबा डाइविंग सीखी। इन सबके साथ-साथ उन्होंने अपनी पढ़ाई भी जारी रखी और मनोविज्ञान में स्नातक डिग्री प्राप्त की। समय बीतने के साथ-साथ उनमें सभी कामों को सीखने का जुनून बढ़ता गया। वे अपने पैरों से ही कार चलाने लगीं, पैरों से ही टाइपिंग करने लगीं। 25 साल की उम्र में उन्होंने हवाई जहाज उड़ाने की सोची और पायलट बनने का निर्णय किया। इसके लिए उन्होंने ट्रेनिंग ली। उन्हें एक ऐसे जहाज पर टेनिंग दी गई, जिसे नियंत्रित करने के लिए केवल दो हाथों की जरूरत थी, पैरों की नहीं, लेकिन जेसिका के हाथ नहीं थे, इसलिए उन्हें अपने हाथों का काम पैरों से ही लेना था। उन्होंने पैरों से ही विमान का नियंत्रण सँभाला। तीन ट्रेनर की निगरानी में उनकी ट्रेनिंग प्रारंभ हुई। उन्हें पैर से विमान उड़ाना सीखने में करीब तीन साल का समय लगा। इस दौरान उन्होंने कई-कई घंटे

> ***जेसिका कॉक्स प्रोएक्टिव थीं। उनका कहना था कि "मैंने कभी भी अपनी परिस्थितियों और दिव्यांगता को लेकर यह धारणा नहीं बनाई कि मैं कुछ नहीं कर पाऊँगी, क्योंकि मेरे हाथ नहीं हैं। मुझे हमेशा लगता था कि मैं सबकुछ कर सकती हूँ। मैं दुनिया में किसी से कम नहीं हूँ।" यदि व्यक्ति में लगन है तो प्रकृति उसे सबकुछ सिखा देती है।***

उड़ान का अभ्यास किया। आखिरकार उन्होंने वह पा लिया, जो लोग हाथ होते हुए भी नहीं प्राप्त कर पाते। उन्हें लाइट वेट विमान उड़ाने का लाइसेंस प्राप्त हो गया। इस तरह वे पैरों से विमान उड़ानेवाली अद्‌भुत महिला पायलट बन गईं। जेसिका कॉक्स प्रोएक्टिव थीं। उनका कहना था कि "मैंने कभी भी अपनी परिस्थितियों और दिव्यांगता को लेकर यह धारणा नहीं बनाई कि मैं कुछ नहीं कर पाऊँगी, क्योंकि मेरे हाथ नहीं हैं। मुझे हमेशा लगता था कि मैं सबकुछ कर सकती हूँ। मैं दुनिया में किसी से कम नहीं हूँ।" यदि व्यक्ति में लगन है तो प्रकृति उसे सबकुछ सिखा देती है। आज जेसिका कॉक्स अभूतपूर्व कामयाबी प्राप्त करने के बाद एक सुखद और सफल वैवाहिक जीवन बिता रही हैं। उनके मित्र पैट्रिक चैंबरलेन ने 2012 में उन्हें अँगूठी पहनाकर उन्हें अपना बनाने का निर्णय लिया, लेकिन जेसिका के हाथ तो थे नहीं, अब वे सगाई की अँगूठी उन्हें कैसे पहनाते? प्रेमी की इस असमंजस मुद्रा को देखकर जेसिका ने अपने पैर आगे कर दिए और पैट्रिक ने उन्हें पैर में अँगूठी पहनाकर उन्हें अपना बना लिया।

नकारात्मक शब्द व्यक्ति के मस्तिष्क के तंतु को भी पंगु कर देते हैं। इसलिए अपनी शब्दावली को सकारात्मक बनाएँ और हर ऐसे नकारात्मक शब्द को अपने जीवन से निकाल फेंकें, जो प्रगति को अवरुद्ध करते हों। विश्व में हर वस्तु प्राप्त की जा सकती है। बस उसे प्राप्त करने के लिए सकारात्मक लगन व्यक्ति के मन में होनी चाहिए।

हेनरी डेविड थोरो कहते हैं कि "मेरी जानकारी में इससे अधिक उत्साहवर्धक तथ्य और कोई नहीं है कि मनुष्य में सचेतन प्रयास द्वारा अपने जीवन को ऊँचा उठाने की निर्विवाद योग्यता होती है।"

उदाहरण—जापान के 52 वर्षीय दृष्टिहीन नाविक मित्सुहीरो इवामोटो ने बिना रुके दो महीने में 12 मीटर लंबी सेलबोट से 14 हजार किलोमीटर तक का सफर तय करके प्रशांत महासागर को पार किया है। वे ऐसा करनेवाले विश्व के पहले व्यक्ति हैं।

ये सभी व्यक्ति चाहते तो बहुत आसानी से अपना दोष किस्मत पर डाल कर चुप हो जाते और घिसटते-घिसटते अपने जीवन को जीते रहते, लेकिन इन्होंने अपने मन से इस बात को ही निकाल दिया कि इनके अंदर कोई दोष है। इन व्यक्तियों के मन में हर पल यही धारणा बनती रही कि वे सबकुछ कर सकते हैं।

'दोष' और 'दोषी' जैसे नकारात्मक शब्दों को बाहर कर दें

नकारात्मक शब्द व्यक्ति के मस्तिष्क के तंतु को भी पंगु कर देते हैं। इसलिए अपनी शब्दावली को सकारात्मक बनाएँ और हर ऐसे नकारात्मक शब्द को अपने जीवन से निकाल फेंकें, जो प्रगति को अवरुद्ध करते हों। विश्व में हर वस्तु प्राप्त की जा सकती है। बस उसे प्राप्त करने के लिए सकारात्मक लगन व्यक्ति के मन में होनी चाहिए।

आरामदायक वृत्त से बाहर निकलें

चाणक्य कहते हैं कि चतुर और बुद्धिमान व्यक्ति को मुसीबतों व परेशानियों से घबराना नहीं चाहिए। उसे निडरता, आत्मविश्वास और धैर्य के साथ उनका मुकाबला करना चाहिए। जो लोग कमजोर प्रवृत्ति के होते हैं, वे मुसीबतों से घबराते हैं, साहसपूर्वक अकेले कदम उठाने से डरते हैं। कमजोर प्रवृत्ति के लोगों से तात्पर्य ऐसे लोगों से, जो आरामपसंद, आलसी, दुष्ट, बेईमान और गैर-जिम्मेदार होते हैं। ऐसे लोगों का प्रिय काम होता है, मेहनती एवं कर्मठ व्यक्ति के कार्य में बाधाएँ उत्पन्न करना और उन्हें नुकसान पहुँचाने का प्रयास करना। कमजोर प्रवृत्तिवाले लोग अपने लिए ऊँचे-ऊँचे स्वप्न देखते हैं और वास्तविकता में कुछ भी अच्छा और साहसिक करने का प्रयास नहीं करते। ऐसे लोग पृथ्वी पर स्थित एक गोले, यानी कि वृत्त में कैद हो जाते हैं। यह वृत्त प्रकृति ने नहीं, बल्कि व्यक्ति ने स्वयं बनाया हुआ है। इस वृत्त में जैसे-जैसे लोगों की संख्या बढ़ती जाती है, वैसे-वैसे वहाँ आपस में ही मार-काट मचती रहती है। इसके विपरीत ईमानदार, समझदार, ज्ञानी, एकाग्र और आत्मविश्वास से परिपूर्ण व्यक्ति दूसरों पर ध्यान दिए बिना स्वयं को और देश को निखारने का प्रयास करते हैं। निस्संदेह ऐसे लोगों का पूरी पृथ्वी बाँहें फैलाकर स्वागत करती है। यही कारण है कि हौसलों से बुलंद ऐसे लोग हर बाधा और समस्या को अपने मार्ग से ही उखाड़कर फेंक देते हैं। ऐसा इसलिए होता है, क्योंकि वे वृत्त में कैद कमजोर प्रवृत्तिवाले लोगों से अलग होते हैं। उन्हें न ही किसी को गिराना होता है, न ही किसी की निंदा करनी होती है, बस ये

> ***चाणक्य कहते हैं कि योग्य, शिक्षित, बुद्धिमान एवं ज्ञानी व्यक्ति सदैव मान-सम्मान पाते हैं। इसलिए तो पूरी पृथ्वी और पूरा ब्रह्मांड ऐसे लोगों की मदद के लिए हाथ फैलाए स्वयं तैयार खड़ा होता है।***

लोग तो अपने मनुष्य जीवन को सार्थक करना जानते हैं, खुद को हर हाल में जीतना जानते हैं। चाणक्य कहते हैं कि योग्य, शिक्षित, बुद्धिमान एवं ज्ञानी व्यक्ति सदैव मान-सम्मान पाते हैं। इसलिए तो पूरी पृथ्वी और पूरा ब्रह्मांड ऐसे लोगों की मदद के लिए हाथ फैलाए स्वयं तैयार खड़ा होता है।

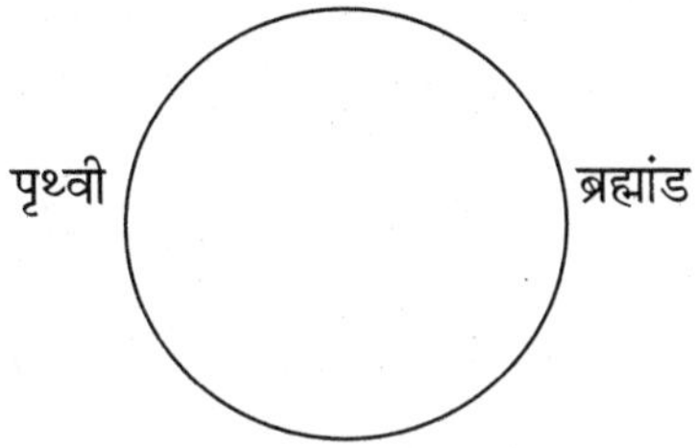

वृत्त में कैद कमजोर प्रवृत्ति के व्यक्ति

चाणक्य शिक्षा

पृथ्वी पर प्रत्येक व्यक्ति के लिए खुला आसमान है। हर व्यक्ति अपनी आकांक्षा के अनुरूप न केवल अपना जीवन जी सकता है, बल्कि विश्व को भी अपने कर्मों से कल्याणकारी खोज करके दे सकता है। वह व्यक्ति, जो असफलता का ठीकरा भाग्य, मुहूर्त, मौसम अथवा अन्य व्यक्तियों पर फोड़ता है, ऐसा व्यक्ति अकर्मण्य, आलसी और पृथ्वी पर बोझ होता है। दोष के अलग-अलग शब्द केवल अकर्मण्य और आलसी प्रवृत्ति के व्यक्तियों पर लागू होते हैं। जो व्यक्ति अपने अंदर इस बात का विश्वास लेकर चलते हैं कि वे अंबर को झुका सकते हैं, पाताल को हिला सकते हैं और हवाओं के रुख को मोड़ सकते हैं, ऐसे व्यक्ति अपने जीवन से दोष शब्द को निकाल देते हैं। वे अपनी कर्मठता और संघर्ष से स्वयं को इतना योग्य बना लेते हैं कि दोष जैसा शब्द उन पर थोपा ही नहीं जा सकता। जीवन बेहद खूबसूरत है। इसे जी भरकर आनंद के साथ जीना चाहिए।

□

पुस्तक का अंत नहीं होता

पुस्तक व्यक्ति की मित्र, मार्गदर्शक, सहचरी सबकुछ होती है। हमने अपने जीवन में बहुत सी बातें और शब्द सुने हैं। इनमें सबसे अधिक प्रिय शब्द लोगों को इश्क और प्रेम लगता है। इश्क से जुड़ी हर बात व्यक्तियों को अच्छी लगती है। प्रेम अंधा होता है, प्रेम में व्यक्ति वह बन जाता है, जो वह नहीं होता, आदि-आदि।

रोमियो-जूलियट, शीरी-फरहाद और लैला-मजनूँ को याद करते हुए क्या कभी आपने यह सोचा है कि इश्क में केवल महिला और पुरुष का नाम ही क्यों लिया जाता है, ये खबरें ही लोगों को रसभरी और चटपटी क्यों लगती हैं? इश्क तो इश्क है, वह कहीं भी, कभी भी और किसी से भी हो सकता है।

क्या आपने किसी ऐसे व्यक्ति का नाम सुना है, जिसे विपरीत लिंगों के प्रेम के अतिरिक्त किसी अन्य से प्रेम हुआ है। उदाहरण के लिए पुस्तक। कहीं आप पढ़कर यह तो नहीं सोचने लगे कि चाणक्य की इस पुस्तक के अंत में मैं आपसे ये कैसी बातें कर रही हूँ। अगर लग रहा है तो कोई हैरानी की बात नहीं है। ऐसा पढ़कर सबको यही लगेगा। हैरानी तो आपको अब होगी, जो मैं बताने जा रही हूँ।

हमने अपने बचपन में 'जादू' शब्द बहुत सुना है। जादू में क्या होता है? जादू में अधिकतर अलौकिक बातों को लौकिक यथार्थ पर लाने का प्रयास कर लोगों को दाँतों तले अंगुली दबाने पर मजबूर किया जाता है। जादू में कल्पना को यथार्थ के धरातल पर उतार लिया जाता है।

ऐसा ही जादू पुस्तकों के साथ भी होता है, पर इस जादू को समझने और जानने के लिए व्यक्ति को पुस्तकों से इश्क करना जरूरी है, बिल्कुल प्रेमी-प्रेमिका वाला इश्क। प्रेम में डूबे व्यक्ति एक-दूसरे से दूर होकर भी एक-दूसरे के पास होने का एहसास रखते हैं। ऐसा ही नशा, प्रेम, जादू पुस्तकों में होता है। पुस्तकें

आपसे बातें करती हैं, आपसे प्रेम करती हैं। जब आप निश्छल हृदय से उन्हें पढ़ते हैं, उनमें डूब जाते हैं तो वे आपको समस्याओं के समुद्र में डूबने से बचाने लिए हर पल आपके पास खड़ी रहती हैं। पुस्तकें व्यक्ति की सदैव सुरक्षा करती हैं, बिल्कुल उसी तरह, जिस तरह प्रेमी और प्रेमिका एक-दूसरे की करते हैं।

पुस्तकों के महत्त्व को जानकर ही चाणक्य ने अपने जीवन की राजनीति के अनुभव और अर्थशास्त्र को एक ग्रंथ में समेट दिया, ताकि लोग उस ग्रंथ के माध्यम से अपने आनेवाले जीवन को और बेहतर बना सकें।

पुस्तक हाथ में आने पर उसका प्रारंभ अवश्य होता है, लेकिन उसका अंत कदापि नहीं होता। ऐसा इसलिए होता है, क्योंकि एक पुस्तक के अंदर लिखे जादू भरे शब्दों को जब व्यक्ति पढ़ता है और उन्हें अपने जीवन में उतारता है तो उसके पास अनेक नए अनुभव व यथार्थ जुड़ जाते हैं। इन अनुभवों और यथार्थ से पुस्तक का जहाँ अंत होता है, वहाँ से आगे बढ़ने के लिए कलम फिर से प्रारंभ हो जाती है, एक नई शुरुआत करने के लिए, अपने पाठकों को निरंतर अच्छा और रुचिकर पढ़ने देने के लिए।

विपरीत लिंगी में आकर्षण तो सहज और सरल है। एक बार पुस्तकों के आकर्षण में आइए, उनके जादू को महसूस कीजिए। उन काले अक्षरों को महसूस कीजिए, जिन्हें पढ़कर आप अपने जीवन को उजला बना सकते हैं। अपने जीवन की स्लेट पर उजले अक्षरों को लिखिए। पढ़ना और लिखना सदैव व्यक्ति के बुद्धि और चातुर्य को बढ़ाता है, उसकी सोच को परिपक्व बनाता है। जब व्यक्ति तन-मन से परिपक्व सोच

विपरीत लिंगी में आकर्षण तो सहज और सरल है। एक बार पुस्तकों के आकर्षण में आइए, उनके जादू को महसूस कीजिए। उन काले अक्षरों को महसूस कीजिए, जिन्हें पढ़कर आप अपने जीवन को उजला बना सकते हैं। अपने जीवन की स्लेट पर उजले अक्षरों को लिखिए। पढ़ना और लिखना सदैव व्यक्ति के बुद्धि और चातुर्य को बढ़ाता है, उसकी सोच को परिपक्व बनाता है। जब व्यक्ति तन-मन से परिपक्व सोच को ग्रहण कर लेता है तो फिर वह बहुत मजबूत बन जाता है। ऐसा व्यक्ति अकेला ही ब्रह्मांड को अपनी प्रतिभा से चकित कर देता है और सदियों तक अमर हो जाता है।

को ग्रहण कर लेता है तो फिर वह बहुत मजबूत बन जाता है। ऐसा व्यक्ति अकेला ही ब्रह्मांड को अपनी प्रतिभा से चकित कर देता है और सदियों तक अमर हो जाता है। चाणक्य ने भी यही तो किया था। इसलिए वे केवल भारत में नहीं, विदेश में नहीं, बल्कि पूरे ब्रह्मांड में अमर हो गए, तो फिर देर किस बात की है, इस पुस्तक को पढ़िए और चाणक्य के महत्त्वपूर्ण सूत्रों को अपने जीवन से जोड़िए। कुछ समय बाद आप पाएँगे कि आपका जीवन बेहद खूबसूरत और जादुई हो गया है।

□□□